Roland

**Zeitschrift der
genealogisch-heraldischen Arbeitsgemeinschaft
Roland zu Dortmund e.V.**

Sitz Dortmund, gegründet am 24.05.1961

AF221267

Herausgegeben im Auftrag des
Roland zu Dortmund e.V.
von Christian Loefke

Band 29/30 • 2020/21

Roland zu Dortmund e.V.
Postfach 10 33 41, 44033 Dortmund
E-Mail: info@roland-zu-dortmund.de
Homepage: www.roland-zu-dortmund.de

Vorsitzende: Angela Sigges, 44267 Dortmund – *Stellv. Vorsitzender:* Heiko Hungerige, 44866 Bochum – *Schriftführerin:* Nancy Myers, 59174 Kamen – *Stellv. Schriftführerin:* Renate Heß, 44791 Bochum – *Schatzmeister:* Hans Joachim Tenschert, 44225 Dortmund – *Stellv. Schatzmeisterin:* Gertrud Frohberger, 44628 Herne
   Beisitzer: Christian Loefke (*Schriftleiter*); Rainer Minnerop (*EDV-Team*); Cesare Foltin (*EDV-Team*); Georg Palmüller (*Öffentlichkeitsarbeit*); Ulrich Kloda (*Öffentlichkeitsarbeit*)

Schriftleitung: Christian Loefke, 48147 Münster

Jahresbeitrag für Einzelpersonen € 30,- (Ehepaare € 35,-)
Konto: Sparkasse Schwerte, BLZ 441 524 90, Kto.-Nr. 68 569
fällig im 1. Quartal des Jahres. Der Verein ist vom Finanzamt Dortmund-West als gemeinnützig anerkannt.
   Der Bezugspreis der Zeitschrift (Roland) ist im Mitgliedsbeitrag enthalten. – *Arbeitssitzungen:* Am zweiten Dienstag im Monat um 19.00 Uhr im Hotel Drees, Hohe Straße 107, 44139 Dortmund.

Bibliothek: Im Stadtarchiv Dortmund, Küpferstr. 3. – Öffnung auf Anfrage ☎ 01 76 – 51 25 10 29 oder unter bibliothek@roland-zu-dortmund.de

Satz: Christian Loefke, Münster
Herstellung und Verlag: BoD – Books on Demand, Norderstedt

ISSN 2196-1697
ISBN 978-3-7543-2698-5

Inhalt

Mitarbeiter des Bandes

Hansi Hungerige
44805 Bochum

Heiko Hungerige
44866 Bochum – FamilieHungerige@public-files.de

Werner Jungwirth
44359 Dortmund – jungwirth.12@web.de

Jos Kaldenbach
NL – 1823 EV Alkmaar – jos.kaldenbach@tiscali.nl

Christian Loefke
48147 Münster – schriftleiter.rzd@gmx.de

Jochen Ossenbrink
51647 Gummersbach – colletto@web.de

Angela Sigges
44267 Dortmund – a.sigges@gmx.de

Hildegard Söffge (†)

Nachruf Udo Fritz Karl Josef Westermann

* Schwerte 3.6.1943, † Dortmund 23.4.2020

Mit großem Bedauern erfuhren wir vom Tod unseres ehemaligen Schatzmeisters und langjährigen Mitglieds Udo Westermann am 23. April 2020. Geboren im Schwerter Krankenhaus während der Kriegsevakuierung der Familien in Hohensyburg, wuchs Udo Westermann in elterlichen Haus in der Burgholzstraße 62 in Dortmund auf. Nach dem Besuch des Stadt Gymnasiums begann er 1961 seine Lehre bei REWE Dortmund, wo er 1978 zum Einkaufsleiter avancierte. Nach fast 43 Jahren bei REWE konnte Udo Westermann ab 2004 seinen wohlverdienten Ruhestand genießen und sich seinem Hobby, der Familiengeschichtsforschung, intensiv widmen. So konnte er bereits 2007 eine umfangreiche Familienchronik vorlegen, die er in den folgenden Jahren weiter ausbaute. Ein großer Teil der Familienchronik wurde 2017 im Roland-Jahrbuch veröffentlicht.[1] Seit dem 1. Januar 2012 war er Mitglied des ROLAND und wurde sogleich zum Kassenprüfer gewählt. Vom 8. Januar 2013 an war er dann bis zum 14. März 2017 Schatzmeister des Vereins.

Mit seiner Familie trauert der ROLAND um einen gewissenhaften und akribischen Familienforscher, der sein Wissen auch in den Dienst der Allgemeinheit stellte und dabei stets fröhlich war und Neuem aufgeschlossen gegenüber stand.

Nachruf Hildegard Söffge geb. Raulff

* 20.9.1934, † 4.2.2021

Am 4. Februar 2021 verstarb unser langjähriges Mitglied Hildegard Söffge im Alter von 86 Jahren. Der ROLAND zu Dortmund verliert mit ihr eine engagierte Familienforscherin, die andere gern an ihrem Wissen teilhaben ließ. Hildegard Söffge war seit dem 1. Januar 1989 Mitglied im ROLAND und vom 9. Januar 2001 bis zum 13. Januar 2009

---

1 Roland 23/24 (2014/15 [erschienen 2017]), S. 5–155. – Schon 2016 hatte er im Roland über die Brackeler Linie Westermann berichtet: Westermann (Dortmund-Brackel), in: Roland 21 (2012 [erschienen 2016]), S. 5–15.

Schatzmeisterin sowie vom 13. Januar 2009 bis 8. Januar 2013 stellvertretende Schatzmeisterin unserer Arbeitsgemeinschaft.

Ihre Forschungsschwerpunke waren die Kirchspiele Opherdicke und Schwerte, deren Kirchenbücher sie abschrieb und in der Roland-Mailingliste allen zur Verfügung stellte. Ihrem Engagement ist auch die Veröffentlichung des Bürgerbuchs von Schwerte[2] sowie des Bürgerbuchs von Westhofen[3] zu verdanken. Zahlreiche weitere Publikationen belegen ihre umfängliche Forschungstätigkeit.[4]

Der ROLAND trauert mit ihrer Famillie um eine verdiente und engagierte Familienforscherin.

Nachruf Dr. Ruprecht Ziemssen

* Berlin 9.10.1919, † Dortmund 21.7.2021

Am 21. Juli 2021 entschlief friedlich im Kreise seiner Familie unser langjähriges Mitglied Dr. Ruprecht Ziemssen. Mit seinem Tod verliert der ROLAND zu Dortmund einen bis ins höchste Alter aktiven Familienforscher, der sich immer gefreut hat, wenn er anderen behilflich sein konnte, sie auf eine gute Spur lenken konnte oder selbst neue, sichere Daten bekam, um seine Ahnenliste zu erweitern oder zu ergänzen.

Geboren 1919 in Berlin wurde sein Interesse an der Familiengeschichte schon von Kindesbeinen an gefördert. An den monatlichen Familiensonntagen bei den Großeltern wurden die Vorfahren durch viele Erzählungen „lebendig". Eine Tradition, die er mit den Nachkommen seiner Großeltern seit 1976 weiterführte. Hinzukamen regelmäßige Familientreffen

---

2   SÖFFGE, Hildegard / LOEFKE, Christian (Hg.): Bürgerbuch der Stadt Schwerte 1700–1806 (= Schriftenreihe des Roland zu Dortmund. Neue Folge, 1). Dortmund 2006.

3   SÖFFGE, Hildegard (†) / LOEFKE, Christian: Das Bürgerbuch der Freiheit Westhofen 1746–1808. In: Roland 29/30 (2020/21), S. 121-146.

4   Außer den oben genannten Veröffentlichungen stammen aus ihrer Feder die folgenden Artikel im Roland: 1) Gelegenheitsfund (Band 11 [1998–2000], Heft 4, S. 85); 2) Ortsfremde in Kirchenbüchern [Schwerte und Opherdicke] (Band 11 [1998–2000], Heft 12, S. 276); 3) Ortsfremde in den Kirchenbüchern der evang. Kirche Schwerte (Band 12 [2001/03], Heft 2, S. 34–35; Heft 3, S. 65–66; Heft 5, S. 107; Heft 7, S. 151); 4) Ahnenliste Raulf (Band 12 [2001/03], Heft 10, S. 217–222; Heft 11, S. 245–248; Heft 12, S. 285; Band 13 [2004], S. 9–22); 5) Zufallsfund in der evang. Kirche Opherdicke (Judentaufe) (Band 13 [2004], S. 120); 6) Zufallsfunde im Kirchenbuch der lutherischen Kirche Opherdicke (Band 14 [2005], S. 23); 7) Ortsfremde im ev.-luth. KB Opherdicke (Band 16 [2007], S. 73); 8) Kolonisten „im Keller" (Band 16 [2007], S. 117–140); 9) Ortsfremde in den Kirchenbüchern der luth. Kirche Schwerte (V) (Band 17 [2008], S. 108); 10) Trauungen in der lutherischen Kirche Opherdicke 1691-1748 (Band 18 [2009], S. 112–127).

im noch größeren Familienverband. Beruflich war er von 1950 bis 1989 als Augenarzt mit eigener Praxis in Dortmund tätig. Historische Instrumente aus seiner Praxis übergab er zu seinem 100. Geburtstag persönlich der DASA in Dortmund. Sein Sinn für Historisches zeigte sich auch in seiner Sammlung von Gemälden, Stichen und frühen Fotografien vieler seiner Vorfahren, die er nach und nach auch digitalisiert und daraus einen Bildschirmschoner für seinen PC zusammenstellte. Aber auch der Erhalt solcher Dokumente lag ihm am Herzen. So initiierte er z. B. eine Spendensammlung für die Restaurierung des Epitaphs seines Vorfahrens Johannes Wessel (1568–1617) in der St. Georgskirche zu Wiek auf Rügen.

Der Sinn für das Historische ging einher mit dem Interesse an neuen Techniken rund um das Thema Genealogie. So bekam er mit 70 Jahren seinen ersten PC als die „Computergenealogie" gerade anfing sich zu etablieren. Bis fast zuletzt laß er die unzähligen Mails aus den verschiedenen genealogischen Listen und arbeitete neue Daten in sein Ahnenprogramm ein, wobei er seit einiger Zeit durch seine Enkelin Kathrin Luckner unterstützt wurde, die seine E-Mails gemeinsam mit ihm in seinem Sinne beantwortete und bei seinen genealogischen Recherchen am PC half.

Dr. Ziemssen war seit dem 18. März 1991 Mitglied in der genealogisch heraldischen Arbeitsgemeinschaft Roland zu Dortmund e.V., er hat also in diesem Jahr sein 30. Jubiläum noch erleben dürfen. Daneben war er auch Mitglied im Verein für Computergenealogie, im Pommerschen Greiff, im Verein für mecklenburgische Familien- und Personengeschichte und in der Arbeitsgemeinschaft für mitteldeutsche Familienforschung. Als Mitglied des ROLAND hielt er Vorträge (u. a. zu Fragen der Heraldik), steuerte Beiträge für die Roland-Publikationen[5] bei und betreute von März 2001 bis Januar 2009 die Roland-Bibliothek mit.

Wir alle sind dankbar, einen so engagierten und kompetenten Familienforscher in unseren Reihen gehabt zu haben.

---

5 Liste der Veröffentlichungen im Roland: 1) Gelegenheitsfunde aus Rummelsburg in Pommern (Band 9 [1992/94], Heft 2, S. 39); 2) Von der Theologie zum berühmten Chirurgen – Johann Friedrich Dieffenbach (Band 9 [1992/94], Heft 4, S. 80); 3) Gelegenheitsfund aus Plau in Mecklenburg (Band 9 [1992/94], Heft 4, S. 92); 4) Familientag Heffter (Band 11 [1998–2000], Heft 4, S. 82); 5) Ahnenliste Wilmsmeier aus Ostwestfalen (Band 15 [2006], S. 56–70); 6) ROLAND-Wappenrolle – Wappen Ziemssen (Band 19 [2010], S. 112). Außerdem: DELBRÜGGE, Heinrich Christoph: Chronik des Klosters Marienborn 1191–1706. Neubearb. und hrsg. von Ruprecht Ziemssen (= Schriftenreihe des Roland zu Dortmund e.V., 34). Dortmund 1998.

Nachruf Dieter Mättig

* Wilhelmshaven 21.1.1929, † Unna 29.8.2021

Am 29. August starb im Alter von 92 Jahren ein weiteres ehemaliges Mitglied des Roland-Vorstandes: Dieter Mättig. Er war seit dem 10. September 1996 Mitglied beim ROLAND und hier vom 12. Januar 1999 bis zum 8. Januar 2001 als Schatzmeister tätig. Von 2003 bis 2013, als er aus alters- und gesundheitlichen Gründen die Arbeit in jüngere Hände legte,[6] betreute er das von ihm begonnene Ortsfamilienbuch Essen-Kettwig.[7] Daneben erforschte er die Geschichte seiner Vorfahren und deren heute kaum mehr bekannten Berufe.[8]

Mit seiner Familie trauert der ROLAND um einen engagierten und gerne hilfsbereiten Familienforscher.

---

6   Vgl. Genealogie zwischen Lippe und Ruhr, Heft 27 (Dezember 2013), S. 307–309.
7   Online unter: https://ofb.genealogy.net/kettwig/. – Dazu seine Veröffentlichung: Heiraten, Taufen und Konfirmationen Ortsfremder in Kettwig 1636–1795, in: Roland 13 (2004), S. 47–104.
8   Ein verschollener Beruf – der Haarbodenweber, in: Roland 11 (1998/2000), Heft XI, S. 249–253; Geschichten aus der Familiengeschichte. Eine Übersicht der wichtigsten Stammväter unserer Familie, in: Roland 19 (2010), S. 19–23.

Elverfeld-Forschung III

Die Nachkommen des Seppenrader Pfarrers Conrad Elverfeld in Lüdinghausen, Heeßen, Ahlen und Wiedenbrück

von Christian Loefke

Nachdem ich mich im letzten Roland-Band den Warendorfer und Paderborner Elverfelds gewidmet hatte und deren Abstammung von den Osnabrücker Elverfelds nachweisen konnte,[1] sich in der Zwischenzeit auch die Abstammung der Wiedenbrücker Elverfelds vom Heessen-Ahlener Zweig der Familie erhärtet hat,[2] sollen hier nun die familiären Zusammenhänge der von dem Seppenrader Pfarrer Conrad Elverfeld abstammenden Elverfeld-Linien beleuchtet werden.

Während sich die Osnabrücker Namensträger auf einen um 1555 dort eingewanderten Stammvater zurückführen lassen,[3] haben neue Funde zur Paderborner-Wolbecker Familie[4] die Hypothese vom Zusammenhang mit den Heessener Elverfelds nicht untermauern können. Es scheint viel mehr so, dass der Stammvater der Wolbecker Elverfelds möglicherweise von einer bayerisch-pfälzischen Familie aus der Gegend von Hettenleidelheim abstammt. Bestätigt hat sich hingegen der von mir schon vermutete Zusammenhang zwischen den Wolbecker Elverfelds und den geistlichen Namensträgern in Münster und Wiedenbrück. Bei der Visitation des Wiedenbrücker Annuntiatenklosters 1788

---

1   LOEFKE, Christian: Elverfeld-Forschung in Westfalen (II). Die Warendorf-Paderborner Elverfelds, in: Roland 27/28 (2018/19), S. 70–83; zu den Osnabrücker und baltischen Elverfelds vgl. SEEBERG-ELVERFELDT, Roland: Die Familie Elverfeldt in Osnabrück und Kurland, in: Baltische Ahnen- und Stammtafeln 15 (1971), S. 43–76. – Dank der freundlichen Unterstützung von Hans Jürgen Rade, Paderborn, konnten nachträglich noch einige Einzelheiten geklärt werden: (S. 78) Conrad Elverfeld, S.d. Heinrich E. u.d. Anna Angela Marceller, heiratete in Pömbsen am 7.4.1734 Anna Benedicta Hovedissen (* um 1702, † Paderborn/Gaukirche 2.2.1764). Sie ist die auf S. 83 genannte Witwe Elverfeld, die 1736 Franz Johann Stumpf (~ Schloss Neuhaus 14.7.1710 (Tp: r(everendissi)mus et cl(arissi)mus princeps Franciscus Arnoldus), † Paderborn/Gaukirche 8.6.1752, S.d. Theodor Wilhelm Stumpf u.d. Catharina Margareta Sassen) heiratete. Conrads Schwester Maria Magdalena Elverfeld (S. 78) starb in Paderborn/Gaukirche 9.8.1762; ihr Ehemann Hieronymus Heinemann (S. 79) war Procurator und Notar (* um 1694, † Paderborn/Gaukirche 22.11.1761). Conrads jüngste Schwester Anna Angela Elverfeld (S. 80) hatte am 29.9.1734 in Paderborn/Gaukirche den aus dem Rheinland stammenden Franz Leopold Augustin Gertz geheiratet.

2   Vgl. zu der nun sicheren Abstammung der Wiedenbrücker Elverfelds LOEFKE, Christian: Nachträge zur AL Loefke – Teilliste Elverfeld, in: Roland 27/28 (2018/19), S. 126-161, bes. 135f.

3   Aufgrund der Führung des von Elverfeldt'schen Wappens handelt es sich bei diesem Stammvater möglicherweise um einen Bastard der Adelsfamilie; vgl. SEEBERG-ELVERFELDT, Familie, S. 43.

4   LOEFKE, Christian: Elverfeld-Forschung [I] in Westfalen. Zur Herkunft der Wolbecker Familie Elverfeld, in: Roland 19 (2010), S. 23–29.

wird für Schwester Maria Clementina Elverfeld Brühl als Geburtsort angegeben und ihr Vater als „Oberstlieutinant von der Perforstjagd" bezeichnet.[5] Dieser „Oberstlieutinant" ist aber nachweislich der Vater des Wolbecker Oberjägermeisters Joseph Ferdinand Elverfeld.[6] Da die Wiedenbrücker Annuntiatin als Schwester des Kanonikers am Ludgeri-Stift in Münster, Ferdinand Joseph Elverfeld, bezeichnet wird, ist dieser ebenfalls ein Sohn des „Oberstlieutinants" Franz Elverfeld. Dank der freundlichen Hilfe von Hans Jürgen Rade ließen sich auch die Vermutungen zur Geburt des Kanonikers bestätigen. Als er sich 1728 in Paderborn immatrikulierte und Schloss Neuhaus als Herkunftsort angab, geschah dies, weil die Familie zu dieser Zeit dort lebte. Die als Mutter vermutete Juliana Fogel (* um 1681) starb in Neuhaus am 5.11.1728, während der Vater schon seit 1726 in Brühl als Jäger angestellt war. Damit ist auch klar, dass der 1712 in Longwy/Frankreich getaufte Ferdinand Joseph Elverfeld der spätere Kanoniker gewesen ist. Seine Bezeichnung als „Monachus Bavariae" bei der Taufe seines Großneffen Joseph Ferdinand Elverfeld[7] am 29.7.1777 in Wolbeck legt die oben genannte Abstammung der Familie aus der Pfalz nahe.

Auch wenn sich also der Zusammenhang der Wolbecker Elverfelds mit den Heessener Elverfelds nicht bestätigt hat, liegen doch auch zu letzterer Familie zahlreiche neue Funde vor, so dass dies Anlass genug ist, sich dieser, bisher nur in Teilen[8] bearbeiteten Familie zu widmen.

Wie schon Clemens Steinbicker festgestellt hatte, stammen die Heessener Elverfelds – wie auch die Lüdinghäuser Namensträger – vom Seppenrader Pfarrer Conrad Elverfeld ab, der bei seiner Immatrikulation in Köln als Borkensis, also aus Bork stammend bezeichnet wird. Eine Abstammung von dem auf Haus Berge bei Bork lebenden Zweig der Familie von Elverfeldt ist eher unwahrscheinlich, da Haus Berge über die Tochter Margareta von Elverfeldt, als Witwe 1595 genannt, an deren Ehemann Kleihorst von Medevort kam, es also anscheinend keine männlichen Erben in dieser Linie gab. Damit dürfte Jasper von Elverfeldt aus dem Haus Herbede, der seit 1549 Kanonikus in Cappenberg[9] und bereits vor 1571 Pfarrer zu Bork war sowie nachweislich eine größere Anzahl von Kindern hatte, als Stammvater der Lüdinghäuser und Heessener Linie anzusehen sein.

---

5   LAV NRW W, Herzogtum Westfalen, Landesarchiv, Nr. 1459, fol. 6r.

6   Vgl. LOEFKE, Elverfeld-Forschung [I], S. 28.

7   Sohn des Cemens August Elverfeld u.d. Christina Margareta Uphues.

8   Vgl. die Artikel von Clemens Steinbicker zu den Ahnen Levin Schückings: STEINBICKER, Clemens: Der Schriftsteller Levin Schücking. Ahnentafeln berühmter Deutscher, 126, in: Genealogisches Jahrbuch 4 (1964), S. 73-108 [= AL Schücking]; DERS.: Zur Ahnenschaft Levin Schückings: Elverfeld, in: Genealogie 7 (1964/65), S. 239-243.

9   Seit 1549 mit einer Präbende ausgestattet (Arch. Capp. Akten 136); vgl. SCHNIEDER, Stephan: Cappenberg (= Geschichte und Kultur. Schriften aus dem Bischöflichen Diözesanarchiv Münster, 5). Münster 1949, S. 99f. mit Anm. 237.

Eine gewisse Unsicherheit besteht allerdings hinsichtlich der genauen Abstammung. Eine nachweisliche Tochter des Borker Pfarrers war schon um 1590 in Werne verheiratet,[10] ebenso wie ihre mutmaßliche Schwester.[11] Ein Sohn dürfte der 1601 genannte Küster Schotte Elverfeld in Olfen gewesen sein,[12] der nach seinem Großvater Schotte von Elverfeldt zu Herbede benannt worden war. Diese Kinder waren um 1565/75 geboren worden und damit deutlich älter als der um 1593[13] geborene Conrad. Dieser bestimmt zudem in seinem 1682 abgefassten Testament, dass er neben seinem „Vater" in Seppenrade begraben sein wollte.[14] Da der Borker Pfarrer Jaspar von Elverfeldt zuletzt Pfarrer in Wickede[15] war und 1620 wohl auch dort gestorben sein dürfte, also zu einem Zeitpunkt als Conrad Elverfeld noch nicht Pfarrer in Seppenrade war, muss sich dieser Passus des Testaments entweder auf einen anderen Elverfeld beziehen – zu denken wäre hier z. B. an den Küster Schotte Elverfeld in Olfen[16] – oder gar ganz auf jemand anderes, z. B. den Seppenrader Pfarrer und Schwiegervater des Conrad Elver-

---

10 Anna Elverfeld, bürgert in Werne 1590 als *„des hern pastors zu Borck, Jaspern von Elverfeltz, dochter"* ein (BRUNS, Alfred (Bearb.): Werner Stadtrechte und Bürgerbuch (= Westfälische Quellen und Archivverzeichnisse, 15). Münster 1988, S. 148, Nr. 1729). Sie war mit Bitter von Galen, Kanonikus zu Cappenberg 1571-1613, Thesaurar, Küster und Prior ebd. und seit 1594 Inhaber der Pfarrstelle in Lüdinghausen, die durch den Vizepleban H. Winkelmann betreut wurde (SCHNIEDER, Cappenberg, S. 100, Nr. 232), verheiratet und hatte mit ihm mindestens einen Sohn Adolphus von Galen. Dieser erhielt am 5.9.1606 die Vikarie St. Jacobi in der Werner Pfarrkirche und war noch am 16.12.1614 im Besitz des Altars, als dieser dem Jesuitenkolleg in Münster inkorporiert wurde, Tonsur 5.11.1606, immtr. Köln 1618 (KOHL, Wilhelm (Hg.): Die Weiheregister des Bistums Münster 1593–1674 (= Veröffentlichungen der Historischen Kommission für Westfalen, III: Die Geschichtsquellen des Bistums Münster, 9). Münster 1991, S. 23, Nr. 385 mit Anm.).

11 Diese namentlich nicht genannte Tochter war mit dem Cappenberger Kanonikus und seit 1563 Werner Pfarrer Sundag Strick verbandelt (IMMENKÖTTER, Herbert (Hg.): Die Protokolle des Geistlichen Rats in Münster (1601–1612) (= Reformationsgeschichtliche Studien und Texte, 104). Münster 1972, S. 404). – Ein Sohn dieser Verbindung könnte der 1622 in Werne eingebürgerte Conrad Strick gewesen sein (BRUNS, Werner Stadtrechte, S: 168, Nr. 2246). Aus einer früheren Verbindung stammt die 1592 als *„filia pastoris"* eingebürgerte Anna Strick (ebd., S. 150, Nr. 1784).

12 IMMENKÖTTER, Protokolle, S. 86: war seit 13 Jahre Küster, also seit 1588.

13 Bei der Visitation 1662 gab er an, fast 70 Jahre alt zu sein.

14 Bistumsarchiv Münster (BAM), GV Seppenrade A11 (Nachlasssache Elverfeld), o.Pag. [3r-4v], hier [3r]; siehe auch im Anhang 3 die Nr. 2 (Testament des Conrad Elverfeld).

15 Vgl. SCHNIEDER, Cappenberg, S. 100.

16 Die Häufung Olfener Bezüge rund um die Familie des Conrad Elverfeld legen diese Abstamung nahe. Da aus der Familie Weinbrun nicht nur einer der Testamentsexekutoren stammte, sondern dessen [des Testamentsexekutors] Frau Patin bei Rengeling und dessen Sohn Vincent Wilhelm Weinbrun Pate bei Enkelkindern des Conrad Elverfeld und des Reinhard Elverfeld gen. Schulte Selm waren, zudem Anna Elverfeld, Ehefrau des Bürgermeisters Rengeling, Patin bei einem Kind des späteren Testamentsexekutors war, besteht die Möglichkeit, dass die Ehefrau des Schotte Elverfeld, des Küsters zu Olfen, als Stammmutter dieser Elverfelds eine geborene Weinbrun gewesen ist.

feld, Henrich (Schrader gen.) Schahauß, wie dies schon Clemens Steinbicker vermutete.

Aufgrund dieser Unsicherheit beginnt die Stammfolge hier also mit dem Pfarrer zu Seppenrade, Conrad Elverfeld. Dieser war bei einer Susanna Elverfeld, die 1649 in Seppenrade durch den Lüdinghäuser Vizekuraten Johannes Altena mit Jacob de Fulda getraut wurde, Trauzeuge und wird als ihr „nepotis", d. h. in diesem Fall allgemein als ihr Verwandter[17] bezeichnet. Der andere Trauzeuge, Caspar Elverfeld, ist ihr Bruder und höchst wahrscheinlich Stammvater der Billerbecker Elverfelds, die somit ebenso wie die Werner Elverfelds und zahlreiche andere Namensträger in und um Lüdinghausen wohl auch vom Borker Pfarrer Jaspar von Elverfeldt abstammen dürften. Weitere, direkt in das nähere Umfeld dieses Geschwisterpaares gehörende Namensträger, die aber auf Grund der Angaben des Testaments nicht als Kinder des Seppenrader Pfarrers Conrad Elverfeld gelten können, sind ein Johann Philipp Elberfeldt, der in Werne mit Margareta NN verheiratet war,[18] ein Johann Reinhard Elverfeld, der später Schulte Selm wird, und eine Catharina Elverfeld, die wohl schon vor 1656 in Olfen mit Heinrich Düsche verheiratet war.[19] Sie ist wahrscheinlich die Tochter eines Bruders des Seppenrader Pfarrers, der mit Anna Reesmann verheiratet. Diese ist 1656 als Witwe Elverfeld Patin bei Düsche. Bei den anderen vier (Caspar, Susanna, Johann Philipp und Johann Reinhard) handelt es sich wohl um Kinder eines weiteren Bruders des Seppenrader Pfarrers, der nach den Angaben in den Übergabeverhandlungen für den Schultenhof in Selm mit einer Schwester des damaligen Schulten Johannes Arndt gen. Schulte Selm verheiratet war.[20]

---

17 Aufgrund des wahrscheinlichen Altersunterschiedes von ca. 30 Jahren müsste die Verwandtschaftsbezeichnung eigentlich anders herum gewählt werden: Sie ist die Nichte, ihr Vater also ein Bruder oder ein Vetter des Conrad Elverfeld.

18 Kinder in Werne getauft: 1) Johann Elberfeldt, ~ 18.4.1652 (Tp: *Joh. Struckman, Merge Nagels*), † jung verstorben; 2) Johann Elberfeldt, ~ 31.1.1655 (Tp: *Joh. Holtbrinck, Anna Holtmans*); 3) Dietrich (Dirck) Elberfeldt, ~ 18.8.1658 (Tauftag: *9. Trin.*; Tp: *D(irck) Kock zu Ostick, Grete Althoffs*); 4) Bernd Elberfeldt, ~ 5.1.1662 (Tp: *B(ernd) Huiger, Cath(arina) Hemmelß*).

19 Sohn in Olfen getauft: 1) Theodor Duische, ~ 17.11.1656 (Tp: *M(eister) Dirick Eilers, Anna Reesman vidua Eluerfelt*).

20 Am 12.12.1661 möchte Johann Arndes gen. Schulte Selm, da er kinderlos ist, den Hof, dessen Grundherr die Hofkammer in Münster ist, seinem Schwesterssohn Johann Reinhard Elverfeld übertragen (LA NRW W, Fbm. Münster, Hofkammer, Akten, VIII h Nr. 12, Bd. 1 [freundliche Mitteilung von Matthias Bonse]). Johann Reinhard Elverfeld heiratete am 19.10.1664 in Selm Anna Eppinck aus Altenberge, die Nichte des Pfarrers in Selm. Nach den Unterlagen des Hofarchivs Schultze Weischer in Selm (https://www.archive.nrw.de/archivsuche?link=BESTAND-Best_055086D6-D503-4B86-838B-C14098682A35ACTAPRO) war sie in erster Ehe seit 1649 mit Johannes Arndt gen. Schulte Selm, dem Onkel ihres zweiten Ehemanns und Vorbesitzers des Schultenhofs, verheiratet. Dieser hatte in erster Ehe 1625 Margareta Hanloe gen. Schulte Selm († 1637), Erbtochter des Jacob/Jobst Hanloe gen. Schulte Selm u.d. Anna Schwenneke geheiratet. – Kinder des Johann Reinhard Elverfeld gen. Schulte Selm, alle in Selm getauft: 1) Elisabeth Elverfelt, ~ 4.12.1667 (Tp: *Elisabeth Epping et Henrico Elferfelt*), ∞ Olfen 4.11.1689 (Tz: –) Johann Reinhard Schulte

Schematische Stammfolge

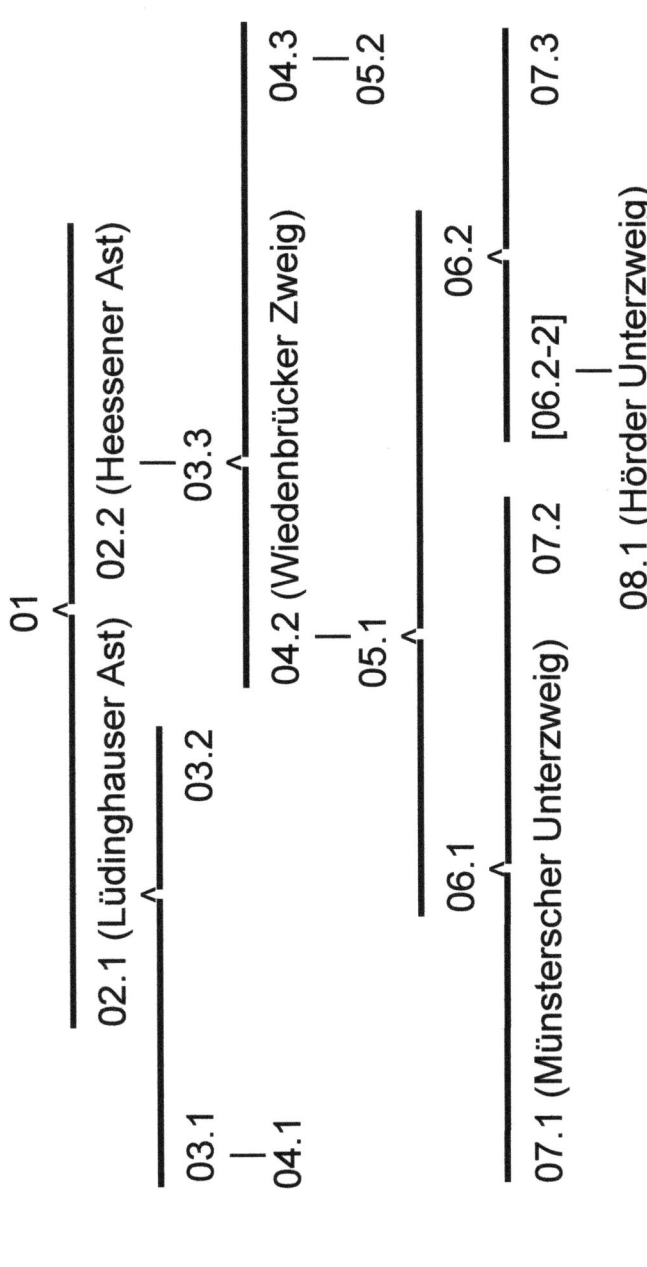

01

02.1 (Lüdinghauser Ast)   02.2 (Heessener Ast)

03.1
—
04.1

03.2   03.3

04.2 (Wiedenbrücker Zweig)

05.1   05.2   04.3

06.1   06.2

07.1 (Münsterscher Unterzweig)   07.2   07.3

[06.2-2]

08.1 (Hörder Unterzweig)

Stammfolge[21]

01   Conrad Elverfeld, S.d. (?) Schotte Elverfeld u.d. NN [Weinbrun?]
* um 1593, † Seppenrade 28./29.10.1683,[22] Tonsur 21.8.1619 als „Borkensis",[23]
immatrikuliert Köln 1619, wurde 1627 als Vikar in Selm zum Priester geweiht,[24]
Pfarrer in Seppenrade 1627–1683, Testament vom 7.7.1682;
o-o
Catharina **Schahauß gen. Schroers**, * Seppenrade um 1615, † ebd. nach
1682,[25] T.d. Pfarrers zu Seppenrade Henrich (Schrader gnt.) Schahauß u.d.
Eva Kalmule.

Kinder, alles geboren in Seppenrade:
1)   Henrich **Elverfeld**, * um 1645, → **02.1 (Lüdinghäuser Ast)**.
2)   Theodor Wilhelm **Elverfeld**, * um 1637, → **02.2 (Heessener Ast)**.
3)   Anna Elisabeth **Elverfeld**, * um 1640(?), † nach 1682, im Testament des
     Vaters bedacht, der Lüdinghäuser Rentmeister Henrich Elverfeld (→ 02.1)
     bezeichnet sie als seine Schwester;
     ∞   um 1668
     Heinrich **Rengeling**, † vor 1682, Bürgermeister in Olfen.
     Kinder Rengeling, alle getauft in Olfen:
     1.   Anna Catharina **Rengeling**, ~ 11.8.1669 (Tp: *Jost Althoff, Anna NN*).
     2.   Adolf Henrich **Rengeling**, Zwilling zu Johann Bernhard, ~ 28.12.1670
          (Tp: *Hen(rich) Eluerfelt, Anna Rengeling*).
          ∞   Olfen 15.11.1698 (Tz: –)
          Anna Margareta **Trippelvoet**, ...

Eversum, Eigenbehöriger der Hofkammer in der Bsch. Sülsen, ...; 2) Anna Sybilla Elferfelt, ~
13.7.1670 (Tp: *Anna Sybilla Bruchhausen cum Jo(ann)es Casparo Gerlaci*), 1695 und 1703
Patin bei Schulte Eversum, ∞ Nottuln 4.10.1699 (Tz: *Caspar Schulte Steinhorst et Johan
Bernd Hamickolt*) Hermann Schulte Stevermann, S.d. Bernd Schulte Wierlinck gen. Schulte
Stevermann u.d. Elisabeth Schulte Havixbeck; 3) Johann Dethmar Eluereult gen. Schulte
Selm, ~ 19.5.1675 (Tp: *Jo(ann)es Detmarus ab Ascheberch, satrapa, cum Maria Epping*),
† Selm 29.3.1709, Bauer auf dem Schultenhof in Selm; ∞ Bork 19.7.1705 (Tz: –) Gertrud
Althoff, ~ Bork 13.5.1679 (Tp: *Gertrud Althoff nunc vidua Jo(ann)is Markes, Joan Aldenbork
nunc Richter in Hassell*), T.d. Gerdt Schulte Althoff u.d. Anna auf der Hove.

21   Die nachfolgende Stammfolge beansprucht keine Vollständigkeit. Insbesondere bei den
     Enkeln sind weder Anzahl noch Daten vollständig erfasst.
22   Am 29. Oktober 1683 begehren die Testamentsexekutoren Heinrich Nettebroick, Pfarrer
     in Olfen, und Johann Heinrich Weinbrun, Notar und Bürgermeister in Olfen, beim Notar
     Zumhasch die Aufnahme eines Nachlassinventars.
23   KOHL, Weiheregister 1593–1674, S. 20, Nr. 329.
24   KOHL, Weiheregister 1593–1674, S. 107, Nr. 1868 mit Anm.: Matr. Köln 731,448; 22.4.1627
     Minores, 23.4.1627 Subdiakon, 18.9.1627 Priester.
25   Ist wohl noch Ende 1682 Patin bei ihrem Enkel in Lüdinghausen!

3. Johann Bernhard **Rengeling**, Zwilling zu Adolf Henrich, ~ 28.12.1670 (Tp: *Bernard Morrien, Anna Eppinck*).
4. Caspar **Rengeling**, ~ 24.4.1672 (Tp: *Casparus zur Middeln, Mechtel(dis) Eluerfelt*[26]).
5. Conrad Bitter **Rengeling**, ~ 15.5.1674 (Tauftag: *feria 3 pentec(ostes)*; Tp: *r(everen)d(us) d(ominus) Con(rad) Eluerfelt, pastor in Seppenr(ade), Sybilla Jeibman*).
6. Gertrud **Rengeling**, ~ 21.7.1675 (Tp: *Johan Saur, Gertrud Rengeling*).
7. Anna Elisabeth **Rengeling**, ~ 10.10.1677 (Tp: *Herman Morrien, Elis(abeth) Trippelvoet*).

Lüdinghäuser Ast

02.1 Henrich **Elverfeld**, S.d. Conrad Elverfeldt u.d. Catharina Schahauß gen. Schroers (→ **01**)
* Seppenrade um 1645, Domkapitularischer Amtsrentmeister in Lüdinghausen, bezeichnet Theodor Wilhelm Elverfeld und Anna Elverfeld Witwe Rengeling als seine Geschwister, erhält am 21. März 1674 einen Dispens vom Makel der unehelichen Geburt, münster. Notariatsmatrikel 18.2.1679, im Testament des Vaters bedacht;[27]
∞ Lüdinghausen im September 1677 (*sine proclamationibus, copulati in infirmitate*; Tz: *Gerhard Freusberg*)
Anna Margareta **Winkelmann**, ~ Lüdinghausen 28.9.1653 (Tp: *Cornelius a Fermehus, Josina Margareta Vogelsank*), T.d. Friedrich Winkelmann, Rentmeister der v.Morrien zu Davensberg, u.d. Anna Margareta Freusberg[28].

Kinder, geboren und getauft in Lüdinghausen:
1) Anna Regina Maria **Eluerfeld**, ~ 17.5.1679 (Tp: *r(everendus) d(ominus) Georgius Hesselingh, Maria Christina Diepenbrock pro canonissa Anna Regina von der Reck*), im Kommunikantenregister 1708 ihr Alter mit 28 Jahren angegeben;[29]

---

26 Ob Ehefrau des Heinrich Abt in Lüdinghausen? Das Ehepaar verkauft 1642 drei Stücke Land an Hermann Flörken und dessen Ehefrau Agatha Abt (LA NRW W, Verein für Geschichte und Altertumskunde Westfalens, Abteilung Münster (Dep.) - Urkunden, Nr. 1536).
27 GV Seppenrade A11, ohne Paginierung (**1674**): Namentliche Nennung der Eltern, vgl. unten Anhang 3 Nr. 1; KOHL, Wilhelm: Die Notariatsmatrikel des Fürstbistums Münster, in: Beiträge zur Westfälischen Familienforschung 20 (1962), S. 3–136, hier: S. 42, Nr. 992 (**1678**).
28 Vgl. FREUSBERG, Joseph (†): Die Familie Freusberg in Westfalen, in: Beiträge zur westfälischen Familienforschung 25/26 (1967–1968), S. 61–76, hier: S. 62.
29 SCHULTE, Anton: Familiengeschichtliche Forschungen, Teil II (= Quellen und Forschungen zur Geschichte des Kreises Warendorf, 8). Warendorf 1977, S. 185 (BAM, GV Olfen, A2).

∞ I. Lüdinghausen 29.11.1698 (Tz: *Ferd(inand) Winckelman, Henr(ich) Althoff*)

Jobst (Johann) Henrich **Hardenberg**, seit 1691 Pächter des Schultenhofes in Olfen,[30] ...

∞ II. Olfen 13.4.1704 (Tz: –)

Balthasar Ludwig **Wethmar**, ~ Altlünen 28.2.1677 (Tp: *reverendissimus et praenobilis dominus Martinus Balthasar a Gaugreven prior in Capenbergh, NB per substitutum tenuit, et Catharina Schade*), † vor 1727, Schultetus in Olfen 1706, sein Alter 1708 mit 30 Jahren angegeben, S.d. Ludwig Schade, villicus zu Wetmar, u.d. Catharina Marcks.[31]

Kinder Hardenberg und Wethmar, alle getauft in Olfen (St. Vitus, kath.):

1. Anna **Hardenberg**, ~ 26.8.1699 (Tp: *N. Althoff, Maria Kahlmuhl*), ihr Alter 1708 mit 8 Jahren angegeben.

2. Catharina Wilhelmina **Hardenberg**, ~ 4.9.1701 (Tp: *Vincent Weinbrun, Cat(harina) Wil(helmina) Elverfeld*), ihr Alter 1708 mit 7 Jahren angegeben; 1749: 48 Jahre alt;
   ∞ Olfen 14.11.1728 (Tz: *Narthus, custos*)[32]
   Johann Jobst **Narthues**, als vitriarius 1749 (47 J. alt) mit 2 Kindern genannt, ...

3. Johanna Paulina Margareta **Wethmar**, ~ 23.12.1705 (Tp: *Wilm Henrich Stridtholt, Joanna Paulina Margar(eta) Eluerfelt*), † nach 1746.[33]

4. Paul Henrich **Wethmar Schulte Olfen**, ~ 28.4.1707 (Tp: *d(ominus) Paulus Henricus Eluerfelt, Cathar(ina) Schweerß*), † vor 1708, da nicht im Kommunikantenregister genannt.[34]

5. Hermann Caspar **Wethmar**, ~ 9.4.1709 (Tp: *Theodorus Hermannus Bergering, Maria Elis(abeth) Elverfeldt*).

6. Franz Johann Hermann (Wethmar gen.) **Schulte zu Olfen**, ~ 31.8.1712 (Tp: *adm(odum) r(everen)d(issi)mus et perillustris d(omi)nus d(ominus) Franciscus Joannes liber baro de Fidinckhoff condictus Schele, Anna Gosina Isabella de Recke, d(omi)na in Sandtfort*), gen. 1749 im Status animarum mit Frau und 3 Kinder, sein Alter dort fälschlich mit 46 Jahren angegeben;[35]
   ∞ Olfen 5.9.1734 (Tz: *Joan Wilm et Joan Hen(ricus) Stritholt*)
   Margareta Elisabeth **Froning**, ~ Olfen 3.7.1712 (Tp: *Joan Pravest*,

---

30 SCHULTE, Familiengeschichtliche Forschungen II, S. 184.
31 SCHULTE, Familiengeschichtliche Forschungen II, S. 177.
32 Ihr Familienname ist bei der Heirat mit „Elverfeld" angegeben.
33 Wohl sie, die am 19.6.1746 in Lüdinghausen Patin bei Johanna Paulina Zurhove ist, der Tochter ihrer Schwester Maria Elisabeth Weitmar. – Nach SCHULTE, Familiengeschichtliche Forschungen II, S. 173, vor 1708 gestorben, da 1708 nicht im Kommunikantenregister genannt.
34 SCHULTE, Familiengeschichtliche Forschungen II, S. 173.
35 SCHULTE, Familiengeschichtliche Forschungen II, S. 185.

Junffer Anna Marg(areta) Preckel), gen. 1749: 36 Jahre alt, T.d. Hermann Froning u.d. Anna Regina Eickendorff.[36]
– 7 Kinder Wethmar –

7. Antonia <u>Maria Elisabeth</u> **Weitmahr**, ~ 20.2.1714 (Tp: *Joan Malta, Maria Elis(abeth) Eluerfeld*), † Lüdinghausen 4.4.1804 (Witwe, 98[!] Jahre alt, hinterlässt 2 majorenne Kinder); 1749: 35 J.;

    ∞   Lüdinghausen 4.11.1737 (Tz: *Conrad Henrich Zurhove, David Schomacker*)

    Zacharias Anton **Zurhove**; gen. 1749 in Lüdinghausen: Chyrurgus, 33 J., 4 Kinder[37]

8. Anna Catharina Margareta **Wettmahr**, ~ 24.2.1716 (Tp: *Arnold Rieves, Anna Cath(arina) Althoff*).

2) Paul Henrich **Eluerfeld**, ~ 2.7.1681 (Tp: *r(everendus) d(ominus) Georgius Heßelingh pro capitulo cathedralis Mon(asterien)sis, Elisabeth Eluerfeld pro Theodora von Gahlen*), → **03.1.**

3) Catharina Wilhelmina **Eluerfeld**, ~ 30.11.1682 (Tp: *a(dmodum) d(ominus) Wilhelmus Gerdesman pro Fride(rich) Winckelman, Catharina Schawhauß pro Anna Marg(areta) Althoff*).

    ∞   Ottmarsbocholt 26.11.1708 (Tz: *Theod. Hugone Ostrop, pastore in Ottmarsbockoltz, et Paulo Elverfeld*)

    Johann Hermann **Reuter**, in Senden, ...

    Sohn Reuter:

    1. Jodocus Adolph Anton **Reuter**, ~ Senden 1.3.1710 (Tp: *iro ...? Jobst Adolff von Droste, Maria Lucretia von Voget*).

4) <u>Johanna Paulina</u> Margareta **Eluerfeld**, ~ 4.6.1684 (Tp: *d(ominus) Jo(ann)es Stüb, pastor in Werne, pro Elisabeth Flenßberg, Johanna Paulina von Ascheberg, Wittib Drostine in Werne*), im Kommunikantenregister 1708 wird ihr Alter mit 25 Jahren angegeben;[38]

    ∞ I.   Olfen 6.5.1706 (Tz: *Schultetus Olffen Balthasar Wethmar et Joannes Reesman*)

---

36 SCHULTE, Familiengeschichtliche Forschungen II, S. 180.
37 Kinder, alle getauft in Lüdinghausen: 1) Clara Anna Ursula Sophia Zurhove, ~ 26.2.1739 (Tp: *Anna Ursula Elverfeldt, Joan Bern. Hülswitte*); 2) Gerhard Heinrich Anton Zurhove, ~ 11.7.1741 (Tp: *Gerard. Henr. Ant. Zurhove, Anna Elisab. Wettmar*); 3) Johanna Paulina Zurhove, ~ 19.6.1746 (Tp: *Joan. Henr. Heukensfeldt, Joanna Paulina Weitmar*), ∞ Lüdinghausen 24.11.1767 (Tz: *Bitterus Zurhoven, Joachimus Uphuess*) Heinrich Ernst Forkenbeck, S.d. Franz Arnold Forkenbeck u.d. Brigitta Fabricius; vgl. TECKLENBORG, Walther: Westfälische bürgerliche Stammbäume. Forkenbeck. In: Mitteilungen der Westdeutschen Gesellschaft für Familienkunde 1 (1913/17), S. 129-131 [Heft 3, 1914], hier: 130, und LOEFKE, Christian: Nachkommen-Tafel von Büren aus dem Nachlass Tyrell/Hatzfeld. In: Roland 22 (2013), S. 65-83, hier: 78; 4) Friedrich Christian Zurhove, ~ 21.10.1749 (Tp: *R. Dns. Frid. Xtian Elverfeldt, Anna Marg. Juliana Heerde*).
38 SCHULTE, Familiengeschichtliche Forschungen II, S. 183: GV Pfarrei Olfen A 2 (Kommunikantenregister 1708).

Johann **Stridtholt**, * um 1658, † vor 1728, 1708 als „Stridtholt junior" bezeichnet, laut Kommunikantenregister 1708 Bürgermeister und 50 Jahre alt, ...;
∞ II. Olfen 1.5.1728 (Tz: *Rengeling, Stenkamp*)
Jost Werner **Aldendorff**, 1749: Ianio, 50 Jahre alt, ...;
(er: ∞ II. Olfen 3.11.1737 (Tz: *Jost Naadhuss et Anselmus Boddeker*)
Anna Gertrud **Borger**, 1749: 35 J.).
Kinder Stridtholt, alle ~ in Olfen:
1. Paul Henrich **Stridtholt**, ~ 2.7.1708 (Tp: *Paulus Henricus Eluerfelt, Joan Reeßman*).
2. Johann Bernhard **Stridtholt**, ~ 7.9.1709 (Tp: *Jo(ann)es Bernardus Falcke, Anna Marg(areta) Preckel*); 1749: Nuntius, 41 Jahre alt;
   ∞ Olfen 24.9.1730[39] (Tz: *custos et Wilh(elm) H(enrich) Stridtholt*)
   Anna Maria Sybilla **Röve**, 1749: 45 Jahre alt, ...
3. Henrich Anton **Stridholt**, ~ 18.10.1711 (Tp: *adm(odum) r(everen)dus d(omi)nus, d(ominus) Joannes Henricus Thier, pastor Olffensis et vicarius in Lhemhegge, Elisabeth Trippelvoet*).
4. Matthias Friedrich **Stridholt**, ~ 24.4.1714 (Tp: *d(ominus) Matthias Fridericus Elverfelt, Maria Sybilla Haver gt. Althoff*).
5) Matthias Friedrich Anton **Eluerfeld**, ~ 5.6.1686 (Tp: *r(everendus) sp(ectabilis) praenob(ilis) d(ominus) Matthias Frid(ericus) a Reck, cathed(ralis) eccl(esiae) Mon(asterien)sis et Mindensis cano(nicus), praepos(itus) ad s. Maurit(ium), de loci ... [Leerraum] generosa d(omina) Anna Maria Clara a Brabeck zur Loburg*), → **03.2**.
6) Anna Dorothea Elisabeth **Elferfeld**, ~ 11.2.1688 (Tp: *r(everendus) d(ominus) Wess(el) Brüns, pastor, Anna Elisabeth Reck*), † Horstmar 7.10.1759 (als vidua, *septuagenaria*), genannt im Status animarum von Horstmar 1749 als 60jährige Witwe, mit 2 Söhnen und 1 Tochter;[40]
   ∞ Ottmarsbocholt 30.10.1711 (Tz: *Carolus Bethram Reuter et Bernard Henrich Beveren*)[41]
Johann Henrich **Baltzer**, † vor 1749, Obervogt in Ochtrup, ...
Kinder Baltzer:
1. Gerhard Hermann **Balzer**, * um 1712, Dr. jur. utr., wird 1749 im Status annimarum von Horstmar mit einem Alter von 40 Jahren angegeben, Vizerichter in Horstmar;

---

39 Kinder: u. a. Johanna Paulina Margareta Stridtholt, ~ Olfen 22.4.1731 (Tp: *Anton Rove, Johanna Paulina Marg(areta) Elberfelt gnt. Aldendorff*), 1749: 18 Jahre alt; Heinrich Anton, 1749: 11 Jahre alt; Anna Elisabeth, 1749: 8 Jahre alt; Catharina, 1749: 6 Jahre alt.
40 BAMS, 1749/149/413, S. 418 (https://data.matricula-online.eu/de/deutschland/muenster/0-status-animarum/SA_HorG/?pg=6).
41 Aufgebot Lüdinghausen 28.10.1711.

∞   Horstmar 27.11.1759 (Tz: *praefecto Horstmariensi domino Joanne Friderico Benner et domino Francisco Antonio Laurentio Benner, fratribus*)
Anna Brigitta **Benner**, ~ Horstmar 31.7.1725 (Tp: *praenobilis d(omi) na Anna Brigitta Kempff dicta Krebs*), † ..., T.d. Hausvogts Georg Arnold Benner u.d. Anna Christina Meyer[42].

2.   Paul **Balzer**, * um 1714, Ludimagister, wird 1749 im Status annimarum von Horstmar mit einem Alter von 35 Jahren angegeben.
3.   Johann <u>Ludwig</u> **Balcer**, * um 1718, Vogt in Ochtrup 1749 (31 Jahre alt)[43];
      ∞ I.   Ochtrup 17.5.1744 (Tz: *Joanne Henrico Pott et Henrico Dappers*) Anna Maria Elisabeth **Siegen**, * um 1715, 1749: 34 Jahre alt.
      ∞ II.   Ochtrup 10.10.1774 (Tz: *Wilhelmus Rasing, Hinricus Volkers*) Anna <u>Elisabeth</u> **Rasing**, * um 1749, † Ochtrup 25.5.1832, 83 J.
      – Nachkommen –
4.   Bernardina Theresia **Balzer**, ~ Selm 7.4.1720 (Tp: *Henr(ich) Xtian L.B. de Plettenberg, Bernardina Theresia L.B. a Westerholt*), wird 1749 im Status annimarum von Horstmar mit einem Alter von 25 Jahren angegeben.
5.   Anton Günter **Balzer**, ~ Selm 12.3.1722 (Tp: *R.D. Anton Gonter Winckelman, vicarius in Ludinghausen, stetit loco ipsius Bernardt Böckman, Anna Elisabeth Möninghausen*), gen. Ochtrup 1749: 27 Jahre alt.
6.   Johanna Maria **Balcers**, ~ Selm 8.4.1724 (Tp: *Fraw Maria Droste, R.D. vicarius Hoff*).

7)   Maria Elisabeth Casparina **Elferfeld**, * Feb. 1690 (Tp: *Caspar Ludovicus Gallenkamp, Maria Elis(abeth) Freußberg*).
8)   Johanna Mechthild Sybilla **Elferfeld**, ~ 10.3.1691 (Tp: *r(everendus) d(ominus) Jo(ann)es Wilßbacher, pastor Westbeverensis, Mechtild von Galen genand Recke, Fraw zu Steinford und Welpendorff*).

03.1   Paul Henrich Elverfeld, S.d. Henrich Elverfeld u.d. Anna Margareta Winkelmann (→ **02.2**)
~ Lüdinghausen 2.7.1681 (Tp: *r(everendus) d(ominus) Georgius Heßelingh pro capitulo cathedralis Mon(asterien)sis, Elisabeth Eluerfeld pro Theodora von Gahlen*), † ebd. 23.12.1743, Amtsschreiber ebd.;
∞ I.   Lüdinghausen 11.11.1710 (Tz: *Jo(an) Joachim zur Heiden, Frans Joanninck*) Anna Mechthild **Wiemann**, ... ;

---

42   Anna Christina Gertrud Meyer, † Horstmar 13.8.1759, 60jährige Witwe des Horstmarer Hausvogts Georg Adolf(!) Benner.
43   Status animarum 1749/50, fol. 59'.

∞ II. Herbern 30.1.1712 (Tz: *Alexander Zumbusch, r(everendus) d(ominus) Wilh(el)m Henr(ich) Eckholt*)[44]
Anna Maria Elisabeth **Buss** (Zumbusch), aus Herbern,[45] * um 1688, □ Lüdinghausen 31.5.1761, 1749: 61 Jahre alt.

Kinder aus zweiter Ehe, alle geboren und getauft in Lüdinghausen:
1)	Paul Henrich Matthias **Elferfeld**, ~ 12.3.1713 (Tp: *pro rev(erendissi)mo capitulo cathed(ralis) Mon(asterien)sis Matthias Frid(ericus) Bispinck secreta(rius), pro d(omina) N.N. de Ketteler ex Boldern Maria Schrader*), → **04.1.**
2)	Gerhard Anton **Elferfeld**, ~ 6.2.1714 (Tp: *Gert Anton tom Busch, Anna Elis(abeth) Elferfeld*), □ Lüdinghausen 16.10.1723.
3)	Johann Friedrich **Elferfeld**, ~ 4.5.1716 (Tp: *Joan Friderich zum Busch, Anna Maria Schröder*), † Lüdinghausen 31.3.1743, juris candidatus.
4)	Anna Maria Gertrud **Elferfeld**, ~ 18.7.1718 (Tp: *Caspar Ludovicus Flenßberg, Anna Maria Gertrud Römers*), □ Lüdinghausen 25.9.1723.

04.1	Paul Heinrich Matthias **Elverfeld**, S.d. Paul Henrich Elverfeld u.d. Anna Maria Elisabeth Zumbusch (→ **03.1**)
~ Lüdinghausen 12.3.1713 (Tp: *pro rev(erendissi)mo capitulo cathed(ralis) Mon(asterien)sis Matthias Frid(ericus) Bispinck secreta(rius), pro d(omina) N.N. de Ketteler ex Boldern Maria Schrader*), □ ebd. 6.8.1768, Bestallung zum Amtsschreiber in Lüdinghausen 1744;[46]
∞	Nordkirchen 5.10.1747 (Tz: *reverend(us) d(omi)nus Schannii, Godefr(idus) Vieth*)[47]
Anna Catharina Margareta **Schlüter**, ~ Asbeck 26.5.1726 (Tp: *Jo(ann)es Hermannus Schlüter et Anna Catharina Margaretha Werneking*), □ Lüdinghausen 1.4.1795, T.d. Rentmeisters Nicolaus Heinrich Schlüter u.d. Clara Elisabeth Werneking.

44	Aufgebot Lüdinghausen 17.1.1712.
45	Ihr Taufeintrag ließ sich in den Kirchenbüchern von Nordkirchen und Herbern nicht nachweisen. Der als Pate beim zweiten Kind genannte Gert Anton tom Busch dürfte der Großvater des Kindes sein. Bei ihm handelt es sich höchst wahrscheinlich um den Rentmeister zum Ichterloh (1694) Gerhard Zumbusch (∞ Herbern 20.7.1682 Anna Maria Caessem). Dessen Kinder sind: 1) Friedrich Zumbusch, ~ Nordkirchen 1.1.1685; 2) Bernard Theodor Heinrich Zumbusch, ~ Nordkirchen 25.7.1686; 3) Heinrich Ferdinand Zumbusch, ~ Nordkirchen 29.12.1687; 4) Hermann Gerhard Zumbusch, ~ Nordkirchen 8.5.1694 (Zwilling); 5) Johann Christian Zumbusch, ~ Nordkirchen 8.5.1694 (Zwilling); 6) Franz Wilhelm Zumbusch, ~ Herbern 10.3.1696; 7) Anna Gertrud Zumbusch, ~ Herbern 28.4.1698. – Zwischen Kind 3 und 4 sind möglicherweise noch ein bis zwei weitere Kinder geboren worden.
46	Bestallung: Verein für Geschichte und Altertumskunde Westfalens, Abteilung Münster (Dep.) – Manuskripte, Nr. 173.
47	Dim. in Lüdinghausen/Westkirchen 4.10.1747.

Kinder:
1) Paul Bernardin **Elverfeldt**, ~ Lüdinghausen 14.7.1750 (Tp: *r(everendissi) mus capit(uli) cathedralae Monast(eriensis), Bernardina Theres(ia) Fraw comtes(sa) de Plettenberg Nordtkirchen)*.
   - infans Elverfeld: † 23.3.1751, † 10.1.1752
2) Anna Maria Elisabeth **Elverfeldt**, ~ Lüdinghausen 21.2.1753 (Tp: *Maxim(ilian) Werneckinck Agend., Anna Maria Elis(abeth) Thombusch, vid(ua) Elverfeldt)*, ☐ Lüdinghausen 23.2.1753 (*infantulus*).
3) Clara Elisabeth Antonetta **Elverfeldt**, ~ Lüdinghausen 8.2.1758 (Tp: *d(ominus) Henrich Anton Hülswitt, questor Amt Wolfhagen, Clara Elisabeth Wernekinck Fr(au) Schlüeter)*.
   - infans Elverfeld: † 5.4.1759
4) <u>Maria</u> Bernardina <u>Theresia</u> **Elverfeldt**, ~ Lüdinghausen 8.11.1763 (Tp: *Antonius Melchers, Mar. Bern. Theresia Schlüter vid. Voesman?)*, † ebd. 4.2.1828 (Brustwasser, 64 J., 4 majorenne Kinder);
   ∞ Lüdinghausen 22.9.1778 (Tz: *Ferdinand Schlüter, Josephus Tecklenburg*) <u>Johann</u> Franz <u>Heinrich</u> **Mues**, ~ Lüdinghausen 24.3.1756 (Tp: *eximius pater Joes Franciscus Xtianus Mues, FF Capucinorum conventus Mon(asterien) sis guardianus, et religiosa virgo Anna Ursula Nagelschmidt, ord. S. Aug. in Dulmen professa)*, † Lüdinghausen 5.11.1812, 57 J., Weinhändler, S.d. Kaufmanns Johann Heinrich Mues u.d. Anna Adelheid Magh.
   Kinder Mues, alle getauft in Lüdinghausen:
   1. <u>Ferdinand</u> Anton **Mues** (Mush), ~ 11.9.1779 (Tp: *d(ominus) Ferdinandus Antonius Schlüter, quaestor Lüdinghus(ensis), devota virgo Anna Ursula Magh)*, bürgert 12.2.1806 mit Ehefrau in Rheine ein;[48]
      ∞ Rheine 12.1.1805 (Tz: *Anton van Coverden et Frans Kümpers*) Maria <u>Theodora</u> (Elisabeth) Walburgis Franziska **Schilgen**, * Rheine 23., ~ ebd. (Dionysius) 24.12.1786 (Tp: *Francisco Theodoro Schilgen et Maria Walburga de Beck)*, ..., T.d. Fritz Carl Schilgen u. Maria Theodora Meyer in Rheine.
   2. Albert Johann Heinrich **Mues**, ~ 21.8.1780 (Tp: *r(everendus) p(ater) Albertus Ildephonsus Kalthof, professus in Liesborn, confessarius ad S. Aegidium Monasterii, per procuratorem, Anna Catharina Schlüter vidua Elverfeld)*.
   3. Franz Joseph Julian Heinrich **Mues**, ~ 2.12.1782 (Tp: *Franciscus Josephus Schlüter, Anna Margaretha Juliana Heerde vidua Vierfuß)*.
   4. Maria Anna Catharina **Mues**, ~ 17.5.1784 (Tp: *Anna Catharina Schlüter, vidua Elverfeld, R.D. Stephanus Wilhelmus Dingerkus, vicarius Cathedr(alis) Monast(eriensis))*;
      ∞ I. Nordkirchen 12.6.1808 (Tz: *custos Joh. Henr. Vieth und*

---

48 SCHRÖDER, August (Bearb.): Das Bürgerbuch der Stadt Rheine 1637–1825, in: Beiträge zur westfälischen Familienforschung 42 (1984), S. 9–473, hier: S. 204, Nr. 2991.

Albertus Muess)

Johann Henrich **Terhelle**, Dr. med., ~ Seppenrade 29.1.1767 (Tp: *Jobst Henrich Terhelle, Ann Gertrudt Eltrup*), † Nordkirchen 2.11.1811, S.d. Johann Arnold Terhelle u.d. Anna Gertrud Sundrup;

∞ II.   Nordkirchen 10.11.1812 (Tz: *Engelbertus Muess und Anton Ringenberg*)

Engelbert Joseph Anton **Ringenberg**, ~ Lüdinghausen 12.5.1786 (Tp: *Engelbert Joseph Flensberg, Maria Elisabeth Ringenberg*), ..., Dr. med., S.d. Weinhändlers Johann Bernhard <u>Anton</u> Ringenberg in Lüdinghausen, u.d. Maria Elisabeth Flensberg.

5.   Bernhard Anton **Mues**, ~ 7.3.1786 (Tp: *Pl. Rdus. Dnus. Bernardus Antonius Waldmann, Pastor in Heeck et vicarius in Ludinghausen per procuratorem, Louisa Elverfeld*).

6.   Franz Anton Ludwig **Mues**, ~ 5.12.1787 (Tp: *A.R.D. Franciscus Hermannus Antonius Schürhoff, vicarius in Nordkirchen, Anna Maria Niehof, vidua Tusnig(?)*))

7.   Johann Heinrich Franz **Mues**, ~ 10.5.1789 (Tp: *Joes Henricus Wüsthoff, Anna Catharina Angela Schrinder, uxor Schlüter*).

8.   Engelbert Joseph Arnold **Mues**, ~ 20.11.1790 (Tp: *Engelbert Joseph Flensberg, Maria Anna Trippelvot cond. Lüning*).

9.   Franziska Theresia Gertrud **Mues**, ~ 13.12.1791 (Tp: *Catharina Gertrud Waldmann gnd. Meurer, Ludovich Sandfors*).

10.   Franz Benjamin **Mues**, ~ 30.6.1793 (Tp: *Frans Benjamin Meurer, Catharin Elisabet Ducca gnd. Renvert*).

11.   Ernst Ludwig Anton **Mues**, ~ 5.8.1794 (Tp: *Ernst Ludwig Sandfort, Maria Anna Sophia Bracht*).

12.   Johann Heinrich Joseph Benjamin **Muess**, ~ 27.12.1795 (Tp: *Johan Henrich Joseph Waltman, Anna Ludovica Elverfeld*).

13.   Anna Ludovica Josepha **Muess**, ~ 19.12.1796 (Tp: *Anna Ludovica Elverfeld gndt. Flensberg, Joseph Pannhoff*).

14.   Catharina Gertrud **Muess**, ~ 4.4.1798 (Tp: *Catharin Getrud(!) Waltman gnt. Meurer, Friderich Kessel*).

15.   Franz Anton **Muess**, ~ 9.8.1799 (Tp: *Herman Anton Waldman per procuratorem, Maria Getrud(!) Renvert*).

16.   Clemens August **Muess**, ~ 19.7.1802 (Tp: *Clemens August Wed.., Anna Josina Schlüter*).

5)   Anna Elisabeth Ludovica **Elverfeld**, ~ Lüdinghausen 20.9.1766 (Tp: *Anna Elis. Schlüter, Franc. Ludovicus Balsters per pro(curatto)rem r(everendum) d(ominum) Elverfeld*), † ebd. 5.1.1824 (*Brustfieber, 57 J.*), hinterlässt 4 majorenne u. 2 minorenne Kinder;

∞   Lüdinghausen 18.7.1788 (Tz: *Bernardus Antonius Ringenberg, Joannes Henricus Mues*)

Engelbert Joseph **Flensberg**, ~ Lüdinghausen 20.6.1757 (Tp: *d(ominus)*

Engelbert Joseph Busch, Maria Gertrudis Ringenberg vidua Flensberg),
† ebd. 21.6.1806 (*49 J., hinterläßt Gattin und 8 minorenne Kinder*),
Bürgermeister in Lüdinghausen, S.d. Arnold **Flensberg** u.d. Catharina
Gertrud **Hanloh**.
Kinder Flensberg, alle getauft in Lüdinghausen:
1. Bernard Anton Arnold **Flensberg**, ~ 14.12.1789 (Tp: *Bernardus Antonius Arnoldus Ringenberg, Maria Theresia Elverfeld, uxor Mues*).
2. Maria Anna Catharina **Flensberg**, ~ 9.2.1791 (Tp: *Maria Anna Catharina Schlüter, vidua Elverfeld, Joseph Henrich Ludovich Flensberg, professus in Burlo*).
3. Maria Catharina Gertrud **Flensberg**, ~ 2.4.1792 (Tp: *Catharin Getrud(!) Hanloh gnd. Flensberg, Joan Henrich Mueß*).
4. Maria Theresia Friederika **Flensberg**, ~ 5.9.1793 (Tp: *Maria Bernardina Theresia Elverfeld gnd. Muesh, Joan Friderich Renvert*).
5. Arnold Anton **Flensberg**, ~ 7.4.1795 (Tp: *Arnold Anton Lüning, Maria Theresia Elverfeld gndt. Muess*).
6. Ferdinand Anton Engelbert **Flensberg**, ~ 7.11.1796 (Tp: *Ferdinand Anton Schlüter, qaestor in arce Lüdinghusana, Catharin Elisabet Ducca uxor Renvert*).
7. Maria Elisabeth **Flensberg**, ~ 12.10.1798 (Tp: *Maria Elisabeth Flensberg gndt. Ringenberg, Joseph Panhoff*).
8. Johann Heinrich Joseph **Flensberg**, ~ 6.10.1800 (Tp: *Joan Henrich Mues, Clara Dininghoff gndt. Lüning*).

03.2 Matthias Friedrich Anton **Elverfeld**, S.d. Henrich Elverfeld u.d. Anna
Winkelmann (→ **02.1**)
~ Lüdinghausen 5.6.1686 (Tp: *r(everendus) sp(ectabilis) praenob(ilis) d(ominus) Matthias Frid(ericus) a Reck, cathed(ralis) eccl(esiae) Mon(asterien)sis et Mindensis cano(nicus), praepos(itus) ad s. Maurit(ium), de loci ... [Leerraum] generosa d(omina) Anna Maria Clara a Brabeck zur Loburg*), † ebd. 13.3.1729,
Quaestor in Wulffsberg, münster. Notariatsmatrikel 10.7.1713;[49]
∞ Lüdinghausen 1.11.1715 (Tz: *Paul Henrich Elferfeld, Joan Bertold Preckel*)
Anna Elisabeth **Preckel**, ~ Lüdinghausen 1.9.1693 (Tp: *Joan Schulte Walterinck, Anna Elis(abeth) Lippols*), † ebd. 30.10.1762 (*aet. 68*), 1749: 54 Jahre, T.d.
Johann Preckel u.d. Adolpha Osterrath.

Kinder:[50]
1) Anna Ursula Elisabeth **Elverfelt**, ~ Westbevern 21.10.1716 (Tp: *Balthasar

---

49 KOHL, Notariatsmatrikel, S. 51, Nr. 1333.
50 Vgl. auch KIRSCHNICK, Raphaela und Herbert: Familienbuch des Kirchspiels Westbevern. Die Westbevener Bevölkerung vor 1820. 2. Aufl., Lienen 2005, S. 188.

Ludow(ig) Wethmar, Adolpha Oisterrot), ☐ Lüdinghausen 14.2.1781, 1749: 33 J. alt;

∞ Lüdinghausen 5.9.1745 (*praevia dispensatione in 4to consanguinitatis gradu*; Tz: *Paulus Henr. Elverfeldt, Joachim Henr. Hülswitte*)[51]

Jobst Henrich Anton **Hülswitte**, ~ Lüdinghausen 4.10.1719 (Tp: *Godfr(idt) Henr(ich) Hülßwitte, Anna Maria Hoestrup*), Rentmeister des Amtes Wolfshagen in Lüdinghausen, † vor 1781, 1749: Haus Wolfsberg, 30 Jahr alt, S.d. Gottfried Heinrich Hülswitte u.d. Clara Maria Hoestrup.[52]

Kinder Hülswitte, alle getauft in Lüdinghausen:

1. Anna Elisabeth Friederika Christiana **Hülswitte**, ~ 29.10.1748 (Tp: *Frid(ericus) Christian L(iber) B(aro) de Beverförde ex Werries, Anna Elisab(eth) L(iber) B(aronessa) de Reck d(omi)na in Heesen*).

2. Clara Maria **Hülswitte**, ~ 26.1.1750 (Tp: *Joan Bern(ard) Hoestrupff, Clara Maria Hoestrupff*).

3. Friedrich Christian Anton **Hülswitte**, ~ 27.8.1752 (Tp: *a(dmodum) r(everendus) d(ominus) Fridericus Elberfeldt, vic(arius) S. Stephani in Lüdinghausen, Anna Clara Marg(aretha) Havestaet Fr(au) Bürgermeister Hülswitte*), † ebd. 19.7.1759.

4. Johann Bernd Anton **Hülswitte**, ~ 6.6.1754 (Tp: *Jo(ann)es Bernard Hülswitte, consul, Anna Cath(arina) Schlüter Fr(au) Elverfeldt*), Rentmeister (*quaestor*) in Wolfsberg;

   ∞ Horstmar 13.7.1779 (Tz: *P.R.D. Ferdinandus Havickhorst, canonicus, d(omi)nus Godefridus Hulswitt*)[53]

   Anna Sybilla Francisca **Benner**, ~ Horstmar 29.3.1758 (Tp: *dna. uxore dni. procuratoris Georgii Hinrici Huesman et dno. Joanne Theodoro Edelbrock*), ..., T.d. Johann Friedrich Benner u.d. Anna Maria Elisabeth Crins.

5. Anna Maria Elisabeth **Hülswitte**, ~ 28.9.1756 (Tp: *Joan Theodor Schlering, Anna Elis(abeth) Preckels vid(ua) Elverfeldt*).

2) Friedrich Christian **Elverfeldt**, ~ Westbevern 30.10.1717 (Tp: *perill(ustrissimus) ac gratiosus d(ominus) Frid(ericus) Xti(anus) de Beverförde*), ☐ Velen 9.7.1761, 1752 Vikar der S. Stephani-Vikarie in Lüdinghausen, als solcher Pate bei Friedrich Christian Anton Hülswitte, seit 1754 Pfarrer in Velen,[54] 1761 Verkauf der Mobilien des † Pfarrers Elverfeld.[55]

3) Maria Anna Sophia **Elverfeldt**, ~ Westbevern 6.11.1719 (Tp: *Henr(ich) Kesselman, Maria Anna Sophia Lohn*), † Lüdinghausen 14.11.1734.

4) Johanna Wilhelmina **Elverfeldt**, ~ Westbevern 2.4.1722 (Tp: *Jo(ann)es*

---

51 Zur gegenseitigen Blutsverwandtschaft im 4. Grad vgl. unten Anhang 1.

52 Gottfried Heinrich Hülswitte und Clara Maria Hoestrup heiraten in Lüdinghausen am 1.5.1714 (Tz: *Frid. Hulßwitte, Bernt Hanlo*).

53 Dim. Lüdinghausen 12.7.1779.

54 Archiv Landsberg-Velen, Findbuch A 450 Ve II, 29.3 Pfarrer, Nr. 25011.

55 Ebd. Nr. 25015.

Bartholomäus Preckel, Maria Wilhelmina Preckel).

5)   Anna Maria Elisabeth **Elverfeldt**, ~ Lüdinghausen 29.1.1725 (Tp: *Joan Everhard Vierfues, Anna Maria Elisab(eth) zum Busch).*

6)   Clara Margaretha Eugenia **Elverfeldt**, ~ Lüdinghausen 23.8.1727 (Tp: *Clara Margaretha Eugenia Preckel, Bernard Gisbert Förstman).*

Heessener Ast

02.2 Theodor Wilhelm **Elverfeld**, S.d. Conrad Elverfeld u.d. Catharina Schahauß gen. Schroers (→ **01**)
* Seppenrade um 1637, † Heessen 29.7.1717 (*anno aetatis 80*), erhält am 28.9.1668 Dispens vom Makel der unehelichen Geburt,[56] Schreiber und Rezeptor[57] der Herren v.d.Recke zu Heessen 1668–1717, münster. Notariatsmatrikel 12.3.1688 als kaiserlicher Notar geführt,[58] erwirbt 1687 zunächst die Dortmunder Hälfte und 1709 für 500 Rt auch die Hälfte der St. Georgs-Kirche (Hamm) des Vollerbes Nordhaus in Heessen,[59] litt zuletzt stark an Gicht (*per podagram totus exhaustus*);
∞   Ahlen (?) um 1679/80
Maria Elisabeth **Frey** (Frye), * Ahlen um 1657/58, † Heessen 29.3.1728, T.d. Gerhard Frey u.d. Christina Elisabeth Lobach.[60]

Kinder:
1)   Franz Gerhard **Eluerfelt**, ~ Ahlen (St. Bartholomäus) 4.1.1681 (Tp: *Johan Herm(an) Freÿ, Rosina Lobach*), † Heessen 6.3.1684.
2)   Maria Elisabeth **Elverfeldt**, ~ Heessen 1.11.1682 (Tp: *Elisab(eth) vidua Lobachs alias Schrivers, d(omi)nus Jo(ann)es Hobbeling, vic(arius)*), □ Wiedenbrück 26.3.1744 (*63 annor(um)*), bürgert in Wiedenbrück 28.6.1707 ein;[61]
      ∞ I.   Heessen 19.6.1707 (Tz: *Jo(ann)es Ostman, decanus Widenbrugensis, ac d(ominus) Paulus Elverfeldt*)

---

56   BAM, GV Seppenrade A11 (ohne Paginierung): Namentliche Nennung der Eltern.
57   Rezeptor = Beamter zur Erhebung und Verwaltung der Landessteuern und kommunaler Abgaben.
58   KOHL, Notariatsmatrikel, S. 45, Nr. 1093.
59   STEINKÜHLER, Emil: Heessen (Westf.). Die Geschichte der Gemeinde. Heessen 1952, S. 61: Noch 1768 ist die Familie Elverfeld in Besitz des Erbes, später erscheinen der Offizial Zurmühlen (1803) und Frau Dr. Coermann in Borghorst (1830) als Grundherren.
60   Weitere Vorfahren Frey und Lobach bei STEINBICKER, AL Schücking, S. 102f.
61   FLASKAMP, Franz (Hg.): Die Bürgerlisten der Stadt Wiedenbrück, 2. Teil: Ratsprotokolle 1630-1818. Gütersloh 1938 (= Quellen und Forschungen zur Natur und Geschichte des Kreises Wiedenbrück, 50), S. 53.

Hermann **Schulte**,[62] ~ Wiedenbrück 6.3.1667 (Tp: *Hermannus Schulte et Elisabeth Schulte uxor Cordt ...* [Rest verblasst]), ☐ ebd. 13.5.1714 (*47 annor(um)*), Kaufmann und Bürgermeister in Wiedenbrück, S.d. Caspar Schulte u.d. Elisabeth Osterbrock;

(er: ∞ I. Wiedenbrück 13.1.1688 (Tz: *domini Caspar Schulte et Henrich Tecklenborg, consules hujus civitatis*)

Maria Catharina **Tecklenborg**, ~ Wiedenbrück 2.9.1668 (Tp: *r(everendus) d(ominus) Joannes Oistman et Anna Maria Druffels*), ☐ ebd. 3.4.1706, T.d. Henrich Tecklenborg[63] u.d. Maria Ostmann. – 6 Kinder Schulte –);

∞ II. Wiedenbrück 17.8.1718 (Tz: *Hoffh(err) Conrad Kreutzkamp et custos Krümpelman*)

Conrad Henrich **Kersting**, ~ Wiedenbrück 6.2.1697 (Tp: *Conradt Uhrmeister, aedilis, et Cath(arina) Marg(areta) Haver*), ☐ ebd. 23.1.1751 (*camerarius, 54 annor(um)*), Lohnherr in Wiedenbrück, S.d. Jobst Henrich Kersting u.d. Margaretha Elisabeth Uhrmeister.

Kinder Schulte und Kersting, alle getauft in Wiedenbrück:

1. Theodor Wilhelm **Schulte**, ~ 1.3.1708 (Tp: *d(ominus) Theodorus Wilhelmus Elverfeld, quaestor in Heissen et Wolffsberg*).

2. Anna Maria Elisabeth **Schulte**, ~ 11.5.1709 (Tp: *Frau Elisabeth Oisterbroick vidua d(omini) consulis Schulten*), † Ahlen vor 1749;

    ∞ Ostinghausen 14.3.1730 (Dispens von 3. Grad der Blutsverwandtschaft; Tz: *Christoph Adieck et Gerhardi Kenter, custodes*)[64]

---

62 Zu ihm siehe auch LOEFKE, Chrisian: Wiedenbrücker Krameramtsverwandte des 17. Jahrhunderts, in: Beiträge zur westfälischen Familienforschung 54 (1996), S. 91-181, hier: S. 143f., Nr. 241.

63 Zu ihm und seiner Familie siehe TECKLENBORG, Walther: Stammtafel der Familie Tecklenborg. Zusammengestellt nach Urkunden und Familien-Nachrichten. Rietberg 1946, bes. S. 3 und 5; LOEFKE, Krameramtsverwandte, S. 151, Nr. 280.

64 Zur Blutsverwandtschaft siehe unten Anhang 2. – Zum ältesten Sohn Johann Friedrich Andreas vgl. unten Anm. 86; weitere Kinder dieses Ehepaars, alle getauft in Ahlen (St. Bartholomäus) und wohl noch vor 1749 gestorben: 2) Maria Genoveva Elisabeth Frey, ~ 7.1.1733 (Tp: *Maria Elisabeth Elverfeld g. Kersting, Joes Matthias Neuhaus*); 3) Johannes Wilbrand Matthias Frey, ~ 11.7.1735 (Tp: *plurimum r(everen)dus ac emeritus d(omi)nus Jo(ann)es Wildebrandus Schultze, Pastor in Ostinghausen, Anna Beatrix Kocks condicta Neuhaus*); 4) Anna Maria Theresia Antonetta Frey, ~ 26.6.1737 (Tp: *Anna Brigitta Theresia Elverfeld d(omi)na Hermans, Joannes Philippus Honthum*); 5) Anna Lucia Catharina Josepha Frey, ~ 27.1.1739 (Tp: *Maria Lucia Catharina Schultze, R.D. Ernestus Josephus Ketzeler, vicarius et rector*); 6) Catharina Lucia Elisabeth Beata Fey, ~ 17.3.1740 (Tp: *Catharina Lucia Elisabeth Elverfeldt, Casparus Hermannus Schultz*); 7) Maria Elisabeth Josepha Frey, ~ 7.11.1741 (Tp: *virgo Maria Elisabetha Kemner, d(omi)nus Ernestus Josephus Ketzeler, vic(arius) in Ahlen*); 8) Franz Wilhelm Wilbrand Theodor Maria Frey, ~ 21.2.1743 (Tp: *rdus. dnus. Theodorus Wilhelmus Schulze, vicarius, Maria Catharina Renvert condicta Schulze*); 9) Johann Wilbrand Joseph Frey, ~ 25.8.1744 (Tp: *R.D. Joes Willbrandus Schultze, Pastor in Ostinghausen, d(omina) Margaretha Kersting gnt. Schem*).

Matthias Friedrich **Frey**, ~ Ahlen (St. Bartholomäus) 26.6.1693 (Tp: *der hochwured. gnaden Matthias Fridericus von der Reck, Thumbdechandt zu Münster, Herr vom Haus Steinfurdt, Maria Anna von der Reck, Tochter vom Haus Hessen*), genannt 1749: 55 Jahre alt, mit Sohn Johann Friedrich Andreas (19 J.), S.d. Dr. Johann Hermann Frey u.d. Catharina Gertrud Genoveva von der Beck.

3. Anna Elisabeth Angela **Schulte**, ~ 17.3.1711 (Tp: *Frau Anna Elisabeth Harsewinckel, uxor d(omi)ni doctoris Dethmari, et Agnes Angela Kamen vidua Strassers*).

4. Maria Catharina **Schulte**, ~ 13.10.1712 (Tp: *Maria Catharina Tecklenborg*), ☐ Wiedenbrück 25.9.1750 (*38 annor[um]*);

    ∞ Ostinghausen 29.7.1736 (Tz: *r(everendi) d(omini) Caroli Schwenger et Friderici Mathiae Frye*)

    Johann Georg **Schwenger**,[65] ~ 9.12.1713 (Tp: *d(omi)nus Joannes Georgius Forckenbeck, J.U. Doctor, et Catharina Margar(etha) Volmari condicta Heising*), Bürgermeister in Wiedenbrück, S.d. Johann Schwenger u.d. Maria Elisabeth Forkenbeck.[66]

    (er: ∞ II. Rüthen 20.3.1751

    Anna Maria **Graeß** – 13 Kinder Schwenger)

    – 7 Kinder Schwenger –

5. Caspar Hermann **Schulte**, ~ 17.1.1714 (Tp: *d(ominus) Caspar Schulte*).

6. Johann Bernhard **Kersting**, ~ 12.9.1719 (Tp: *d(omi)nus Jo(ann) es Henricus Elberfeld*)[67], ☐ Wiedenbrück 7.1.1730 (*studiosus, 11 annor(um)*).

7. Anna Maria Theresia Margareta **Kersting**, ~ 23.4.1721 (Tp: *Frau Anna Margareta Brigitta Elberfeld condicta Friedhoff et Joannes Craß*), ☐ ebd. 2.4.1774 (*53 ann(orum)*);

    ∞ I. Ostinghausen 20.10.1742 (Tz: *Georgij Schwenger et Gerhardi Kenter*)

    Johann Peter **Schem**, ~ Wiedenbrück 8.8.1715, ☐ ebd. 10.3.1756 (*41 annor(um)*), Lohnherr in Wiedenbrück, S.d. Johann Theodor Schem u.d. Anna Christina Vogedes;

---

65 Vgl. zu ihm und seiner Familie auch LOEFKE, Christian: Geistliche Mitglieder der Familie Schwenger aus Wiedenbrück im 17. und 18. Jahrhundert, in: AVERKORN, Raphaela u.a. (Hg.): Europa und die Welt in der geschichte. Festschrift zum 60. Geburtstag von Dieter Berg. Bochum 2004, S. 865-875, bes. S. 873f; Stiftung Wippermann, in: BOLEY, Karl H.: Stifter und Stiftungen des Kölner Gymnasial- und Stiftungsfonds mit Nachkommenschaftstafeln. 4. Sammelband [= Bd. 15]. Köln-Porz 1989, S. 255-275, hier: S. 258.

66 TECKLENBORG, Walther: Westfälische bürgerliche Stammbäume. Forkenbeck; in: Mitteilungen der Westdeutschen Gesellschaft für Familienkunde 1 (1913/17), S. 129-131 [Heft 3, 1914], hier S. 130.

67 Bei dem Paten dürfte es sich wohl um Johann Bernhard Elverfeld, den Bruder der Mutter des Täuflings, handeln.

(er: ∞ I. um 1736
Anna (Maria) Elisabeth **Limberg**, * um 1708, ☐ Wiedenbrück
13.2.1742 (*34 ann(orum)*), bürgert 2.4.1737 aus Münster in
Wiedenbrück ein. – 3(?) Kinder Schem)

∞ II. Wiedenbrück 30.7.1758 (Tz: *Peter Berckemeir et custos
Crümpelman*)
Johann Conrad **Soester**, ~ Wiedenbrück 27.11.1732 (Tp: *Rathsherr
Johan Detmar Suer et Anna Christina Schröders*), † ebd. 24., ☐ ebd.
26.11.1791 (*60 Jahr alt*), Ratsherr in Wiedenbrück, S.d. Johannes
Soester u.d. Maria Catharina Kahlefeld;

(er: ∞ II. Wiedenbrück 2.7.1775 (Tz: *Gerhard Henrich Hölscher et cus-
tos Oreme, habita dispensae*)
Christina Gertrud **Hölscher**, ~ Wiedenbrück 4.7.1743 (Tp: *J(ungfer)
Cath(arina) Gertrud Haver*), † ebd. 20., ☐ ebd. 22.11.1802 (*im
60sten Jahr*), T.d. Otto Hölscher u.d. Catharina Gertrud Hellweg. – 5
Kinder Soester).

– 6 Kinder Schem, 2 Kinder Soester –

8. Catharina Lucia Theodora **Kersting**, ~ 10.11.1722 (Tp: *Junffer Cath.
Lucia Theodora Elberfeld, devotessa*), ☐ Wiedenbrück 18.11.1722
(*Conrad Henrichen Kerstings Kind, 12 dierum*).

9. Maria Elisabeth **Kersting**, ~ 14.9.1724 (Tp: *J(unffer) Anna Maria
Elisabeth Kersting, devotessa*), ☐ Wiedenbrück 25.8.1727 (*H(errn)
Conradten Kerstings Kindt, 3 ann(orum)*).

10. Franz Wilhelm **Kersting**, ~ 27.11.1726 (Tp: *d(omi)nus Franciscus
Henricus Dethmarus, medicinae doctor et consul, et Wilhelmus
Wipperman, Lohnher*).

3) <u>Franz</u> Wilhelm Bertram **Elverfeldt**, ~ Heessen 29.5.1685 (Tp: *r(everen)dus
d(omi)nus Wilhelm Gerdes, pastor Seppenradensis, Joanna Cathar(ina)
Freye*), † ... , immtr. Paderborn 16.11.1704,[68] 24.11.1705 immtr. in Hamm.[69]
– Er ist wohl nicht der Stammvater der Brühl-Wolbecker Elverfelds.

4) Anna Theresia Brigitta **Elverfeldt**, ~ Heessen 1.4.1687 (Tp: *r(everen)dus
d(ominus) Jo(ann)es Henricus Gondquin, sacellanus, Brigitta Brewers*),
wird 1740 als Witwe genannt,[70] † ... ;
∞ I. Ahlen (St. Bartholomäus) 22.10.1712 (Tz: –)

---

68 FREISEN, Joseph (Hg.): Die Matrikel der Universität Paderborn. Matricula Universitatis
Theodorianae Paderbornae 1614-1844. 2 Bände. Würzburg 1931/32, hier Bd. 1, S. 67, Nr.
4425.

69 KOMOROWSKI, Manfred / SCHÜRMANN, Günter / SCHULTE, Andreas (Bearb.): Das „Album
studiosorum scholae Hammonensis continuatum": Die Immatrikulationen 1701–1760, in:
PIRSICH, Volker (Hg.): Professoren, Studenten, Bücher. Hamm im 17. und 18. Jahrhundert.
Hamm 2009, S. 67-212, hier: S. 99, Nr. 135; angeblich 1707 noch dort.

70 Verein für Geschichte und Altertumskunde Westfalens, Abteilung Münster (Dep.) - Manu-
skripte, Nr. 390 Bd. 5.

Johann Caspar **Friedthoff**, ~ Ahlen (St. Bartholomäus) 9.1.1689 (Tp: *Henricus Wallbaum, Christina Newhauß*), † vor 1721, S.d. Theodor Fridthoff u.d. Anna Arninck;

∞ II. Münster (Lamberti) 20.2.1724 (Tz: *R.D. Henricus Maess et Jo(ane) es Casparus Dirddee*)

Jobst Philipp **Hermans**, Procurator curiae ecclesiastiae 1728, Richter in Stockum, † vor 1740, ...

Kinder Friedthoff und Hermans:

1. Anna Maria Gertrud **Friedthoff**, ~ Ahlen (St. Bartholomäus) 29.8.1713 (Tp: *Anna Arning et praenobilis et clarissimus d(omi)nus Joannes Hermannus Frei, juris utriusque doctor*).

2. Theodor Wilhelm Franz **Friedthoff**, ~ Ahlen (St. Bartholomäus) 25.9.1715 (Tp: *d(omi)nus Theodorus Wilhelmus Everfeldt*[!], *secretarius in Heesen, Theodora Juliana von der Möllen genandt Friedthoff*).

3. Henrich Benedikt Joseph **Fridthoff**, ~ Ahlen (St. Bartholomäus) 28.2.1719 (Tp: *adm(od)um reverendus d(omi)nus Henr(icus) Arning, cathedralis eccl(es)iae Monsteriensis vicarius*).

4. Anna Maria Elisabeth **Hermans**, ~ Ahlen (St. Bartholomäus) 4.2.1727 (Tp: *Maria Elisabetha Freÿ, Andreas Kemener*).

5. Caspar Anton **Hermanss**, ~ Münster (Ludgeri) 21.1.1728 (Tp: *Henricus Casp(arus). Hermanß, pastor in Westerholt et Magdalena Elis(abeth) Estinghausen cond. Höpinck*[71]).

5) Catharina Elisabeth **Elverfeldt**, ~ Heessen 28.9.1689 (Tp: *Andreas Kemner, Anna Elisab(eth) Elverfeldt*[72]), † ebd. 19.9.1694.

6) Johann Rotger Bernhard **Elverfeldt**, ~ Heessen 27.12.1691 (Tp: *Jo(ann) es Rötgerus Frey, vicarius S. Catharinae, Gertrud Rengelinck*), → **03.3**.

7) Catharina Lucia Elisabeth **Elverfeldt**, ~ Heessen 29.1.1695 (Tp: *in nescessitate baptizata è tenuit Clara Anna Plesser*), □ Ahlen (St. Bartholomäus) 10.5.1771, Devotessa 1722, gen. 1766 als 72-jährige Devotesse in Ahlen,[73] mehrfach Patin.[74]

8) Clara Margareta **Elverfeldt**, ~ Heessen 7.8.1698 (Tp: *Clar(a) Margareta Eugenia â Reck, d(omi)na in Heesen, et d(omi)nus Wernerus Pagenstecher,*

---

71 Vgl. zu ihr WUNSCHHOFER, Jörg: Familienbuchaufzeichnungen der Familie Estinghausen, in: Beiträge zur westfälischen Familienforschung 49 (1991), S. 239-248, hier: S. 245 u 248. Ihre Mutter Johanna Christina Frey (∞ Ahlen 5.1.1687 Bernhard Estinghausen) ist wohl eine Schwester der Maria Elisabeth Frey (∞ Theodor Wilhelm Elverfeld), der Großmutter des Täuflings.

72 Wahrscheinlich die Ehefrau Rengeling, also die Schwester des Vaters des Täuflings.

73 HELL, Klaus: „Verzeichnüs aller einwoneren" von Albersloh und Ahlen, in: Beiträge zur westfälischen Familienforschung 57/58 (1999/2000), S. 171–366; hier: Einwohnerlisten von Ahlen 1766 und 1770, S. 330, Nr. 273 u. S. 331, Nr. 013.

74 Patin am 10.11.1722 in Wiedenbrück bei ihrer Nichte Catharina Lucia Theodora Kersting; am 23.3.1741 in Heessen bei ihrem Neffen Georg Henrich Berndt Wilhelm Elverfeld.

canonicus in Freckenhorst, Jo(ann)es Wierm(an), vic(arius) tenuit), † um 1725;

∞   Ahlen (St. Bartholomäus) 13.4.1722 (Tz: –)

Johann Matthias **Neuhaus**, Richter und Fiscalis procurator zu Ahlen 1722;

(er: ∞ II. ... um 1729 Anna Beatrix **Kocks**, ...)

Sohn Neuhaus:

1.   Johann Rotger Joseph Anton **Neuhus**, ~ Ahlen (St. Bartholomäus) Juli 1725 (*mortua haec proles*).[75]

03.3   Johann Rotger <u>Bernhard</u> **Elverfeld**, S.d. Theodor Wilhelm u.d. Maria Elisabeth Frey (**→ 02.2**)

~ Heessen 27.12.1691 (Tp: *Jo(ann)es Rötgerus Frey, vicarius S. Catharinae, Gertrud Rengelinck*), □ ebd. 2.7.1759, immtr. 16.5.1713 in Hamm,[76] bürgert in Wiedenbrück 1719 ein,[77] Richter ebd. 1721, wegen „Untätigkeit" 1729 entlassen, 1730 Richter der v.d.Reckeschen Patrimonialgerichte zu Heessen und Wolfsberg (Lüdinghausen);[78]

o-o

Anna Christina **Pagendarm**, ~ Wiedenbrück 1.11.1699 (Tp: *Diderich Naber et Anna Melaw*), □ ebd. 11.3.1759 (*56 annor(um)*), T.d. Hermann Conrad Pagendarm u.d. Anna Margaretha Windmann;

(sie: ∞ Wiedenbrück 16.11.1732 (Tz: *Frans Windtman et Conrad Kodinghues*)

       Johann Otto **Ködinghaus**, ~ Wiedenbrück 17.6.1692 (Tp: *Otto Kodinghauß et Anna Wedepohll*), □ ebd. 11.5.1761 (*75 ann(orum)*), S.d. Gerhard Ködinghaus u.d. Angela Kempken; – 4 Kinder Ködinghaus);

∞   Ahlen (St. Bartholomäus) 25.8.1729 (Tz: –)

Anna Margareta Juliana **Ense**, ~ Ahlen (Bartholomäus) 22.10.1697 (Tp: *Anna Margaretha Juliana ...* [Leerraum] *genat Ense, Henrich Walboem*), □ Heessen 2.5.1773,[79] T.d. Johann Philipp Ense u.d. Christina Walboem.[80]

Kinder,

---

75   Da anders als in den sonstigen Taufeinträgen weder der Name der Mutter noch die der Paten oder das genaue Taufdatum angegeben werden, wird der Zusatz „mortua haec proles" sich wohl auf den Tod der Mutter im Kindbett beziehen (Ahlen/Bartholomäus, Taufen 1696-1759, S. 77).

76   Komorowski / Schürmann / Schulte, Album studiosorum, S. 123, Nr. 262.

77   Flaskamp, Franz (Hg.): Die Bürgerlisten der Stadt Wiedenbrück. 1. Tl.: Stadtbuch 1480 bis 1541, Bürgerbuch 1549 bis 1730 (= Quellen und Forschungen zur Natur und Geschichte des Kreises Wiedenbrück, 37) . Rheda 1938, S. 67.

78   Vgl. Steinbicker, Elverfeld.

79   Die Jahreszahl 1753 bei Steinbicker, Clemens: von Ense – Ense, in: Beiträge zur westfälischen Familienforschung 61 (2003), S. 47–108, hier: S. 76, ist ein Druckfehler.

80   Zur Familiengeschichte vgl. Steinbicker, Ense, bes. 76 und 86f.

aus nichtehelicher Verbindung:

1) Franz Wilhelm [**Elverfeld**], ~ Vellern 19.3.1725 (Tp: *Joan Caspar Polckinck, Catharina Telkorn*),[81] → **04.2 (Wiedenbrücker Zweig)**

aus ehelicher Verbindung:

2) <u>Angela Franziska</u> Beatrix **Elverfeld**, ~ Heessen 3.7.1731 (Tp: *perillustris et g(ene)rosa d(omi)na Angela Francisca V(ittinghoff), d(omi)na in Heessen*), □ Münster (Martini) 20.8.1776, gen. 1766: 35 Jahre alt, 1770 Witwe;[82]
   ∞ I. Heessen 10.11.1754[83] (Tz: *J. H. Meybach, Franciscus Saurman; empetrata a r(everen)dissimo nuncio Coloniensi dispensatione in 2do gradu consanguinitatis mixta 3tia item in 3tio simplci.*)
   <u>Johann Friedrich</u> Andreas Joseph Anton **Frey**, ~ Ahlen (St. Bartholomäus) 12.12.1730 (Tp: *dominus Joannes Andreas Kemner, collegiatae ecclesiae Beckumensis sacellanus, Anna Clara Margaretha Temminck condicta Honthumb*), □ ebd. 1.11.1767, Fiscalanwalt in Ahlen, in die Notariatsmatrikel eingetragen 22.11.1751,[84] gen. 1766 als 36-jähriger Prokurator im Bischopincks Hof,[85] S.d. Matthias Friedrich Frey, Fiscus in Ahlen, u.d. Anna Elisabeth Schultze;[86]
   ∞ II. Ahlen (St. Bartholomäus) 12.8.1770 (Tz: –)
   Johann Carl **Roling**, ~ Münster (Dom) 8.4.1728 (Tp: *Carolus Antonius Schaumburg et Maria Christina Rolinck*), □ Münster (Martini) 4.1.1774, fürstl. münster. Leutnant der Artellerie, S.d. Johann <u>Anton</u> Roling, Krameramtsverwandter in Münster, u.d. Margaretha Elisabeth Unkraut. Sohn Frey, zweite Ehe kinderlos:[87]
   1. Johann Wilbrand Joseph Xaver **Frey**, ~ Ahlen (St. Bartholomäus) 23.3.1757 (Tp: *A.R.D. Joannes Wilbrandus Schultze, Pastor in Ostinghausen, Catharina Elisabetha Ense, Devotessa SJ*), gen. 1766: 9 Jahre alt.

3) Johann <u>Adolf</u> Theodor **Elverfeldt**, ~ Heessen 31.1.1734 (Tp: *Johann Adolf L(iber) B(aro) de Reck, d(omi)nus in Heessen*), → **04.3**.

4) Johanna Christina **Elverfeldt**, ~ Heessen 2.7.1736 (Tp: *J. B. Kerstink, Xtina Ense*), † Ahlen (Marien) 1.5.1801;

---

81 Vater im Taufeintrag nicht angegeben (*pater ignotus*)! Aufgrund seines Taufnamens und der Patenschaften bei seinen Kindern durch Otto Ködinghaus, den späteren Ehemann seiner Mutter, sowie deren Schwager ist die Gleichsetzung des Franz Wilhelm Elverfeld mit diesem Täufling evident.

82 HELL, Verzeichnis, 1766: S. 276, Nr. 064, 1770: S. 277, Nr. 054.

83 Die Jahreszahl 1760 bei STEINBICKER, Ense, S. 86, ist ein Druckfehler. – Zur gegenseitigen Blutsverwandtschaft vgl. unten Anhang 2.

84 KOHL, Notariatsmatrikel, S. 66, Nr. 1978.

85 HELL, Verzeichnis 1766, S. 276, Nr. 064.

86 Vgl. oben Anm. 64.

87 Vgl. auch Deutsches Geschlechterbuch [DGB] 184 (6. Westfalenband), 1980, S. 275f., 285.

∞ Heessen 19.6.1770 (Tz: *R.D. Adolphus Niehoff, R.D. Elbertus Reine, vicarius in Beckum, item pater sponsi*)[88]
Ludwig Bernhard Jose[p]hus **Rheine**, ~ Ahlen (Marien) 16.7.1735 (Tp: *Dnus. Ludovicus Bernardus Josephus Sprakell, secretarius in Marienfelt, Catharina Elisabeth Rheine*), † ebd. 4.10.1780, Sekretär des Klosters Marienfeld, S.d. Johann Theodor Reine, Kramer und Bürgermeister in Ahlen, u.d. Anna Sophia Hedwig Sprakel.
– 2 Töchter Reine[89] –

5) Georg Henrich Bernhard Wilhelm **Elverfeldt**, ~ Heessen 23.3.1741 (Tp: *Geor(gius) Henr(icus) Ense, Lucia Elverfelt*),[90] † ebd. 29.6.1800 (*Steckfluß, 60* [Jahre alt]), Vikar in Heessen.

04.3 Johann Adolf Theodor **Elverfeld,** S.d. Johann Rotger Bernhard Elverfeld u.d. Anna Margareta Juliana Ense (→ **03.3**)
~ Heessen 31.1.1734 (Tp: *Johann Adolf L(iber) B(aro) de Reck, d(omi)nus in Heessen*), ☐ Ahlen (St. Bartholomäus) 30.10.1780 (*Hydropisis*), JUD, Richter der Patrimonialgerichte zu Heessen, (Dren-)Steinfurt und Wolfsberg;
∞ Wolbeck 29.2.1764 (*dispensati in proclamationibus consuetis*; Tz: *praenobilis d(omi)nus Theodorus Hermannus Oistendorff, JUD et judex Wolbeckensis etc., et Franciscus Adolphus Nortman, judicis Wolbecensis procurator*)
Ida Sophia Theodora Francisca Ludolfina (Adolphina) **Oistendorff**, ~ Wolbeck 23.8.1736 (Tp: *Ida Anna Margaretha et Anna Sophia Oistendorff, sorores, et Theodorus Burchardus Oistendorff necnon Franciscus Arnoldus Schaeff*), ☐ Ahlen (St. Bartholomäus) 6.5.1795 (*Hidropisis*), T.d. Johann Ludolf Oistendorff u.d. Maria Sybilla Catharina Schaeff.

Kinder:
1) Anna Elisabeth Theodora Aloysia **Elberfeld**, ~ Wolbeck 9.5.1765 (Tp: *illustrissima et excellentissima domina Anna Elisabetha Baronessa de Reck in Heessen etc. etc. et praenobilis d(omi)nus Theodorus Hermannus Oistendorff JUD, judex in Wolbeck et Telgte*), † Münster (Lamberti) 11.4.1840;
∞ Ahlen (St. Bartholomäus) 15.10.1786 (Tz: *r(everen)do d(omino) vicar(io) Jo(ann)es Bernardo Melchers et r(everen)do d(omino) J(oannes) Rudolpho Gröning, sacell(ano) veter(i) eccles(iae)*)
Peter Igantius Anton **Busch**,[91] ~ Münster (Lamberti) 17.6.1757, † ebd.

---

88 Dim. Ahlen (Marien) 17.6.1770.
89 Vgl. Steinbicker, Reine, S. 44 und S. 52–54.
90 Die Jahreszahl 1740 bei Steinbicker, Ense, S. 87, ist ein Druckfehler.
91 Er und seine Frau sind die mütterlichen Großeltern des Dichters Levin Schücking; vgl, Steinbicker, AL Schücking, S. 75.

(Liebfrauen) 18.7.1834, Richter der Herrlichkeit Heessen 1786, 1793 domkapitularischer Richter zu Telgte, 1808 kaiserl. französicher Richter zu Dülmen, 1815 preußischer Land- und Stadtrichter zu Münster, S d. Ferdinand Joseph Busch u.d. Catharina Elisabeth Schmitz.

2) <u>Wilhelm</u> Franz Adolf **Elberfelt**, ~ Ahlen (St. Bartholomäus) 23.7.1767 (Tp: *d(ominus) Wilhelmus Schaaff, quaestor zu Sassenberg, Angela Francisca Elverfelt*), □ ebd. 13.6.1773.

3) Anna Maria <u>Aloysia</u> **Elberfeld**, ~ Ahlen (St. Bartholomäus) 16.1.1769 (Tp: *Maria Sÿbilla Schaaff, Willebrandus Josephus Freÿ*), † Meppen 9.9.1846; ∞ um 1792
    Johann Henrich <u>Rudolf</u> Joseph **Schnabel**, ~ Meppen 12.3.1760, † ebd. 24.3.1813, Kaufmann in Meppen, S.d. Johann Caspar **Snabel** u.d. Anna Catharina **Junck**.
    Sohn Schnabel:
    1. Johann Caspar Adolph Friedrich **Schnabel**, ~ Meppen 20.7.1793 (Tp: *Caspar Schnabel et Maria Josepha Helena Völker levavit loco aviae*), † ebd. 26.2.1827, Kaufmann Meppen;
        ∞ Lathen 26.5.1818 (Tz: *Franz Brakel, Sohnes des hiesigen Postmeisters, Joh. Hinr. Wolbeck, Secretair bey H. Bürgerm. zu Lathen*)
        Maria <u>Angelina</u> Sybilla **Brakel**, ~ Lathen 29.9.1795 (Tp: *Mattias Holting, Sibilla Brackel*), † Meppen 8.7.1867, T.d. Postmeisters Johann Reinhard **Brakel** u.d. Maria Magdalena **Langen**.
        – Nachkommen –

4) <u>Wilhelm</u> Franz Adolf **Elverfelt**, ~ Ahlen (St. Bartholomäus) 19.5.1775 (Tp: *r(everen)dus d(omi)nus Georgius Wilhelmus Elverfelt, Anna Elisabetha Elverfelt*), → **05.2.**

5) Friedrich Joseph Adolf **Elberfelt**, ~ Ahlen (St. Bartholomäus) 4.4.1780 (Tp: *Fridericus L(iber) B(aro) de Boselager in Heesen, Louisa Elberfelt*[92]), † ... nach 1818.

05.2 <u>Wilhelm</u> Franz Adolf **Elverfeld**, S.d. Johann Adolf Theodor Elverfeld u.d. Ida Sophia Theodora Francisca Ludolfina Oistendorf (→ **04.3**)
~ Ahlen (St. Bartholomäus) 19.5.1775 (Tp: *r(everen)dus d(omi)nus Georgius Wilhelmus Elverfelt, Anna Elisabetha Elverfelt*), † Ahlen 13.12.1846 (73 J.; 5 Kinder davon 4 min.), zunächst Kanoniker in Beckum, prima praeces und Possessio 23. Dez. 1793, Resignation 23. Juni 1801 zu Gunsten des Joseph

---

92 Möglicherweise die Schwester des Täuflings, die 1769 geborene Aloysa Elverfeld, siehe oben Nr. 3.

Adams, später Justiz-Kommissar in Ahlen,[93] münster. Notariatsmatrikel 2.4.1800,[94] die Familie wohnte in der Kampstraße in Ahlen;

∞   Ahlen (St. Bartholomäus) 15.4.1817 (Tz: *Bernard Klosterman, Frans Strieckman*)

Maria Elisabeth **Lenze**, * um 1795, † Ahlen 30.4.1849 (53 J., 5 Kinder davon 3 min.), T.d. ...

Kinder, alle geboren und getauft in Ahlen (St. Bartholomäus):

1)   Friedrich **Elverfeld gen. Schulze Besseling**, * 25., ~ 27.4.1818 (Tp: *Ferdinand Klosterman hielt für Adolph Joseph Friederich Elverfeld und Maria Anna Reine Wittwe Kurz für Maria Anna Köbbinghoff*), ..., Landwirt in Schagern;

       ∞   Horstmar 13.2.1849 (Tz: *Ferdinand Elverfeld und B. Besseling*)[95] Franziska Catharina Bernardina **Schulte Besseling**, * Schagern 19., ~ Horstmar 19.6.1826 (Tp: *Anna Catharina Lüttighaus, Henrich Anton Spreking*), ... , T.d. Johann Gerhard Schulte Besseling u.d. Elisabeth Eissing.

       Kinder Schulte Besseling:[96]

       1.   Friedrich Bernhard **Elverfeld gen. Schulze Besseling**, * Schagern 10.11., ~ Horstmar 11.11.1849 (Tp: *Bernard Besseling und Therese Elverfeld, wofür M. Anna Lörmann Ehefrau Reining*).

       2.   Euphemia Bernardina **Elverfeld gen. Schulze Besseling**, * Schagern 17., ~ Horstmar 19.1.1852 (Tp: *Bernardina Elverfeld wofür Euphemia Elverfeld u. Hermann Besseling*).

       3.   Sophia **Elverfeld gen. Schulze Besseling**, * Schagern 17., ~ Horstmar 19.7.1854 (Tp: *Sofia Besseling und Hermann Reinking, Referendar*).

       4.   Antoinette **Elverfeld gen. Schulze Besseling**, * Schagern 28., ~ Horstmar 30.7.1860 (Tp: *Antoinette Hillert Ehefrau Lütighaus u. Caspar Schulze Ising*).

       5.   ?

2)   NN (Tochter) **Elverfeld**, * 18.7.1819, † Ahlen 18.7.1819 (*gleich nach der Geburth*).

3)   Peter Maximilian Bernard **Elverfeld**, * 30., ~ 31.7.1820 (Tp: *Maximilian Brummer, Sophie Bernardine Melchers genannt Klostermann*), † Ahlen 28.1.1822 (Stickhusten, 1 Jahr 9 Monate alt).

4)   (Johanna) Sophie Therese **Elverfeld**, * 4., ~ 6.2.1823 (Tp: *Adolphine*

---

93   LA NRW W, Stift Beckum, Akte 5 G, Bl. 139 (**1793**); **1801**: ebd. Bl. 176'. – Freundliche Mitteilung von Jörg Wunschhofer.

94   KOHL, Notariatsmatrikel, S. 81, Nr. 2497 u. S. 103, Nr. 3038.

95   Dimittiert Billerbeck 13.2.1849.

96   Freundliche Mitteilung von Helmut Börnemann (19.7.2009). 1 Totgeburt; die Familie verschwindet dann aus den Kirchenbüchern.

Steiner und Bernard Klostermann).

∞ Ahlen (St. Bartholomäus) 3.10.1850 (Tz: *Jos(eph) Constans Walter, Ferd(inand) Elverfeld*)

Christoph Anton **Walter**, * um 1823, S.d. † NN Walter, Goldarbeiter in Recklinghausen, u.d. NN;

Kinder Walter, alle geboren und getauft in Recklinghausen:

1. Friedrich Joseph Wilhelm **Walter**, * 15., ~ 19.7.1851 (Tp: *Friedrich Elverfeld, Josephine Walter*).
2. Otto Constanz Bernard **Walter**, * 27.6., ~ 1.7.1853 (Tp: *Constanz Walter, Catharina Herdickerhoff für Bernardina Kanz*).
3. Elisabeth Maria Carolina Louisa **Walter**, * 13., ~ 15.5.1855 (Tp: *Caroline Eick, Louis Kant dafür Christoph Billmann*)
4. Johanna Henriette Ferdinande Hedwig **Walter**, * 2., ~ 5.9.1857 (Tp: *Ferdinand Elberfeld, Henriette Henning*).

5) Sophia Bernardina **Elverfeld**, * 13., ~ 15.2.1826 (Tp: *Sophie Bernardina Melchers Wittwe Klostermann und Herr Bürgermeister Frans Wächter für Herrn Aetnar Langen*);

∞ Ahlen (St. Bartholomäus) 11.6.1850 (Tz: *Referendar Alex(ander) Bachman, Ferdinand Elverfeld*)

Eduard Ludwig **Kanz**, Oberlandesgerichtsassessor, * um 1817, S.d. ...

6) Ferdinand Joseph Wilhelm **Elverfeld**, * 10., ~ 13.2.1829 (Tp: *Ferdinand Klostermann, Theresia Kessel Ehefrau Brummer*), † nach 1857.

7) Gertrud Euphemia Franziska Wilhelmina **Elverfeld**, * 22., ~ 25.1.1834 (Tp: *Gertrud Klosterman geborene Steinbicker und Doctor Frans Strickman*).

8) Elisabeth Arnoldine Pauline **Elverfeld**, * 27., ~ 31.8.1836 (Tp: *Elisabeth Steinbicker Ehefrau Köhling und Arnold Kremer*), † Ahlen 13.7.1837 (Schwäche, 10 Monate 14 Tage alt).

Wiedenbrücker Zweig

04.2 Franz Wilhelm **Elverfeld**, unehelicher S.d. Johann Bernhard Elverfeld u.d. Anna Christina Pagendarm (→ **03.3**)

~ Vellern 19.3.1725 (Tp: *Joan Caspar Polckinck, Catharina Telkorn*), † Wiedenbrück 29., □ ebd. 31.8.1800 (*Chyrurgus, 77 Jahr alt*), Wundarzt, im Krameramt am 27.1.1761 bedingt aufgenommen, da er weder genug gelernt hat, noch einen Losbrief vorweisen kann, am 24.6.1763 dann voll aufgenommen mit Frau und Kindern aus 1. und 2. Ehe, Kurherr 1783;

∞ I. Wiedenbrück 19.10.1751 (Tz: *Ernst Günter Niehaus et ...* [Leerraum])

Margareta Elisabeth **Niehaus**, ~ Wiedenbrück 26.9.1728 (Tp: *Anna Margar(etha) Uhrmeister condicta Tursius et Herman Röde*), □ ebd. 4.9.1759, T.d. Goswin Niehaus u.d. Maria Catharina Krimpieper;

∞ II. Wiedenbrück 8.1.1760 (Tz: *Joannes Conradus Schroder et Carolus Schiermejer*)

Maria Elisabeth (Margareta Catharina) **Schröder**, ~ Wiedenbrück 20.11.1742 (Tp: *Maria Catharina Wippermans et Johan Henrich Sure*), † ebd. 25., □ ebd. 27.3.1802 (*im 60sten Jahr*), T.d. Johann Henrich Schröder u.d. Anna Elisabeth Konradine Kreuzkamp.

Kinder, alle geboren und getauft in Wiedenbrück (kath.),

aus 1. Ehe:

1) Johann Ernst **Elberfeld**, ~ 25.10.1752 (Tp: *Johan Otto Ködinghaus et Maria Gerdrud Rammers*), □ Wiedenbrück 10.11.1770, im Krameramt am 24.6.1763 aufgenommen.

2) Heinrich Franz **Elberfeld**, ~ 15.12.1754 (Tp: *Henrich Frans Vogt et Maria Catharina Sträters*), □ Wiedenbrück 4.9.1759.

3) Johann Caspar **Elberfeld**, ~ 5.3.1758 (Tp: *Joannes Casparus Schiermejer, Wüstevoigt, et Maria Theresia Schems*), □ Wiedenbrück 6.12.1758.

aus 2. Ehe:

4) Johann Heinrich **Elberfeld**, ~ 9.9.1761 (Tp: *Joannes Henricus Schröder, camerarius*), † Wiedenbrück 30.6.1815, Goldschmied, im Krameramt am 24.6.1763 aufgenommen, unverehelicht.

5) Maria Elisabeth **Elberveldt**, ~ 2.8.1766 (Tp: *Maria Eliesabeth Creutzkamp gen. Schröder*), □ Wiedenbrück 27.2.1771 (*Jo(hann)is Henrici Elberfeld filia, 4 ½ ann(orum)*).

6) Christina Gertrud **Elverfeld**, ~ 6.12.1768 (Tp: *Christina Gertrud Predeick gen. Schröder*), † Wiedenbrück (o.D.) März 1771.

7) Johannes Bernard **Elberfeldt**, ~ 3.11.1770 (Tp: *d(ominus) camerarius Henricus Schröder*), † Wiedenbrück 30.5.1800, Goldschmied, unverehelicht.

8) Maria Elisabeth **Elberfeldt**, ~ 5.5.1772 (Tp: *Maria Eliesabeth Creutzkamp gen. Schröder*), † Wiedenbrück 20.9.1796, unverehelicht.

9) Maria <u>Gertrud</u> **Elberfeldt**, ~ 9.12.1775 (Tp: *Christina Gertrudis Perdeick condicta Schröder*), † Wiedenbrück 5.4.1833;

∞ Wiedenbrück 26.11.1795 (Tz: *Frans Henr(ich) Goldkuhle und Bernard Schmid*)[97]

Theodor <u>Wilhelm</u> **Becker**,[98] * um 1772, † Wiedenbrück 6., □ ebd. 8.5.1812 (*40 Jahr*), Scharfrichter, S.d. Scharfrichters Gerd Henrich Becker[99].

Kinder Becker, alle geboren und getauft in Wiedenbrück:

---

97 Sind von Pfarrer Emsmann in Langenberg getraut aber in Wiedenbrück eingetragen.

98 Vgl. zu ihm auch Wɪʟʙᴇʀᴛᴢ, Gisela: Scharfrichter und Abdecker im Hochstift Osnabrück. Untersuchungen zur Sozialgeschichte zweier „unehrlicher" Berufe im nordwestdeutschen Raum vom 16. bis zum 19. Jahrhundert (= Osnabrücker Geschichtsquellen und Forschungen, 22). Osnabrück 1979, S. 117 und 122.

99 † Wiedenbrück 7., □ ebd. 9.2.1788 (*72 Jahr alt*).

1. Franz Wilhelm **Becker**, * 10., ~ 12.12.1796 (Tp: *Franciscus Wilhelmus Elverfeld*), † Wiedenbrück 29.8.1854 (*Zehrung, 3 minderjährige Kinder u. die Witwe*), Bäcker;
   ∞ Wiedenbrück 11.6.1839 (Tz: *Henrich Elberfeld und Herman Horstkemper*)
   (Anna) Maria Christina **Horstkemper**, * 22., ~ Wiedenbrück 24.8.1808 (Tp: *Anna Maria Deppenkemper genannt Kalverkamp*), † ebd. 4.12.1882, T.d. † Heinrich Horstkemper in Batenhorst u.d. Anna Kalverkamps;
   (sie: ∞ II. Wiedenbrück 1.4.1856 (Tz: *Heinrich Heising und Conrad Weidekemper*)
   Franz **Stoos**, Schneider, * um 1815, S.d. † Wundarztes Heinrich Stoos[100] u.d. † Wilhelmine Becker).
2. Maria Elisabeth **Becker**, * 16., ~ 17.10.1798 (Tp: *Maria Elisabeth Schröder genant Elverfeld*).
3. Catharina Wilhelmina **Becker**, * 11., ~ 13.9.1801 (Tp: *Cathar(ina) Wilhelmina Becker*).
4. Henrich **Becker**, * und ~ 29.9.1803 (Tp: *Joan Henricus Elverfeld*).
5. Paul Heinrich Anton **Becker**, * 29., ~ 30.11.1806 (Tp: *P.R.D. Joannes Henricus Schröder, hujus ecclesiae vicarius et sacellanus*).
6. Ernst Joseph **Becker**, * 8., ~ 9.9.1809 (Tp: *Ernest Elverfeldt*), † Wiedenbrück 21., □ ebd. 23.4.1811 (*alt 1 Jahr 7 Monate*).

10) Johannes Conrad **Elverfeld**, ~ 2.1.1778 (Tp: *Conradus Henricus Schröder, consul*), † Wiedenbrück 30.7.1804, cand. med., unverehelicht.
11) Johannes Ernst **Elverfeldt**, ~ 6.9.1780 (Tp: *Joan Henrich Schröder, cammerarius*), → **05.1**.
12) Anton Josef **Elberfeld**, ~ 2.3.1782 (Tp: *d(ominus) consul Conrad Schröder*), † Wiedenbrück 28.12.1803, unverehelicht.
13) Maria Theresia **Elberfeldt**, * 6.5., ~ 8.5.1787 (Tp: *Gertrudis Perdeick gen. Schröder*), † Wiedenbrück 16.1.1807, unverehelicht.

05.1 Johannes Ernst **Elverfeldt**, S.d. Franz Wilhelm Elverfeldt u.d. Maria Elisabeth Schröder (→ **04.2**)
~ Wiedenbrück 6.9.1780 (Tp: *Joan Henrich Schröder, cammerarius*), † ebd. 9.8.1812, Goldschmied;
∞ Wiedenbrück 17.2.1805 (Tz: *custos Strathmann und subcustos Scheiper*)
Anna Sophia Theodora **Andrée**, ~ Wiedenbrück 14.11.1778 (evangelisch; Tp: *d(omi)na Agnes Embsmann condicta Vogelsang*), † ebd. 21.6.1836, T.d.

---

100 Zu den Eltern und weiteren Vorfahren vgl. LOEFKE, Christian / GOLDKUHLE, Anton: Goldkuhle, in: Beiträge zur westfälischen Familienforschung 63/64 (2005/2006), S. 363–411, hier: S. 371 und 408.

Apothekers Johann Georg Andrée u.d. Sophia Wilhelmina Aschoff.[101]

Kinder, alle geboren und getauft in Wiedenbrück (kath.):
1) Johann Heinrich **Elverfeld**, * 29., ~ 30.1.1806 (Tp: *Joan Henricus Elverfeld*), → **06.1**.
2) Peter Wilhelm **Elverfeld**, * 25., ~ 26.2.1807 (Tp: *Petrus Henricus Röttscher, designatus a parentibus, verus: custos Hesse*), → **06.2**.
3) Sophia Wilhelmina **Elverfeld**, * 18., ~ 19.5.1809 (Tp: *Cathar(ina) Sophia Wilhelmina Schwenger genannt Aschhoff designata a parentibus – vera obstetrix Cathar(ina) Margaretha Krieftewerth uxor Ortmeyer*), † ... ;
   ∞ Wiedenbrück 15.7.1834 (Tz: *Conrad Löer und Heinrich Elverfeld*) Franz <u>Anton</u> **Löer**, * Rietberg 26.10.1799 Tp: *Franc(iscus) Anton(ius) Peters*), Gerichtsbote in Rietberg, S.d. Johann Heinrich Löher u.d. Beatrix Peters;
   (er: ∞ I. Rietberg 4.10.1828 (Tz: *Anton Meyer aus Neuenkirchen und Conrad Löher aus Rietberg*)
   Magdalena **Lescut**, * um 1802, T.d. Joseph Donatus Lescut, Gastwirt in Neuenkirchen)
   Kinder, geboren und getauft in Rietberg:
   1. Maria Henrike Beatrix **Löher**, * 4., ~ 5.6.1835 (Tp: *Beatrix Löher*).
   2. Johann Heinrich **Löher**, * 6., ~ 7.6.1837 (Tp: *Heinrich Elverfeld*), † 13.2.1848.
4) Maria Friederica **Elverfeld**, * und ~ 20.11.1810 (Tp: ... [Leerraum] *vera obstetrix Ortmeyer*), † Wiedenbrück 8., □ ebd. 9.6.1811.
5) Maria Elisabeth **Elberfeldt**, * 13., ~ 14.5.1812 (Tp: *Maria Elisabeth Schröder gen. Schwenger*), † Wiedenbrück 27.10.1812.

06.1 Johann Heinrich **Elverfeld**, S.d. Johannes Ernst Elverfeldt u.d. Anna Sophia Theodora Andrée (→ **05.1**)
* Wiedenbrück 29., ~ ebd. 30.1.1806 (Tp: *Joan Henricus Elverfeld*), † ebd. 16.3.1863, Goldschmied;
∞ I. Wiedenbrück 14.2.1843 (Tz: *Peter Wilhelm Elverfeld, Hermann Sinne*) Maria Catharina **Sinne**, * Neuenkirchen 21., ~ ebd. 22.8.1822 (Tp: *die Leibzüchterin Maria Catharina Sinne geborne Wiehenpeter*), † Wiedenbrück 7., □ ebd. 10.2.1844 (Auszehrung), T.d. Joseph Sinne u.d. Elisabeth Isenbort;
∞ II. Wiedenbrück 30.7.1844 (Tz: *Wilhelm Elverfeld und Christopher Goldkuhle*) Catharina <u>Elisabeth</u> **Strathmann**, * Wiedenbrück 6., ~ ebd. 7.9.1827 (Tp: *Cathar. Elis. Köster geb. Berlemeyer pro quo Elis. Cathar. Berlemeyer, Schullehrerin*),

---

101 Zur Apotheke vgl. BLEISCH, Michael: Wenn alte Häuser erzählen könnten ... Zum 340. Jahrestag der Privilegierung der Morsey'schen Apotheke in Wiedenbrück am 28. März 2009, in: Beiträge zur westfälischen Familienforschung 66 (2008), S. 143-162.

† Wiedenbrück 18.8.1906, T.d. Bernhard Strathmann u.d. Catharina (Dina) Köster.

Kinder, aus 1. Ehe:
1) Wilhelm **Elverfeld**, * Wiedenbrück 17., ~ ebd. 18.1.1844 (Tp: *Elisabeth Werth Kersting, Wilhelm Elverfeld*), † ebd. 13., □ ebd. 15.3.1844 (tot im Bett gefunden).

aus 2. Ehe:
2) Bernhard Heinrich **Elverfeld**, * u. ~ Wiedenbrück 15.7.1845 (Tp: *Johann Bernard Strathman, Bäcker*), † ebd. 1., □ ebd. 3.9.1846 (Convulsionen).
3) Bernhard Heinrich **Elverfeld**, * Wiedenbrück 8., ~ ebd. 10.2.1847 (Tp: *Bernard Strathmann, Bäcker*), → **07.1 (Münsterscher Unterzweig)**.
4) Sophie Wilhelmine **Elverfeld**, * Wiedenbrück 29., ~ ebd. 30.11.1848 (Tp: *Sophie Wilhelmine Elverfeld, Ehefr. Löhr in Rietb.*), † 6.1.1924;
   ∞ Wiedenbrück 28.5.1873 (Tz: *Bernard Elverfeld, Goldarbeiter in Wiedenbrück, Heinrich Otterpohl in Langenberg*)
   Franz <u>Bernhard</u> **Otterpohl**, * Langenberg 26., ~ ebd. 28.6.1846 (Tp: *Franz Bernard Hensing*), 1873 Stationsassistent in Vendenheim bei Straßburg, S.d. Gastwirts Franz Bernhard Otterpohl in Langenberg, u.d. Gertrud Hellweg gen. Pelckmann.
5) Maria Catharina **Elverfeld**, * Wiedenbrück 5., ~ ebd. 6.11.1850 (Tp: *Maria Catharine Strathmann, Ehefrau Christopher Goldkuhle*), † ebd. 30.1.1864 am Scharlachfieber.
6) Maria Magdalena **Elverfeld**, * Wiedenbrück 15., ~ ebd. 17.4.1853 (Tp: *Maria Magdalena Strathmann, Ehefrau Kraft in Rietberg*), † ebd. 25.5.1899 an der Schwindsucht, unverehelicht.
7) Maria Anna Angela **Elverfeld**, * Wiedenbrück 2., ~ ebd. 3.9.1855 (Tp: *Maria Anna Strathmann*), † ebd. 27.11.1883 (*Wochenfieber*);
   ∞ Wiedenbrück 15.2.1881 (Tz: *Arnold Gröne, Christof Elverfeld*)
   Joseph <u>Friedrich</u> **Gröne**, * Wiedenbrück 23., ~ ebd. 25.4.1838 (Tp: *Joseph Tombansen*), † Wiedenbrück 5.11.1890, an Kehlkopfkrebs, Gastwirt, S.d. Wirts Franz Gröne u.d. Theresia Thombansen;
   (er: ∞ II. Wiedenbrück 16.6.1885 (Tz: *Arnold Gröne, Conrad Nölke*)
   Elisabeth **Nölke**, * Ennigerloh 6.12.1847, T.d. Franz Nölke u.d. Catharina Anxel).
   Kinder:
   1. Catharina Elisabeth **Gröne**, * Wiedenbrück 1., ~ ebd. 6.1.1882 (Tp: *Catharina Elisabeth Strathmann, Wittwe Elverfeld*);
      ∞ Wiedenbrück 24.5.1905 (Tz: *Heinrich Dürbusch, Bernard Gröne*)
      Wilhelm **Dürbusch**, * Wiedenbrück 24.10.1870, Kreisausschuss-Sekretär, S.d. Gerhard Dürbusch u.d. Maria Venhaus.
   2. Johann Bernard **Gröne**, * Wiedenbrück 13., ~ ebd. 18.11.1883 (Tp:

Bernard Elverfeld, Goldarbeiter in Wied.), gef. Miljuni/Rußland ... 1916.

8) Christoph **Elverfeld**, * Wiedenbrück 3., ~ ebd. 6.12.1857 (Tp: *Christopher Goldkuhle, Metzger hies.*), † Gelsenkirchen 13.12.1922, Zahntechniker und Wirt (1888), Gastwirt (1896), wohnt 1888/1896 Gelsenkirchen Kreuzstraße 8;[102]

∞   28.8.1882

Else **Pottböhmer**, ...

Sohn:

1.   Henrich (Henry) Theodor(e) **Elverfeld**, * 27.3.1892

∞   Kane Co, Utah, 14.3.1922

Florence **van Ett**, * Ludington, Mich., 31.3.1895, T.d. Clarence van Ett u.d. Sarah Bushaw.

9) Franz <u>Anton</u> **Elverfeld**, * Wiedenbrück 27., ~ ebd. 29.3.1860 (Tp: *Franz Anton Löhr, Gerichtsbote in Rietberg*), Zahnarzt in Gelsenkirchen, wohnt 1896 Altermarkt 3;[103]

∞   8.5.1894

Maria **Zitzen**, ...

06.2 Peter <u>Wilhelm</u> **Elverfeld**, S.d. Johannes Ernst Elverfeldt u.d. Anna Sophia Theodora Andrée (→ **05.1**)

* Wiedenbrück 25., ~ ebd. 26.2.1807 (Tp: *Petrus Henricus Röttscher, designatus a parentibus, verus: custos Hesse*), † ebd. 21.1.1866, Goldschmied;

∞   Wiedenbrück 23.4.1844 (Tz: *Wilhelm Fischer und Christopher Krewerth*) Anna Maria Margareta **Druffel**, * und ~ Wiedenbrück 6.8.1824 (Tp: *Anna Margarethe Balke, Ehefrau Kreftewerth*), † ebd. 21.5.1891, T.d. Johann <u>Heinrich</u> Anton Druffel u.d. Catharina <u>Margareta</u> Kreftewerth.

Kinder:

1) Johann <u>Henrich</u> **Elverfeld**, * Wiedenbrück 23., ~ ebd. 25.3.1845 (Tp: *Johann Heinrich Elverfeld, Goldarbeiter*), Pate 27.9.1877 in Hörde.

2) Elisabeth (<u>Lisette</u>) **Elverfeld**, * Wiedenbrück 15., ~ ebd. 17.9.1846 (Tp: *Elisabeth Kreftewerth, Ehefrau Joh. David Heine*), † Hörde 6.7.1894, Haushälterin 1886;

o-o **NN**;[104]

∞   Hörde (standesamtl.) 11., ebd. (St. Clara) 12.9.1886 (Tz: *Karl Winter, Gertrud Elberfeld*)

---

102 Laut Adressbuch der Stadt Gelsenkirchen **1888**; Adressbuch der Stadt Gelsenkirchen **1896**, S. 108.

103 Laut Adressbuch der Stadt Gelsenkirchen **1896**, S. 108.

104 Angeblich („Familientradition") ein Kohlleppel oder Schulte Kohlleppel, der später nach Amerika ausgewandert sein soll.

Caspar <u>Friedrich</u> **Weber**, Schlosser, * Dortmund 4/6.1.1844 (evangelisch), † vor 1931, S.d. † Schuhmachers Caspar Weber u.d. † Wilhelmina (Minna) Wurm.

(er: oo I.

Maria **Lindemann**;

er: oo III. Hörde (standesamtlich) 5.3.1898 (Tz: *der Buchhalter Gustav Zimmermann, die Ehefrau Fritz Zimmermann Clara geborene Schleitner*) Wilhelmine Henriette **Zimmermann**, * Hörde 21.8.1857, † Dortmund-Hörde 11.5.1931, T.d. † Carl Ludwig Wilhelm Zimmermann u.d. Elise Catharina Steffen zu Hörde;

sie: oo I. Hörde (standesamtlich) 1.10.1880 (Tz: *der Tagelöhner Franz Pionteck, der Volontair Hermann Weissenfels*) Friedrich Eugen **Schultz** (s.u. 08.1), * Verl 19.12.1858, † Hörde (ermordet) 5.3.1895, Stationsdiätar, S.d. Dr. med. Bernhard Schultz u.d. Maria Franziska Decker).

Sohn, aus nichtehelicher Verbindung:

1. Joseph **Elverfeld**, * Hörde 26.4., ~ ebd. (St. Clara) 5.5.1878 (Tp: *Joseph Pöhling, Frau Anna Everfeld*[!]), → **08.1 (Hörder Unterzweig)**.

Tochter aus ehelicher Verbindung:

2. Anna Maria **Weber**, * Hörde 14., ~ ebd. (St. Clara) 25.4.1888 (Tp: *Wittwe Richard Elverfeld, Christine Rensewitz*), † Gelsenkirchen 2.4.1972;

∞ Neuhof 12.2.1920
Eduard **Wess**, * 29.9.1887, † 13.10.1978.

3) Franz Anton **Elverfeld**, * Wiedenbrück 27., ~ ebd. 29.4.1848 (Tp: *Franz Anton Löhr, Gerichtsbote*), Zigarrenmacher, wanderte 1881 mit Familie nach Amerika aus;[105]

∞

Anna Catharina Elisabeth **Jacobs**, * 25.2.1848.

Kinder:

1. Wilhelm Heinrich **Elverfeld**, * 11.9.1873
2. Hermann Heinrich **Elverfeld**, * 26.5.1878.

4) Clara Catharina **Elverfeld**, * Wiedenbrück 19., ~ ebd. 21.2.1850 (Tp: *Clara Catharine Kreftewerth, Ehefrau in Harsewinkel pro qua Elisabeth Strathmann, Ehefrau Heinrich Elverfeld*), † vor 1925;

∞ Hörde (St. Clara) 27.9.1874 (Tz: *Eberhard Pöhling, Mina Elverfeld*) Josef **Pöhling**, * Clarholz 26., ~ ebd. 28.12.1848 (Tp: *Joseph Nolte, Magdalena Hinkerohe*), † Hörde 9.7.1925,[106] Veteran von 1870/71, Hochofenarbeiter, S.d. Heuerlings Johannes Bernhard Pöhling u.d. Anna

---

105 MÜLLER, Auswanderer Minden. I, S. 444, Nr. 7673; danach wohnte er damals in Rehna(? = Mecklenburg; evtl. verschrieben für Rheda?).
106 StandesA Hörde, Nr. C 346/1925.

Maria Nolte aus Clarholz.

Kinder Pöhling:

1. Heinrich **Pöhling**, * Hörde 27.9., ~ ebd. (St. Clara) 7.10.1877 (Tp: *Heinrich Elverfeld, Lisette Elverfeld*), ...

2. Eduard Eberhard **Pöhling**, * Hörde 15., ~ ebd. (St. Clara) 22.8.1880 (Tp: *Eberhard Pöhling, Lisette Elverfeld*), † ebd. 14.2.1962;
   ∞ Hörde (St. Clara) 24.9.1948
   Elisabeth **Pape**, ...

3. Joseph **Pöhling**, * Hörde 21.11., ~ ebd. (St. Clara) 2.12.1883 (Tp: *Joseph Sprenger, Frau August Pennekamp*), ...
   ∞ I. Hörde (St. Clara) 30.10.1909 (Tz: *August Runtemund, Maria Schröder*)
   Elisabeth **Runtemund**, * 23.4.1882, ..., T.d. Fabrikarbeiters August Runtemund u.d. Anna Müller in Hörde.
   ∞ II. Hörde 27.6.1922 **NN**, ...

4. Theodor Friedrich **Pöhling**, * Hörde 27.10., ~ ebd. (St. Clara) 6.12.1887 (Tp: *Theodor Pöhling, Friedrich Weber*), ...

5) Maria Wilhelmine **Elverfeld**, * Wiedenbrück 30.4., ~ ebd. 2.5.1852 (Tp: *Maria Wilhelmine Elverfeld, Ehefrau Löher in Rietb.*), † Köln-Ehrenfeld 8.4.1924;
   ∞ 1.11.1879
   Josef **Hilger**, † nach 1924.
   – 1 Sohn und 2 Töchter Hilger –

6) Carl Johannes **Elverfeld**, * Wiedenbrück 28., ~ ebd. 30.12.1854 (Tp: *Joh. Heinrich Kreftewerth*), † ebd. 16.6.1866.

7) Catharina Elisabeth **Elverfeld**, * Wiedenbrück 25., ~ ebd. 27.1.1858 (Tp: *Catharina Elisabeth Strathmann, Ehefr. Heinrich Elverfeld*), † ebd. 18.4.1862.

8) Maria Theresia **Elverfeld**, * Wiedenbrück 13., ~ ebd. 14.9.1860 (Tp: *Maria Theresia Westerfellhaus, Ehefrau Moritz Druffel*), † ebd. 14.12.1861.

9) Gertrud **Elverfeld**, * Wiedenbrück 20., ~ ebd. 22.8.1865 (Tp: *Gertrud Schiffhorst, Ehefrau, geborne Brüggemann*), † Gelsenkirchen 21.10.1934;
   ∞ 24.10.1891
   Johannes **Vogelsang**, * Rottberg bei Essen-Kupferdreh 14.3.1861, † Gelsenkirchen 27.1.1922, Bäckermeister.

Münsterscher Unterzweig

07.1 Bernhard Heinrich **Elverfeld**, S.d. Johann Heinrich Elverfeld u.d. Elisabeth
Strathmann (→ **06.1**)
* Wiedenbrück 8., ~ ebd. 10.2.1847 (Tp: *Bernard Strathmann, Bäcker*), † Münster
27.3.1924,[107] Goldschmied, Zahntechniker, Kaufmann, verzog um 1909 mit
seiner Familien von Wiedenbrück nach Münster, Südstraße 36;
∞ Steinhausen bei Büren 10.6.1880 (Tz: *Eberhard Schulte, Anna Elverfeld*)
<u>Anna</u> Maria Elisabeth Franziska **Schulte-Eickhoff**, * Eickhoff, Kr. Büren, 8., ~
Steinhausen 12.12.1860 (Tp: *Fransisca Schulte, Elisabeth Brinkhoff, Mar(ia) Anna
Diemel*), † Münster 23.8.1923,[108] T.d. Clemens Schulte u.d. Theresia Eickhoff.

Kinder:
1) Felix Clemens Bruno **Elverfeld**, * Wiedenbrück 16., ~ ebd. 20.3.1881 (Tp:
Clemens Schulte-Eickhoff zu Eickhoff bei Büren), † Essen 16.2.1905,
Dr. jur., Gerichtsrefrendar.
2) Theobald Christoph <u>Paul</u> **Elverfeld**, * Wiedenbrück 1., ~ ebd. 8.7.1884
(Tp: *Christof Elverfeld in Gelsenkirchen*), Kaufmann in Hiltrup (Dorf 215);
∞ Münster (St. Josef) 14.5.1921
Else **Heinecke**, evangelisch, ...
3) Elisabeth Theresia **Elverfeld**, * Wiedenbrück 2., ~ ebd. 6.3.1887 (Tp:
Theresia Schulte-Eickhoff);
∞ Münster (St. Josef) 2.6.1910 (Tz: *Ferdinand Stuckenberg, Paul
Elverfeld*)
Josef **Böhmer**, * Geseke 29.10.1879, Dr. med., Arzt in Geseke., S.d.
Gastwirts Heinrich Böhmer.
4) Anna Katharina Elisabeth **Elverfeld**, * Wiedenbrück 1., ~ ebd. 4.3.1888
(Tp: *Wittwe Elisabeth Elverfeld*);
∞ Münster (St. Josef) 3.8.1916 (Tz: *Paul Elverfeld, Joseph Kemper*)
Josef **Hollenhorst**, * Münster 19.10.1883, Dr., Dipl. Ing. in Münster, S.d.
Heinrich Hollenhorst u.d. Johanna Haken.[109]
5) Karl Eberhard **Elverfeld**, * Wiedenbrück 22., ~ ebd. 26.12.1898 (Tp:
Kaplan Karl Schulte aus Herzebrock), † Essen 9.11.1945, Dr. rer. pol.,
Kaufmann;
∞ 19.2.1925
Bernhardine **Rohr**, ...
– Nachkommen –

---

107 StandesA Münster, Nr. C 431/1924.
108 StandesA Münster, Nr. C 1039/1923.
109 Vgl. zu den Hollenhorsts: BOLEY, Stifter und Stiftungen, Bd. 14 = 3. Sammelband, 1989,
S. 146.

Joseph Elverfeld (1878-1950) als
Freiwilliger vor dem 1. Weltkrieg

Haus „Zum Keglerheim" (Haus Obijon),
dessen Inhaber Joseph Elverfeld
nach dem 1. Weltkrieg war

Hörder Unterzweig

08.1 Josef **Elverfeld**, unehelicher S.d. Elisabeth (gen. Lisette) Elverfeld
(→ 06.2-2)
* Hörde 26.4., ~ ebd. (St. Clara) 5.5.1878 (Tp: *Joseph Pöhling, Frau Anna
Everfeld*[!]), † Dortmund-Barop 18.9.1950, lernte das Bäckerhandwerk bei
seinem Onkel Johannes Vogelsang in Gelsenkirchen, Bäckermeister in Hörde;
später Inhaber des Restaurants „Zum Keglerheim" in Hörde, Hochofenstr. 29;
∞ Hörde (St. Clara) 20.11.1902 (Tz: *Eduard Pöhling, Anna Hilger*)
Else Hermine[110] **Schultz**, * Steele(?)[111] 6., ~ Hörde (St. Clara) 22.5.1884 (Tp:
Theresia Dornseifer), † Dortmund-Schönau 5.6.1958, T.d. Friedrich Eugen
Schultz u.d. Wilhelmine Henriette Zimmermann.

---

110 Getauft als „Elisa Henriette".
111 Im Taufeintrag in Hörde (St. Clara, Taufen 1880–1891, S. 203) wird der Wohnort der Eltern
mit „Steele" angegeben.

Kinder:
1) Elisabeth **Elverfeld**, * Hörde ..7.1903, † ebd. 4., ☐ ebd. (St. Clara) 7.8.1903 (1 Monat alt).
2) Hermine (<u>Mine</u>) Klara **Elverfeld**, * Hörde 20.3.1904, † Dortmund-Hombruch 24.7.1980;
   ∞ ... 1927
   Oswald **Hirte**, * Castrop 28.7.1901, Metzgermeister, o/o ...
3) Klara (<u>Kläre</u>) Auguste **Elverfeld**, * Hörde 13.5.1905, † Bad Sassendorf 1.2.1992, Krankenschwester, Sekretärin;
   o-o NN;[112]
   ∞ Dortmund 3.2.1940
   Peter Heinrich August **Carstens**, * Husum 23.5.1891, † Dortmund 11.7.1964, Materialien-Lagerverwalter, S.d. August Carstens u.d. Ingeborg Marie Hockerup;
   (er: ∞ I. Dortmund 3.12.1920 Gertrud **Krichel**, * Alsdorf bei Aachen 24.4.1889, † Dortmund 14.9.1937 – 1 Tochter Carstens).
   – 2 Kinder Carstens –
4) Anna (<u>Änne</u>) Ida **Elverfeld**, * Hörde 26.9.1911, † Dortmund-Barop ... 2001, Verwaltungsangestellte;
   ∞ Hörde 12.12.1935
   Johann Konrad (<u>Conni</u>) **Contzen**, * Hörde 12.12.1908, † ebd. 20.4.1982, Hochofen-Formermeister, Invalde.
   – kinderlos –
5) Josef **Elverfeld**, * Hörde 25.12.1923, gefallen Dubakino/Rußland 27.11.1942, Kaufmannsgeselle, Grenadier.

Anhang 1

Nachweis der Blutsverwandtschaft im 4. Grad
der Eheleute Heinrich Anton Hülswitte und Anna Ursula Elisabeth Elverfeld

Der Nachweis der dispensierten Blutsverwandtschaft lässt sich bisher nur vermutungsweise aufstellen, da die relevanten Vorfahren in der Zeit vor den Kirchenbüchern lebten. Danach ist Bernard Abt (*hellgrau unterlegt*) wahrscheinlich ein Sohn des Heinrich Abt und dessen Ehefrau Mechthild Elverfeld, die wohl eine Schwester des Conrad Elverfeld (*auch hellgrau unterlegt*) war. Die Eltern dieser Geschwister wären dann im 4. Grad bei der Ehefrau (Anna Ursula Elisabeth Elverfeld) und im 5. Grad der Blutsverwandtschaft beim Ehemann

---

112 Zwei uneheliche Töchter.

(Heinrich Anton Hülswitte), diese damit im dispenspflichtigen 4. Grad miteinander verwandt.

	Adolpha Osterrath (Oestraet)	Anna Elisabeth Preckel, ~ 1.9.1693	Anna Ursula Elis. Elverfeld
Anna Vierfuß	Joh. Preckel `61		
Joh. Preckel	∞ 14.10.1690[113]		
A.Marg. Freusberg	Anna Winkelmann	Matthias Elverfeld	
Fried. Winkelman			∞ 1745
Cath. Schahaus	Heinrich Elverfeld		
Conrad Elverfeld			
Cath. Meyers	Anna Abt, ~ 11.1.1654	Clara Maria Hoestrup, ~ 6.10.1689	Heinrich Anton Hülswitte
Bernard Abt			
	Johann Hoestrup ∞ 7.11.1678[114]		
Marg.Krökelendorp	Catharina Schulte, ~ 6.12.64	Gottfried Hülswitte, ~ 29.10.1687	
Hen. Schulte			
A. Bocholtz	Jobst Hülswitte[115]		
Henr. Hülswitte	∞ 12.11.1686[116]		

Anhang 2

Nachweis der Blutsverwandtschaft im 2./3. und 3./3. Grad
der Eheleute Friedrich Andreas Frey und Angela Franziska Elverfeld.

Das Interessante an diesem Ehepaar ist nicht nur die Blutsverwandtschaft im 2. den 3. Grad berührend, zu dem ist das Ehepaar noch im jeweils 3. Grad miteinander verwandt und zusätzlich besteht bei den Eltern des Ehemanns, Matthias Friedrich Frey und Anna Elisabeth Schultze, eine Blutsverwandtschaft im 3. Grad.

---

113 Tz: Jo(ann)es Wellinckhoff, Jo(ann)es Hellkuhl.
114 Tz: Meinhard Wiltzbacher, Diderich Abt.
115 Mit den oben angegebenen Eltern wäre sein Taufdatum der 18.2.1657. Allerdings gibt es zeitlich gleich einen weiteren Jobst Hülswitte dessen Eltern Johan H. u. Elsche Reisters waren. Dieser ist am 26.3.1656 getauft worden.
116 Tz: Johan Hulßwitt, Zacharias Hoestrop.

Wie aus dem Schema zu erkennen ist, kommt das Ehepaar Theodor Wilhelm Elverfeld u. Maria Elisabeth Frey (*hellgrau unterlegt*) einmal in der Großeltern-Generation (2. Grad) und einmal in der Ur-Großeltern-Generation (3. Grad) vor. Das Ehepaar Gerhard Frey und Christina Elisabeth Lobach (dunkelgrau unterlegt) findet sich jeweils in der Ur-Großeltern-Generation (3. Grad). Über dieses Ehepaar läuft auch die Blutsverwandtschaft der Eltern des Friedrich Andreas Frey, da es in der hier nicht aufgeführte Ur-Ur-Großeltern-Generation wieder als Schwiegereltern des Elverfeld erscheint. Allerdings müsste auch hier korrekter Weise heißen, dass die Probanden im 2. und 3. Grad Blutsverwandt sind!

Cath. Starp	Christina Walboem[117]	Anna Margareta Juliana Ense	Angela Franziska Elverfeld
Henrich Walboem			
Marg. Northaus	Johann Philipp Ense		
Georg Ense			
Christ. El. Lobach	Maria Elisabeth Frey	Johann Bernhard Elverfeld	
Gerhard Frey			
Cath. Schahaus	Theodor Wilhelm Elverfeld		∞ 1754
Conrad Elverfeld			
Maria El. Frey	Anna Maria Elisabeth Elverfeld	Anna Elisabeth Schultze ~ 11.5.1709	Friedrich Andreas Frey
Th. Wilh. Elverfeld			
El. Osterbrock	Hermann Schultze		
Caspar Schulte			
	Genoveva von der Beck	∞ 14.3.1730	
		Matthias Friedrich Frey ~ 26.6.1693	
Christ. El. Lobach	Johann Hermann Frey		
Gerhard Frey			

Anhang 3

Quellen

1674 März 21   **Nr. 1**
Dispens vom Makel der unehelichen Geburt für Heinrich Elverfeld [BA Ms, GV Seppenrade A11 (Nachlasssache Elverfeldt), o.Pag.] (Abb. unten)

---

117   ~ Ahlen (St. Bartholomäus) 2.8.1671 (Tp: *Jodocus Starp, Christina Walboem*).

Daß im jahr thaußendt sechßhundert siebentzigh vier, auf Mittwochen den ein und zwantzigsten monats Martÿ, durch den woedlen, vest und hochgelehrten herrn Johan Casparn Bisping dero rechten l(icentia)ten, hochfürst(lich)en Münster(isch)en rahtß, comitem palatinum Caesareum, und syndicum der stadt Münster, in meiner hierunden benendten notarÿ, und dabeÿ absonderlich berufener glaubhaffter gezeugen gegenwagrt, der erenvester und wollgelehrter Henrich Eluerfeldt, von herrn Conradten Eluerfeldt und Catharinen Schahauß genandt Schroers gebohrner natürlicher sohn, in krafft von ihrer Röm(isch)en Kaÿ(serlich)en Maÿ(estä)tt uberkommener gnade und macht, auch darüber in handen habenden allergnädigsten diplomatis (: worauß clausula concernens öfentlich vorgelesen ist :) bester maeßen legitimirt und nach inhalt jetz angezogenen diplomatis allerdings geehret worden. Ein solches thue ich der lieben warheit zu stewer hiemit attestirn und gegenwerttig extractum protocolli mei daruber wollwißendtlich mittheillen. In maeßen alles wie obstehet in wolbesagten herrn comitis palatini dahir auf der Koningstraeßen gelegener behaußungh in beÿwehsen herrn Balthazarn Saurman burgermeistern zu Sendenhorst, und herrn Bernhardten Westerman s(anctis)s(im)ae theologie auditoris alß gezeugen, geschehen und verhandelt auf jahr, monath und thagh wie obengemeldet.

Quod attestor ego Jodocus Mauritius Bisping publicus, nec non in imperiali camera Spirensi immatriculatus, ad hunc legitimationis altam sp(ecia)li(ter) requisitus et adhibitus n(o)t(a)rius m(anu)p(ro)p(ria).

1682 Juli 7   **Nr. 2**
Testament des Conrad Elverfeldt, Pfarrers zu Seppenrade [BA Ms, GV Seppenrade A11 (Nachlasssache Elverfeldt), o. Pag. (3r-4v)]

[3r] *Ich Conradus Elverfeldt, zeittlicher pastor der kirchen und kirspels Seppe[n]radt, thue kundt und füge hiemitt allermänniglichen zu wißen, weß gestalt ich, absonderlich bey diesen meinem hohen alter bey mich betragtet wie daß einem jedem menschen nichts gewißers dan der thoidt, und nichts ohngewißers dan die stunde, damitt dan meiner geringer nachlaßenschafft halber nicht etwa streitt entstehen, und ich ohne etwayge disposition nicht abgehen mögte, alß habe bey mich entschloßen, über meine wenige haab und nachlaßenschaft zu testiren und disponiren, testire und disponire auch darüber wie solches ahm besten und bestendigsten immer thuen kan oder magh in maißen wie folget.*

Anfänglich zu welcher zeit Gott der Almächtigh über mich gebieten und meine arme sähle auß diesen betrübten leben abfordern wirdt, so will ich dieselbe in den höchsten schutz Gottes und in die hande meines erlösers und sählighmachers dehemütigst befohlen haben.

Zum anderen so sollen die von mihr auf eine meiner constitutin |: weill darein ernente h(errn) executoren verstorben :| bey gemachte zettul ernente h(errn) executoren meinen hinterpleibenden leichnamb auff den kirchoff alhie zu

Daß im Jahr Eintausend Sechßhundert Siebentzig
vier, auff Mittwochen den ein und Zwantzigsten Monats
Martij, vnndt den wolledlen Vest vnd Hochgelehrt herrn
Johan Christian bißcus dero rechten Licen: Hochfürstl:
Münster: Raths, Comitem Palatinum Cæsareum, vnd beneben
der stadt Münster, in meiner Erißtunden benandten
Notarij, vnd derbey absonderlich herrinfaura gleinbhaffter
geforgen gegenwertig, der frommißter vnd wollgelerter
Henrich Klingholdt, von herrn Conradt Klingholdt
vnd Catharina Schebaiß genannt Schroers geborener
natürlichen Sohn, in crafft von Jhrer König: Kayßer:
Mayt: Obercammerer Gnade vnd macht, auch darüber
in handen habenden Allergnädigste diplomatis (: warinnst
clausula concernens öffentlich vorgelesen ist :) er seen
merßten Legitimirt, vnd waß inhalt jetzigerwegen Zo genen
Diplomatis allerdings gehört worden, Ein solches
thür ist der Licen war hmit Zu hoher Hirnit attestiren
vnd gegenwertig extractum protocolli mei darüber
wolleißandt tich mittheillen, Summernst alles wir ob:
stehet in wolbeßagten herrn Comitis Palatini Dehir auff
der Koningsfraneße gelegnen behaußungs in beygeweßen
herrn Balthasarn Bauermau bürgermeistern Zu dem
Deußburg, vnd herrn brandenbergh Werbroweren S.S.L:
Theologie auditoris alß gezeingen, geschehen vnd vohandelt
auff Jahr, Monath, vnd tagß wie obengemeldet

Quod attestor Ego Jodocus Mauritius
Bißling publicus, nec non in Imperiali
Camera Speirensi Immatriculatus, ac
Iure legitimationis actum sptus regi-
=strator et adhibita Manus

Seppe[n]radt ehrligh begraben, und denselben meinem l(ieben) vattern sahligh zur lincken zeitten ins norden beysetzen laißen.

Drittenß so sollen alle kirspels armen auff sothane meine begräbnüß citiret werden, und welche alßdan mittgehen werden, selbigen soll [3v] nach volendeter begrabnüß, in der widdemhove uff der dehlen ein disch gedecket, dhaselbst ehrlich gastiret, und nach gehaltener mahlzeitt einem iedem vor haubts ein halber blamüser gegeben werden.

Item vors virtte so sollen alle zu meinem leibe gehörige kleider welche ich iehmahlen gebrawchet oder an meinem leibe getragen, es sein linnen oder wüllen, wie auch nahmen haben mögten, gleichfalß den armen außgetheilet und ausgefolget werden.

Wie dan ferner vors fünffte ernente meine h(errn) executoren neben die 26 rhr, welche ich an Schlempen hauße vigore recogniti sub manu notarij Zumhaschen de dato 1653 9. xbris belagt, annoch 24 rhr, ad fünffzig rhr zusahmen <belagen> gewißen ohrts belagen, gestalt von alsölchen fünffig rhr ein zeittlicher pastor zu Seppe[n]radt daß interesse iährlichs einfordern, darab so viehl alß ihme von einer sählmeßen |: welche ad perpetuam memoriam pro defunctis parochiae, uff, oder umb meines sterbtags zeitt iährlichs einmahl gehalten werden solle :| competiret oder debühret, vorab nehmen, übriges aber unter die armen distribuiren, und dweill von angereigten bey g(eme)lten Schlempen außstehenden sechß und zwantzig rhr von viehlen iahren daß interesse zurück stehet, maißen mehr nicht dan zwey iahr daruff betzahlet, so soll von solchem rückstendigen interesse neben das lauffende ein halb iahr eingefordert, und so lange es wehret, unter die armen vertheihlet werden.

Sechstens so wölle die vor weinig zeitt behuiff einer heihlig meßen so wöchentlich alhie in der kirchen zu lehßen, und behuiff des continui luminis ante venerabile von mihr uffgerichtete fundationis hiemitt bestettiget und bekrefftiget, auch nahmahlen anbefohlen haben, daß selbigen in allen ihren puncten und clausulen steiff und fest nachgekommen werden solle.

Siebendes so vermache und legire ich Annen Elverfeldt wittiben weylandt Henrich Rengelings zeittlebens bürgermeistern zu Olfen [4r] alle meßegerste so ex anno gratiae herkommen kan, gestalt dieselbe ihr söhnlein davor etwa ein jahr lenger zur schuhlen halten möge.

Waß aber vors achte neben der meßegerste ex anno gratiae herkommen wird, es sey korn oder geldtpfächte, oder wie selbiges auch nahmen haben magh, davon soll vordersambst all daßiehnige, waß mihr ietzo oder nach meinen gottgefalligen absterben einiger gestalt zu betzahlen obligget oder obliggen und zu betzahlen vorfallen mögte, vorab betzahlet und abgestattet, daßiehnige aber waß sölchem nach übrig, soll in vier theihlen vertheihlet, darab ein vierttentheihl den armen, übrige drey theihle aber h(errn) Henrico Elverfeldt ambtschreibern zu Lüdinghausen, h(errn) Theodoro Wilhelmo Elverfeldt secretario zu Heeßen und Annae Elverfeldt wittiben Rengelings und deren kindern vertheihlet, und einem iedem darab ein drittertheihl ausgefolget werden.

Wie dan vors letztere g(eme)lten Henrico, Theodoro Wilhelmo und Annae Elverfeldt obg(eme)lt und deren kindern, alles waß an allerhandt viehe, korn, hausgereiht, silbergewerk, linnen, beddewerck, und sonst ahn beweglichen und bewegenden sachen, wie selbige sein oder nahmen haben, und sich nach meinen gottgefälligen absterben finden werden, neben daßiehnige, waß auß den wenigen rückstand der pfächten viehleicht annoch zu erzwingen, gegeben, ausgefolgt, und in drey gleiche theihle vertheihlet, und dieselbe also meine ohngezweiffelte erben hiemitt und krafft dieses benennet sein sollen.

Welches dan deweill wie obstehet mein letzliebster wille ist und ich nach meinem gottgefälligem absterben mit meiner geringen haabschafft wie obg(eme)lt gerne gehalten haben wölte, so habe ich diese meine disposition, weill ich selbiges schwachheit halber nicht gekont dürch einen vertrauten freundt in diese form auffschreiben und ferttigen laißen, mich aber zu deren gantzlicher festhaltung nach [4v] nach dem ich alles woll und nach meinen willen geschrieben zu sein genuchsamb ersehen, mitt meinen äigenen tauff und zunahmen wollwißentlich untergeschrieben, auch daneben mein gewöhnlichs pittschafft hervorgetrücket, so geschehen ahm Dingstagh welcher gewehßen der siebender tagh monatz Julij 1682ten iahrs.

Daß dieses wie obstehet mein letzter wille sey und ich selbigen nach meinem absterben nachgelebet werden möge bitten und begehren thue, zeuge mitt dieser meiner untergeschriebener handt und vorgetrückten pittschafft.

LS

Con: Elverfeldt pastor
zu Seppe[n]radt

Familie Andraschko aus Priethal/Pridoli

von Werner Jungwirth

Mein Großvater Josef Jungwirth (*27.07.1902 Priethal, †24.05.1980 Sinsheim) hat die Familie seiner Mutter Andraschko bis 1774 erforscht. Nach dem Auszug aus der Taufmatrik der katholischen Kirchengemeinde Priethal wurde am 23.10.1774 Simon Andraschko, ehelicher Sohn des Sebastian Andraschko aus Priethal Nr. 17 und der Magdalena geb. Deml, geboren. Simon Andraschko heiratete am 23.11.1806 in Priethal Theresia Pecho (*08.10.1784 Priethal), Tochter des Lukas Pecho und der Theresia geb. Büchelbauer. Die beiden hatten folgende Kinder: Katharina (*?, †06.04.1882 ledig), Josef (*10.04.1809), Anna (*01.07.1813, †22.07.1890), Franz (*01.04.1817, †14.10.1895), Simon (*12.03.1820) und Xaver (*03.05.1823).

Der Sohn Josef heiratete in Priethal am 20.08.1838 Maria Löw (*09.02.1815), Tochter des Johann Löw und Elisabeth geb. Pecho. Maria hatte einen Zwillingsbruder Johann Löw. Josef und Maria Andraschko hatten folgende Kinder: Matthias (*20.02.1848, †18.06.1850), Justin (†23.10.1855, 6 Jahre alt), Johann Paul (*09.12.1850) und Justin (*07.02.1857, †07.05.1942).

Der Sohn Johann Paul heiratete in der katholischen Kirche in Stein im Böhmerwald am 10.08.1875 Franziska Peter (*15.08.1849), Tochter des Johann Peter und Maria Anna geb. Schacherl aus Plattetschlag. Sie hatten folgende Kinder: Johann (*?, †?) und Aloisia (*17.11.1877, †18.10.1966). Ich kann mich noch gut an meine Uroma erinnern und habe noch eine Glückwunsch-Karte zu meiner Konfirmation März 1966 in der evangelischen Kirche in Huckarde.

Meine Urgroßmutter hatte noch einen Sohn Franz Andraschko (*1899, †1977 Kreis Rathenow). Ich konnte weder beim Kreisarchiv Havelland noch beim Stadtarchiv Rathenow das genaue Sterbedatum ermitteln. Nach der Vertreibung kam er in die ehemalige DDR.

Der Name Andraschko wurde bereits 1457 für eine alt eingesessene Familie in Priethal erwähnt. Am 29.03.1708 wird in einer Urkunde Marktrichter Sebastian Andraschko genannt.

Priethal wurde 1220 erstmals urkundlich erwähnt. 1457 wurde der Ort zum Markt erhoben. Die Matriken beginnen 1648. Bei unseren Besuchen in der Heimat meines verstorbenen Vaters Franz Jungwirth waren wir auch in Priethal. Das Geburtshaus meines Großvaters existiert noch.

Mein Großvater hat auch die Familien Pecho bis 1784, Löw bis 1792, Peter bis 1789 und Schacherl bis 1786 in der Zeit von 1939 bis 1941 erforscht. Bei meinen Besuchen in Wittingau 1998 und 2008 konnte ich die Familiengeschichte ergänzen.

In Böhmisch Röhren gab es auch eine Familie Andraschko. Die Brüder Franz (*22.01.1875, †12.04.1946) und Johann Andraschko (*07.05.1877, †09.11.1935) wurden Priester. Die Brüder waren auch mit den Priestern Wenzel Spannbauer

(*08.03.1788, †02.07.1852), Karl Kannamüller (*29.03.1801, †03.12.1857) und Johann Spannbauer (*01.11.1886, †22.11.1952) aus Böhmisch Röhren weitläufig verwandt. In „Glaube und Heimat", Heft 10/2020, wird ausführlich über die Geistlichen aus Böhmisch Röhren berichtet.

Quellenangabe: Kirchenbüchern (Matriken) der Katholischen Kirchengemeinden Priethal, Stein im Böhmerwald, Salnau, Oberplan und Oberhaid, Staatsarchiv Trebon/Wittingau, Glaube und Heimat, private Forschung Prof. Josef Jungwirth (*1933,†1995).

Ergänzungen 1610–1616 zu den von Franz Flaskamp herausgegebenen Bürgerlisten von Wiedenbrück

von Christian Loefke

Die von Franz Flaskamp herausgegeben Bürgerlisten von Wiedenbrück (1. Teil: Stadtbuch 1480 bis 1541, Bürgerbuch 1549 bis 1730. Rheda 1938; 2. Teil: Ratsprotokolle 1630–1818. Gütersloh 1938) sind zum einen (1. Teil) eine Edition des Wiedenbrücker Bürgerbuchs von 1549 bis 1730, zum anderen (2. Teil) eine Zusammenstellung von Einbürgerungsvermerken in den Ratsprotokollen 1630 bis 1818. Darüber hinaus sind aber Einbürgerungen auch in den Lohnherren-Registern, den Kämmereirechnungen, eingetragen worden. Diese sind allerdings von Flaskamp nicht ausgewertet worden. Im Folgenden bringe ich daher einige Nachträge aus den Lohnherrenrechnungen der Jahre 1610 bis 1616.

1610
Peter Bromsen, Kettelforers Frau – 2 T(haler)

1612
Evert Frohnen Hausfrau Annicke Sybe Burgersche geworden 19. July – 2 T. den 21. 10bris Ist Gerdt Brockmeier zur Bürgerschaft verstattet, hat aber seinen Eidt nit praestirt umb Mangel seines Freibriefes, wozu ihm noch ein Jahr gegeben – 2 T.

1613
Bernhard Nottbeck – 2 T.

1615
Hinrich Muises Frau – 2 T.
Jorgen Hakenkamp – 2 T.
Hinrich Winkels Dochter Mann Jan Wordemann – 2 T

1616
Peter Dalkotter
Henrich Taxis Bürger worden, selbiger hat ein erbarer Rat wegen seines Kirchen- und Schuldienstes das Burgergelt quit gethan

Aus der Werkstatt des Familienforschers

von Christian Loefke

Als Schriftleiter ist es nicht immer leicht, eine genügend große Anzahl von Seiten für unser Jahrbuch zusammen zu bekommen. Häufig muss der Schriftleiter mit eigenen Beiträgen die Lücken füllen. Aber nicht immer sind ‚vollständige' Forschungsergebnisse zur Hand, da die Forschung selbst ja auch Zeit beansprucht und je mehr Forschungsmaterial für Publikationen benötigt wird, desto weniger bleibt für den nächsten Jahresband. Da trifft es sich ganz gut, dass in den Mailinglisten und Foren ab und an Fragen zu Themen aus dem Forschungsgebiet des Schriftleiters gestellt werden. Im Folgenden sind die damaligen Antworten weiter verfolgt und ausgebaut sowie – an entsprechenden Stellen – mit Kommentaren und Vergleichsmaterial ergänzt worden. Neben den in den Fußnoten angegebenen Veröffentlichungen sind die bei *matricula* im Internet verfügbaren Kirchenbücher für die nachfolgenden Ausarbeitungen benutzt worden.

1. Hitlenkemper

1   Im Jahr 1882 wird in Epe (Bramsche) die Ur-Großmutter, Elisabeth **Hitlenkemper**, des Fragestellers geboren.

Eltern (1. Ahnengeneration)

2   Heinrich **Hitlenkemper**, Heuerling, Wiesenarbeiter in Pente, * Wiedenbrücker Stadtfeld[1] 14.10.1853;
     ∞ Wallenhorst 22.5.1878
3   Maria Elisabeth **Sudhoff**, Dienstmagd in Pente, * Wallenhorst 22.2.1851.

Großeltern (2. Ahnengeneration)

4   Johann Gerhard **Hitlenkemper**, Kötter im Wiedenbrücker Stadtfeld, * Batenhorst (Ksp. Wiedenbrück) 5.9.1820 (Tp: *Joh. Gerhard Givkenhorst gen.*

---

1   Das Stadtfeld war ursprünglich das entwaldete, nicht besiedelte Land rings um eine Stadt, zwischen Stadtmauer und Landwehr. Bereits im 18., zum Teil aber auch schon im 17. Jahrhundert findet hier eine vereinzelte Neuansiedelung statt, die im 19. Jahrhundert mit dem Hinauswachsen der Städte über ihre Mauern dann zur vollständigen Besiedlung freigegeben wird.

Meyer Lümern und Agnes Elisabeth Ritz aus Langenberg), † Wiedenbrücker Stadtfeld 4.2.1902, hinterlässt 7 majorenne Kinder;
∞   Wiedenbrück 3.11.1852 (Tz: *Bernard Hittlenkemper und Georg Schellbrinck*)

5   Maria Margareta **Schelbrinck**, ~ St. Vit 20.10.1826, † Wiedenbrücker Stadtfeld 13.7.1899.
Kinder, alle geboren im Wiedenbrücker Stadtfeld:
a)   Heinrich Hitlenkemper, * 14.10.1853, siehe oben Nr. 2
b)   Stephan Hitlenkemper, * 7.10.1855, † Wiedenbrück 19.9.1879
c)   Catharina Hitlenkemper, * 22.1.1858, † Wiedenbrück 6.3.1892, 34 Jahre alt;
∞   Wiedenbrück 6.11.1877
Johann Heinrich Lücke, * 20.7.1851
d)   Anna Gertrud Hitlenkemper, * 8.11.1859
e)   Maria Anna Hitlenkemper, * 20.4.1862
f)   Anna Margareta Hitlenkemper, * 2.1.1865

6   Franz Heinrich **Sudhoff** (Sudove), Heuerling in Wallenhorst
∞   Rulle 21.4.1842
7   Maria Gertrud **Diestelhorst**, ...
(sie: ∞ I. Gerhard Riemann aus Rulle)

Urgroßeltern (3. Ahnengeneration)

8   Johann Heinrich **Hitlenkemper**, Heuerling, später Kötter im Wiedenbrücker Stadtfeld, ~ Langenberg 31.12.1780, † Wiedenbrücker Stadtfeld 2.12.1864;
∞   Langenberg 7.1.1816 (Tz: *Hennerich Deitert und Anton Neite*)
9   Anna Maria Gertrud **Neite** (Nete), * 28.3., ~ Langenberg 1.4.1787, † Wiedenbrücker Stadtfeld 23.4.1857.
Kinder:
a)   Catharina Hitlenkemper, Magd, † Wiedenbrück 4.3.1890, 66 Jahre 8 Monate alt.
b)   Johann Gerhard Hitlenkemper, * Batenhorst 5.9.1820, siehe oben Nr. 4.
c)   Elisabeth Hitlenkemper, * Batenhorst 24.3.1823.
d)   Maria Christina Hitlenkemper, * Batenhorst 7.5.1825.
e)   Anna Maria Hitlenkemper, * Wiedenbrücker Stadtfeld 16.3.1829.

10   Stephan Heinrich **Schelbrinck**, Erbpächter, Kötter in St. Vit, aus dem Kirchspiel Langenberg, * Selhorst 11., ~ Langenberg 13.5.1794;
∞   Langenberg 19.8.1823 (Tz: *Caspar Knüver und Joseph Peitz*)
11   Anna Maria **Hassenhues**/Hassenkamp, aus Kaunitz, * um 1797.

Kinder:
a)   Johann Heinrich Schelbrinck, * St. Vit 9.7.1824
b)   Maria Margareta Schelbrinck, * St. Vit 20.10.1826, siehe oben Nr. 5
c)   Georg Schelbrinck, * St. Vit 20.5.1829
d)   Maria Catharina Schelbrinck, * St. Vit 21.5.1833, † 1.5.1835

Ur-Urgroßeltern (4. Ahnengeneration)

16   Johann Heinrich **Plasmeyer gen. Hitlenkemper**, ... † vor 1830;
     ∞   Langenberg 9.4.1774 (Tz: *Johan Niemeyer et Hermann Plasmeyer*)
17   Maria Catharina **Knüver**, * um 3.1742, † Langenberg 29.12.1830, 88 Jahre
     9 Monate alt, hinterlässt 2 großjährige Kinder;
     (sie: ∞ I. Langenberg 12.10.1771 (Tz: *Johan Niemeyer et Joh. Henric. Lohnher*)
     Georg Hitlenkemper, ☐ Langenberg 28.12.1773).

18   Christian **Neite**, ...
     ∞   Langenberg 6.2.1785 (Tz: *Franz Schürmann et Jodoc. Windmöller*)
19   Anna Margareta **Kappel**, ...

20   Johann Heinrich **Schellbrinck**, Kötter in Selhorst, * um 1757, † Langenberg
     19.5.1837, 80 Jahre alt;
     (er: ∞ I. ...)
     ∞   II. Langenberg 9.8.1791 (Tz: *NN Knüver und Küster Otterpohl*)
21   Anna Margareta Lisabeth **Stuckenmeyer**, ~ St. Vit 2.12.1770 (Tp: *Anna
     Margretha Strathus, Johan Herman Dönnewalt*), † Langenberg 9.2.1837,
     67 Jahre alt.

22   Johann **Hasenhaus**, Erbe im Kirchspiel Kaunitz, † vor 1823, ...

Ur-Ur-Urgroßeltern (5. Ahnengeneration)

42   Johann Henrich **Stuckmeyer**, ~ St. Vit 6.3.1729 (Tp: *Johan Garthof et
     Eliesabeth Dreyr*), † St. Vit 21.4.1797, 68 Jahre alt;
     ∞   St. Vit 31.1.1764 (Tz: *Gotdfrid Stuckemeyr, Johan Christopffel
     Brügman*)
43   Anna Catharina **Brüggemann**, ~ St. Vit 21.10.1736 (Tp: *Jost Feringmeyr
     et Anna Maria Donnewalt*), † St. Vit 14.1.1805, 68 Jahre alt.

Ur-Ur-Ur-Urgroßeltern (6. Ahnengeneration)

84 Jacob **Stuckmeyer**, * um 1698, □ St. Vit 25.9.1764, 66 Jahre alt;
    ∞   St. Vit 13.4.1728 (Tz: *Anton Dreyer, Anton Menße*)[2]
85 Anna Margareta **Ensemeyer**, * um 1706, □ St. Vit 15.6.1774, 68 Jahre alt.

86 Johann Anton **Brüggeman**, Schneider, ~ St. Vit 23.3.1693 (Tp: *Johan Winter undt Antonius ... und Anna Brügeman*), □ ebd. 11.4.1765, 73 Jahre alt;
    (er: ∞ I. St. Vit 3.10.1719 (Tz: *Anton Dönnewalt et Ernestus Aschoff*)
          Maria Aschoff, □ St. Vit 26.4.1731;
    ∞   II. St. Vit 23.10.1731 (Tz: *Henrich Dönnewald, Hermann (Kleine-) Aschoff*)[3]
87 Christina Margaretha **Aschoff**, ~ St. Vit 17.6.1699 (Tp: *dei Gifickenhastische undt von Grosen Aschof Christina undt Lütticke Aschof Cort*), □ ebd. 8.8.1762, 63 Jahre alt.

Ur-Ur-Ur-Ur-Urgroßeltern (7. Ahnengeneration)

172 Dietrich **Brüggeman**, □ St. Vit 19.2.1719;
     (er: ∞ II. St. Vit 22.10.1697 (Tz: –)
           Gertrud Schlickmann).
     ∞   St. Vit 28.9.1688 (Tp: –)
173 Anna Gertrud **Dönnewald**, ~ St. Vit 29.1.1658 (Tp: *die woledele Jungfroe Anna Gerdrudt von der Wyck und die Meyrsche von Rentrup und Baltes Winter*), † ebd. 7.1.1695.

174 Jobst Heinrich **Große Aschoff gen. auf dem Pohl**, ~ St. Vit 8.1.1668 (vorehelich; Tp: *Henrich Rumsel et Jodocus Gifickenhost*), □ ebd. 4.1.1748, 80 Jahre alt
     ∞   St. Vit 17.7.1696 (Tp: –)
175 Anna **Ostergerling**, ...

Ur-Ur-Ur-Ur-Ur-Urgroßeltern (8. Ahnengeneration)

346 Christian **Dönnewald**, ... , † Geweckenhorst 7.3.1681;

---

2 FLASKAMP, Franz (Hg.): Das Traubuch II (1701/1786) der Pfarrgemeinde St. Vit-Wiedenbrück (= Quellen und Forschungen zur Natur und Geschichte des Kreises Wiedenbrück, 46). Rheda 1938, S. 11.
3 Ebd.

∞   St. Vit 27.9.1654 (Tp: –)
347   Anna **Ralenkötter**, ... , † Geweckenhorst 5.11.1708.

348   Bernhard **Meintrup gen. Große Aschoff**, gen. 1651 bei seinen Eltern,[4] durch Heirat Erbmann auf dem Hof Große Aschoff in der Bauerschaft Geweckenhorst, † Geweckenhorst 20.8.1680;
∞   St. Vit 17.7.1672
349   Maria **Große Aschoff**, Hoferbin, ☐ St. Vit 15.1.1716;
(sie: ∞ II. St. Vit 1.9.1682
        Evert Baumhöver gen. Große Aschoff, † Geweckenhorst 23.2.1723).

Ur-Ur-Ur-Ur-Ur-Ur-Urgroßeltern (9. Ahnengeneration)

692   NN **Dönnewald**, † vor 1630;
∞
693   Margareta **NN**, geschatzt 1630 als arme Witwe, 1649 als Witwe auf 4ß, gen. 1651 als Witwe in der Bsch. Geweckenhorst, ☐ St. Vit 6.12.1664 *(Margareta von Donnewalt zu der Erden bestattet worden).*[5]

696   Henrich **Meintrup**, geschatzt 1630 auf 2 Thaler, gen. 1651 in Geweckenhorst, † Geweckenhorst 8.4.1659;[6]
∞   vor 1630
697   Christina **NN**, ☐ St. Vit 16.3.1666.

698   Anastasius (Statius) **Große Aschoff**, Erbmann auf dem Hof Große Aschoff in Geweckenhorst, gen. 1651 mit Frau und 5 Töchtern, † St. Vit 8.8.1673;
∞   um 1635
699   Elisabeth **Reithagen**, † St. Vit 18.4.1677.

---

4   FLASKAMP, Franz (Hg.): Die ältesten Seelenstandslisten (1651ff.) der Kirchspiele Wiedenbrück und St. Vit (= Quellen und Forschungen zur Natur und Geschichte des Kreises Wiedenbrück, 61). Münster 1946, S.

5   LOEFKE, Christian (Hg.): Kopfschatzregister des Amtes Reckenberg von 1630 (= Schriften des „Roland zu Dortmund" e.V., [16]). Dortmund 1992, S. 45, Nr. 301: *Vidua Donnewaldts, pauper.* – LOEFKE, Christian (Hg.): Kopfschatzung des Amtes Reckenberg vom 19. und 20. Oktober 1649 (= Schatzungslisten aus dem Amt Reckenberg, 3). Dortmund 1998, S. 52, Nr 378; – FLASKAMP, Seelenstandsliste 1651 (wie Anm. 4), S. 40: *Vidua Donnewalts; cum domesticis: Christiano filio, Ermeganda filia, sed quae nunc Widenbrugi servit.*

6   LOEFKE, Kopfschatzung 1630 (wie Anm. 5), S. 44, Nr. 296. – FLASKAMP, Seelenstandsliste 1651 (wie Anm. 4), S. 40.

2. Wessel

Anfrage: „Ist jemand in der Runde der mir Auskunft über die Geburt/Taufe von Catharina Wessel um 1810 in Rheda-Wiedenbrück geben? Sie hat am 19.11.1833 in Rheda-W. mit Joseph Willeke aus Bruchhauen geheiratet."

1   Catharina Elisabeth **Wessel**, * Wiedenbrück 24.3.1807 (Tp: *Catharina Elisabeth Desse genannt Wessel*)
      ∞   Wiedenbrück 19.11.1833 (Tz: *Joseph Wessel und Franz Willeke*) Franz Joseph **Willeke**, * Erkelen 13.12.1805, S.d. Schmieds Friedrich Willeke zu Bruchhausen bei Erkelen u.d. Maria Christina Lücke

Eltern (1. Ahnengeneration)

2   (Johann) Wilhelm Theodor **Wessel**, Bürger in Wiedenbrück, Taglöhner, ~ Wiedenbrück 21.11.1773 (Tp: *Theodor Wilhelm Schwenger et Maria Clara Thyes*),
      ∞   Wiedenbrück 7.5.1799 (Tz: *Herman Wessel und Theodor Bolle*)
3   (Anna) Catharina Gertrud **Bolle**, ~ Wiedenbrück 27.11.1767 (Tp: *Maria Gertrud Helweg et Johan Henrich Verhoff*), † ebd. 4.2.1841, über 80 Jahre alt, hinterlässt Witwer und 4 Kinder;
(sie: ∞ I. Sassenberg 27.4.1790
       Bernhard Karlmeyer, aus Sassenberg, ☐ ebd. 20.4.1793, 27 Jahre alt;
       Tochter:
       1.   Maria Elisabeth Karlmeier, ~ Sassenberg 12.4.1792 (Tp: *Maria Elisabeth Forke condicta vidua Kraft*), † Wiedenbrück 28.5.1796, 4 Jahre alt)
Kinder, alle geboren und getauft in Wiedenbrück:
   a)   Maria Elisabeth Wessel, * 28., ~ 30.12.1799 (Tp: *Dna. Maria Elisab. Schröder, uxor D. Josephi Schwenger*).
   b)   Johann Heinrich Wessel, * 10., ~ 11.11.1802 (Tp: *Joan Henrich Bolle*[7]).
   c)   Catharina Elisabeth Wessel, * 24.3.1807 (Tp: *Catharina Elisabeth Desse genannt Wessel*), siehe oben Nr. 1.
   d)   Heinrich Joseph Wessel, * 13., ~ 14.7.1812 (Tp: *Joseph Swenger*).

---

7   Dieser Pate – sehr wahrscheinlich Großvater des Täuflings – und der Trauzeuge bei der Hochzeit der Eltern, „Theodor Bolle" – wohl Bruder der Braut –, sind Hinweis für die Abstammung der Gertrud Bolle.

Großeltern (2. Ahnengeneration)

4   (Johann) Peter Heinrich **Wessel**, Totengräber, ~ Wiedenbrück 18.10.1742
     (Tp: *Johan Peter Heising et Anna Gertrud Stroht*), † Wiedenbrück 6.3.1797;
     ∞   Wiedenbrück 1.5.1770 (Tz: *Ernst Wessel et Arnold Bartelmej*)
5   Catharina Elisabeth **Desse**, ☐ Wiedenbrück 13.4.1808.
     Kinder, alle getauft in Wiedenbrück:
     a)   Franz Hermann Wessel, Taglöhner, ~ 21.2.1771 (Tp: *Franz Hermann
           Heising et Francisca Schwengers*), † Wiedenbrück 10., ☐ ebd.
           12.9.1817, 50 Jahre alt;
           ∞   Wiedenbrück 4.5.1802 (Tz: *Henrich Kriman und Bernard Wessel*)
           Agnes Kriemann, bürgert am 1.6.1802 in Wiedenbrück ein,[8] * Rietberg ...
           Kinder, alle geboren und getauft in Wiedenbrück:
           1.   Johann Christoph Wessel, * 30., ~ 31.1.1803 (Tp: *Joan Christoph
                 Krimann*).
           2.   Elisabeth Catharina Wessel, * 5., ~ 6.3.1804 (Tp: *Maria Catharina
                 Eliabeth Kriman*).
           3.   Maria Clara Wessel, * 30.7., ~ 1.8.1807 (Tp: *Maria Clara
                 Hagemann genant Krimann*).
           4.   Johann Heinrich Wessel, * 5., ~ 6.2.1809 (Tp: *Henricus Depenbrock
                 aus Rietberg*).
           5.   Heinrich Joseph Wessel, * 22., ~ 24.8.1812 (Tp: *Frans Wessel*),
                 † Wiedenbrück 13., ☐ ebd. 14.12.1812, 16 Wochen alt.
           6.   Franz Wessel, * 4., ~ 5.1.1815 (Tp: *Franz Wessel*).
     b)   (Johann) Theodor Wilhelm Wessel, ~ 21.11.1773 (Tp: *Theodor Wilhelm
           Schwenger et Maria Clara Thyes*), siehe oben Nr. 2.
     c)   Anna Maria Angela Wessel, ~ 24.6.1776 (Tp: *Anna Maria Eusterbrock
           gen. Bertolmey et Joan Henrich Schlautman*).
     d)   Anna Catharina Elisabeth Wessel, ~ 24.9.1778 (Tp: *Maria Elisabetha
           Schnitker, devota, et Joan Stephan Dreyer*).
     e)   Friedrich Christian Maria Wessel, ~ 10.12.1780 (Tp: *R.D. Fridericus
           du Plat, ecclesiae hujus canonicus et cantor*), todt.
     f)   Ernst Heinrich Wessel, ~ 22.11.1783 (Tp: *Ernest Wessel et Maria
           Francisca Volmers*), todt.
     g)   Maria Agnes Wessel, ~ 5.4.1786 (Tp: *praenobilis virgo Maria Agnes
           Graeß*).
     h)   Johann Franz Heinrich Wessel, * 27., ~ 28.10.1788 (Tp: *Joan Franciscus
           Mencke*), † Wiedenbrück 29.4., ☐ ebd. 1.5.1795, 6 Jahre alt.
     i)   Maria Gertrud Wessel, * 28.2., ~ 1.3.1792 (Tp: *Gertrud Volmer et
           Franciscus Wessel*), † Wiedenbrück 9.4.1792, 6 Wochen alt.

---

8   FLASKAMP, Franz (Hg.): Die Bürgerlisten der Stadt Wiedenbrück. 2. Teil: Ratsprotokolle 1630
     bis 1818 (= Quellen und Forschungen zur Natur und Geschichte des Kreises Wiedenbrück,
     50). Gütersloh 1938, S. 92.

6   (Johann) Henrich Baltz **Bolle**, Taglöhner, ~ Wiedenbrück 22.3.1742 (Tp: *Baltz Eimer et Elis. Mertens*), † ebd. 26.1.1803;[9]

    ∞   Wiedenbrück 3.11.1759 (Tz: *Arnold Helweg et custos Ohreimb*)

7   Anna Sophia **Hellweg**, ~ Wiedenbrück 14.12.1738 (Tp: *Anna Margaretha Ruschhoff genandt Osthagen et Johan Berend Osterbrock*), † ebd. 19.1.1805, 74 Jahre alt.

    Kinder, alle getauft in Wiedenbrück:

    a)   Margareta Elisabeth Bolle, ~ 3.11.1760 (Tp: *Margareth Elisab. Johanknecht gen. Helweg*).

    b)   Johann Franz Bolle, ~ 4.10.1763 (Tp: *Johan Victor Hage et Cathar. Marg. Pötter*).

    c)   Catharina Gertrud Bolle, ~ 27.11.1767 (Tp: *Maria Gertrud Helweg et Johan Henrich Verhoff*), siehe oben Nr. 3.

    d)   Johann Wilhelm Bolle, ~ 27.9.1769 (Tp: *Johan Conrad Winckelman et Maria Elisabeth Bekel*).

    e)   Franz Otto Bolle, ~ 15.12.1773 (Tp: *Johan Otto Pötter et Maria Catharin Verhoff*).

    f)   Theodor Bolle, ~ 11.8.1776 (Tp: *Theodor Schalücke et Christina Elisabeth König*);

        ∞   Wiedenbrück 21.10.1800 (Tz: *Anton Schlautman et custos Strathman*)

        Clara Elisabeth Schäffer, bürgert aus dem Kirchspiel Nordborchen gebürtig am 3.11.1800 in Wiedenbrück ein.[10]

Urgroßeltern (3. Ahnengeneration)

8   (Johann) Carl Franz **Wessel**, Totengräber, bürgert am 9.10.1739 mit Ehefrau in Wiedenbrück ein,[11] ~ Wiedenbrück 4.4.1720 (Tp: *d(omi)nus doctor Franciscus Detmari et Gertrud Grafflage*), □ ebd. 17.11.1777, 57 Jahre alt;

    ∞   Wiedenbrück 28.3.1739 (Tz: *Herm. Gröne et Hinrich Klinckman*)

9   (Agnes) Angela Elisabeth **Schnitker**, bürgert am 9.10.1739 in Wiedenbrück ein, * um 1707, □ Wiedenbrück 25.11.1772, 65 Jahre alt.

---

9   Im Sterberegister Wiedenbrück nur als H. Bolle, ohne Altersangabe, vermerkt! Bei Temme, Josef: Lebensbilder Wiedenbrücker Häuser (= Quellen zur Regionalgeschichte, 16), Band 2: Rinderpförtner Hof. Bielefeld 2009, Haus-Nr. 203, S. 454, wird er als „Johann Heinrich jun." und Sohn des älteren Johann Heinrich Bolle bezeichnet. Ein passender „Johann Heinrich" lässt sich im Kirchenbuch Wiedenbrück nicht finden. Sollte er tatsächlich ein Sohn des älteren Johann Heinrich Bolle sein – die mütterliche Abstammung bei Temme wäre dann auch falsch –, so kommt nur der 1742 geborene „Henrich Baltz" infrage, der bei der Heirat also erst 17 Jahre alt war!

10   Flaskamp, Bürgerlisten Wiedenbrück 2 (wie Anm 8), S. 91.

11   Flaskamp, Bürgerlisten Wiedenbrück 2 (wie Anm 8), S. 70.

Kinder, alle in Wiedenbrück getauft:
a) Johann Ernst Wessel, Tagelöhner, Musikant, ~ 26.12.1739 (Tp: *Ernst Hulsewig et Agnes Ottencords*), † vor 1833
∞ Wiedenbrück 11.1.1780 (Tz: *Peter Wessel et Laurentius Hülsey*) Maria Gertrud Hülsey, ...
Kinder, geboren und getauft in Wiedenbrück:
1. (Catharina) Maria Anna Elisabeth Wessel,[12] * 2., ~ 4.6.1792 (Tp: *Maria Anna Hülsey et Francisc. Herman Wessel*), bürgert 1826 in Warendorf ein, T.d. † Musikanten Ernst Wessel in Wiedenbrück
∞ Warendorf/Laurentius 30.3.1826 (Tz: *Anton Preckel u. Otto Preckel*)
Bernhard Heinrich Preckel, ~ Warendorf/Laurentius 22.2.1800 (Tp: *Bernardus Henricus Rehorst*), Baumseidenmacher, bei Hochzeit 25 Jahre alt, S.d. Bleichers Hermann Anton Preckel in Warendorf u.d. Catharina Agnes Funcke.
b) Peter Heinrich Wessel, ~ 18.10.1742 (Tp: *Johan Peter Heising et Anna Gertrud Stroht*), siehe oben Nr. 4.
c) Margareta Elisabeth Wessel, ~ 29.9.1744 (Tp: *Anna Brigitta Schlautman condicta Hulsewig et Xtian Schanz*).
d) Maria Agnes Wessel, ~ 6.10.1746 (Tp: *Maria Elisabeth Biermans gnt. Heissing et Herman Schlautman*).
e) Angela Wessell, ~ 8.4.1749 (Tp: *Maria Angela Wipperman gen. Heising et Caspar Vollmer*).
f) Maria Gertrud Wessel, ~ 3.3.1753 (Tp: *Maria Gertrud Heissing gen. Schwenger*), † Wiedenbrück 26., □ ebd. 28.7.1817, 67 Jahre alt, unverehelicht.

12 Johann Heinrich **Bolle**, bürgert 1734 in Wiedenbrück ein,[13] * um 1709, □ Wiedenbrück 11.1.1758, 49 Jahre alt;
(er: ∞ I. Wiedenbrück 3.11.1733 (Tz: *Andreis Kieberg et custos Krümpelman*) Anna Barbara Gertrudis Hecker, ~ Wiedenbrück 1.1.1705 (Tp: *Christophor thor Wordt et Anna Barbara thor Wieden*), □ ebd. 14.9.1734, 31 Jahre alt, T.d. Heinrich Hecker u.d. Eva Francke gen. Schellermann;[14]
∞ II. Wiedenbrück 9.11.1734 (Tz: *Henrich Haverstang et custos Krümpelman*) Anna Gertrud (Maria Elisabeth) de Heerde (Deheerd), □ Wiedenbrück 27.3.1740, 37 Jahre alt;

---

12 Die Vermutung von TEMME, Häuser (wie Anm. 9), Band 4: Neupförtner Hof, Haus-Nr. 367, S. 384, sie wäre eine Tochter des Ehepaars Wessel/Kriemann, ist falsch.
13 FLASKAMP, Bürgerlisten Wiedenbrück 2 (wie Anm 8), S. 67, dabei wird vermerkt, dass seine Mutter ein Bürgerskind war!
14 Die Angabe bei TEMME, Häuser 2 (wie Anm. 9), Haus-Nr. 203, S. 454, sie wäre die Tochter der Agnes Angela Pinnoge ist falsch; zur Familie vgl. LOEFKE, Christian: Die Familie Pinnoge in Wiedenbrück, in: Roland 19 (2010), S. 98–106, hier S. 102f.

∞ IV. Wiedenbrück 20.4.1751 (Tz: *Andreis Kieberich et Victor Hagen*)
Margaretha Elisabeth Johanknecht;)
∞ III. Wiedenbrück 4.2.1741 (Tz: *Christop Betelhus et Arend Helweg*)

13 Anna Maria Elisabeth **Eimer**,[15] ☐ Wiedenbrück 31.12.1750, 43 Jahre alt.
Kinder, alle getauft in Wiedenbrück, aus zweiter Ehe:

a) Gerhard Ernst Bolle, ~ 16.8.1735 (Tp: *Gerd de Heerd et Maria Berkemeyers*), ☐ Wiedenbrück 16.8.1736, 1 Jahr alt.

b) Maria Elisabeth Bolle, ~ 3.10.1737 (Tp: *Maria Elisabeth Küttner genannt Bolle et J(ohan) Bernd Disselhoff*), ☐ Wiedenbrück 14.1.1743

c) Anna Gertrud Bolle, ~ 8.11.1739 (Tp: *J(ungfer) Wil(hel)mina Schwenger, devotessa, et Xtophor Heidhörster*), ☐ Wiedenbrück 10.4.1740, ½ Jahr alt.

aus dritter Ehe:

d) Henrich Baltz Bolle, ~ 22.3.1742 (Tp: *Baltz Eimer et Elis. Mertens*), siehe oben Nr. 6.

e) Gerhard Henrich Otto Bolle, ~ 6.4.1745 (Tp: *Gerhard Otto Schnieder et Maria Windmans*), ☐ Wiedenbrück 5.3.1746, ½ Jahr alt.

f) Johann Conrad Bolle, ~ 23.5.1747 (Tp: *Johan Henr. Gerling et Anna Maria Eimers*), ☐ Wiedenbrück 29.9.1747, 9 Monate alt.

g) Maria Elisabeth Bolle, ~ 17.8.1749 (Tp: *Maria Elisabeth Bollen et Johan Herman Gerling*).

aus vierter Ehe:

h) Maria Catharina Bolle, ~ 18.2.1752 (Tp: *Maria Catharina Uhrmeisters gen. Pötters et Johan Wilhelm Disselhoff, infimista*), ☐ Wiedenbrück 25.1.1758, 6 Jahre alt.

i) Johann Christoph Bolle, ~ 20.1.1754 (Tp: *Joan Christoph Pötter et Maria Elisabeth Hanknecht*),[16] ☐ Wiedenbrück 27.3.1758, 5 Jahre alt.

j) Johann Otto Bolle, ~ 25.3.1756 (Tp: *Johan Henrich Hanknegt et Anna Elisabeth Kamps*).

14 (Johann Heinrich) Laurenz Arnold **Hellweg**, ~ Wiedenbrück 12.8.1714 (Tp: *Rdus. doctissimusque dnus. Joannes Henricus Schmidt, huius coll(e)g(ia)tae sacellanus*),[17] ☐ ebd. 21.3.1763, 52 Jahre alt;
∞ Wiedenbrück 10.10.1734 (Tz: *Andres Helweg et Gerd Osthagen*)

15 Anna Margaretha **Osthagen**, ~ Wiedenbrück 13.4.1707 (Tp: *Johan Henrich Kemper et Agnes Osthagen*),[18] ☐ ebd. 11.5.1759, 50 Jahre alt.

---

15 Familienname nur bei Heirat „Karfeld"!
16 Vorname des Vaters hier: Johann Hermann!
17 Der spätere Name „Johann Heinrich" Arnold Hellweg, obwohl als „Laurenz Arnold" getauft, kommt über seinen Paten.
18 Familienname der Mutter hier „Osthaus"!

Ur-Urgroßeltern (4. Ahnengeneration)

16   Johannes **Wessel**, Totengräber, ~ Rheda 4.1.1664 (Tp: *Hinrich Wessel, Johan Roleff und Evert Brüghmans Tochter*),[19] ☐ Wiedenbrück 17.3.1738, 76 Jahre alt;

    (er: ∞ I. Wiedenbrück 13.5.1699 (Tz: *custos et Daniel Wessels, frater sponsi*)[20] Anna Maria Wiemann, * um 1669, ☐ Wiedenbrück 20.4.1719, 50 Jahre alt);

    ∞   Wiedenbrück 13.6.1719 (Tz: *Steffan Schürman et Philipp Voget*)

17   (Anna) Christina Regina **Bockhoff**, ~ Wiedenbrück 29.7.1684 (Tp: *Steffen Pötter et Christina Winckelhueß*), ☐ ebd. 29.8.1741, 55 Jahre alt.

Ihre Herkunft und weiteren Vorfahren sind bisher nicht 100%-ig sicher festzustellen. Ihr Begräbniseintrag im Kirchenbuch Wiedenbrück bezeichnet sie als „Anna Christina Bockhoffs genandt Wessel, 55 ann(orum)". Demnach wäre sie um 1686 geboren. Zwar gibt es 1686 keine passende Taufe in Wiedenbrück, dafür wird aber 1684 eine „Christina Regina Bockhoff", Tochter eines Jobst Bockhoff und einer Christina Moffe, in Wiedenbrück getauft. Dieser Jobst Bockhoff ist Sohn eines Walter Bockhoff und einer Margareta Dotte. Es wird sich also 1684 um Ahnin 17 handeln, da 1719 ihr Trauzeuge Steffan Schürman Sohn eines Heinrich Schürman und einer jüngeren Margareta Dotte ist.

Auch die Ahnen 28 und 29 sind eine kleine Herausforderung für den Forscher. Zwar lassen sich die Eltern des Arnold Hellweg über dessen Taufeintrag als Andreas Hellweg und Beatrix Rethman feststellen, und auch deren Einbürgerungsvermerk zum 12.5.1701 gibt die Namen mit Andres Hellweg und Beatrix Redman sowie Töchterlein Anna Elisabeth als hierher gehörig wieder, dann aber wird es knifflig. Zwischen 1696 und 1714 lässt das Ehepaar 9 Kinder taufen. Der Familienname der Mutter wechselt dabei zwischen Reckman, Reitman, Rottman und Rethman. Eine Heirat ließ sich in Wiedenbrück, Wadersloh, St. Vit, Herzebrock, Gütersloh und Rietberg nicht ermitteln, in Langenberg haben die Kirchenbücher zwischen 1685 und 1718 eine Lücke. Allerdings heiratet ein Andreas Hellweg am 8.6.1688 in Wiedenbrück eine Agnes Roterman. Das Paar lässt zwischen 1690 und 1694 drei Kinder in Wiedenbrück taufen. Nun könnte man vermuten, dass es sich um ein und dieselbe Familie handelt. Der Fall, dass der Name der Frau nicht konsistent ist, da nach Gehör und fremden Aussagen aufgeschrieben wurde, lässt sich häufiger beobachten. Der zeitliche Abstand zwischen dem 3. Kind der „Agnes Roterman" und dem 1. Kind der „Beatrix Rethman" würde zu einer solchen Theorie passen. Auffälig ist allerdings, dass entgegen anderen Beobachtungen hier

---

19   FLASKAMP, Franz (Hg.): Das Taufbuch I (1622/1680) der westfälischen Kirchengemeinde Rheda, Teil 2 (= Quellen und Forschungen zur Westfälischen Geschichte, 98). Rheda 1967, S. 69.

20   Der als Bruder genannte Daniel Wessel wurde am 2.3.1661 in Rheda getauft, womit die Suche nach seinem Bruder ebenfalls nach Rheda führte.

die Vornamen jeweils gleich bleiben, also es immer „Agnes" Roterman und dann immer „Beatrix" Rethmann (etc.) ist. Schließlich lassen sich alle 4 Personen im Totenbuch Wiedenbrück nachweisen, so dass hier tatsächlich zwei verschiedene Familien Andreas Hellweg vorliegen.

Der ältere Andreas Hellweg, * um 1664, □ Wiedenbrück 25.11.1728 (*64 annor(um)*), war Soldat und hatte in erste Ehe in Wiedenbrück am 8.6.1688 (Tz: *Tonies Helweg et Johan Roterman*) Agnes Roterman, * um 1662, □ Wiedenbrück 8.4.1722, 60 Jahre alt, geheiratet. In zweiter Ehe war er mit Anna Christina Barthols verheiratet.[21] Möglicherweise ist er jener Andreas, S.d. Untervogts Bernd (ohne Nennung des Familiennamens), der am 5.8.1663 in Langenberg getauft wurde (Tp: *Andreas Harsewinckel, quaestor in Reckenberg, Margareta villica Möllers*).[22]

28   Andreas **Hellweg**, bürgert am 12.5.1701 mit Familie in Wiedenbrück ein,[23] * um 1673, □ Wiedenbrück 14.1.1737 (*64 annor(um), civis*);
∞   um 1695(?)

29   Beatrix **Rethman**, bürgert am 12.5.1701 in Wiedenbrück ein, zuvor Rietberger Eigenbehörige, * um 1672, □ Wiedenbrück 4.1.1733, 61 Jahre alt.
Kinder, alle getauft in Wiedenbrück:

a)   Anna Elisabeth Hellweg, ~ 22.1.1696 (Tp: *Ludolf Schwenger et Anna Elisabeth Volmer*).[24]

b)   Margareta Elisabeth Hellweg, ~ 5.5.1697 (Tp: *Johan Glandorff et Maria Brigitta Cörber condicta Harsewinckels*).[25]

c)   Anna Elisabeth Hellweg, bürgert 1701 mit Eltern in Wiedenbrück ein, ~ 22.2.1699 (Tp: *Johan Mumpro et Anna Elisabet Cale*).[26]

d)   Andreas Henrich Hellweg, ~ 20.11.1701 (Tp: *Jobst Henrich Kerstingh et Catharina Elisabeth Rüttmans*).[27]

e)   Gertrud Elisabeth Hellweg, ~ 27.4.1704 (Tp: *Caspar Schulte et Elsche Stenwede*).[28]

f)   Agnes Gertrud Hellweg, ~ 17.10.1706 (Tp: *Johan Westhoff et Gerdrudt Striwers*),[29] □ Wiedenbrück 28.4.1713, 6 Jahre alt.

g)   Catharina Maria Sophia Hellweg, ~ 27.1.1709 (Tp: *Anna Catharina Knedisen et Andreas Kothe*).[30]

h)   Anna Elisabeth Gertrud Hellweg, ~ 11.1.1711 (Tp: *Anna Elisabeth*

---

21   Vgl. LOEFKE, Pinnoge (wie Anm. 14), S. 101.
22   Kinder aus der Ehe Hellweg/Rotermann, alle getauft in Wiedenbrück, sind: 1) Anna Maria Brigitta Hellweg, ~ 22.1.1690 (Tp: *Johan Aschoff et uxor d. quaest. Harsewinckell*), 2) Anna Margareta Elisabeth Hellweg, ~ 1.4.1691 (Tp: *Jost Ruschoff et Anna Grone*), 3) Johann Evert Hellweg, ~ 19.4.1694 (Tp: *Johan Otto Potter et Maria Tecklenborg*).
23   FLASKAMP, Bürgerlisten Wiedenbrück 2 (wie Anm 8), S. 50.
24   Name der Mutter hier „Beatrix Reckman".
25   Name der Mutter hier „Beatrix Reitmans".
26   Name der Mutter hier „Beatrix Rottmans".
27   Name der Mutter hier „Beatrix Reckman".
28   Name der Mutter hier „Beatrix Reckman".
29   Name der Mutter hier „Beatrix Rottmans".
30   Name der Mutter hier „Beatrix Reckman".

Biekotter et Johan Henrich Haken).[31]

i) Laurenz Arnold **Hellweg**, ~ 12.8.1714 (Tp: *Rdus. doctissimusque dnus. Joannes Henricus Schmidt, huius coll(e)g(ia)tae sacellanus*), siehe oben Nr. 14.

30 Johann Gerhard (Gerd) **Osthagen**, ~ Wiedenbrück 22.9.1675 (Tp: *Gerhard Mumperow, Mejer zu Schletbruck*), ☐ ebd. 15.3.1742, 67 Jahre alt;
∞ Wiedenbrück 29.10.1697 (Tz: *Arndt Osthagen et Johan Henrich Kemper*)
31 Anna Margareta **Sutthaus**, ... ☐ Wiedenbrück 18.4.1742, 69 Jahre alt.

Ur-Ur-Urgroßeltern (5. Ahnengeneration)

32 Hermann **Wessel**, wird 1663 als Einwohner in Rheda genannt,[32] ~ Rheda 17.2.1633 (Tp: *Henrich Brügman, der Schuster, Henrich Gallenkampff, Encke Roloffs, Johan Roloffs Frauw*);[33]
∞ um 1657
33 Anna **Neuhaus**, sie ist 1663 keine Bürgerin, ...

Jobst Bockhoff (Ahn 34) macht sich in den Kirchenbüchern rar. Als Vater von Ahnin 17 eindeutig auszumachen, gibt es nur einen passenden Taufeintrag für ihn selbst, aber keinen Heiratseintrag. Allerdings gibt es einen Traueintrag von 1679 für einen Jost Kindt mit einer NN Mogge, sowie einen Taufeintrag für den Sohn des Jost Kindt und der Christina Mogge. Eine Christina Mogge wird als „genannt Jostkind" 1718 begraben. Nicht dazu passen will ein Begräbniseintrag von 1690 für „Jost Kindts Fraw". Da weder Jost Bockhoff noch Jost Kindt in den Kirchenbüchern einen Begräbniseintrag hat, dürfte es sich bei „Jost Kindts Fraw" um einen Fehler handeln und er wohl selbst hier gemeint sein. Insgesamt scheint es so, als seien Jost Bockhoff und Jost Kindt eine Person.
34 Jobst **Bockhoff** (gen. Kind)[34], ~ Wiedenbrück 5.4.1649 (Tp: *Jost zu Ausel, Menso Tigges et Eva Dattens*), ...
∞ Wiedenbrück 7.6.1679 (Tz: –)
35 Christina **Mowe** (Mogge, Moffe), ~ Wiedenbrück 19.12.1649 (Tp: *Antonius Broderman, uxor Aegidii Gerdinges Margareta Lubbers et Christina zu Geisel*), ☐ ebd. 16.11.1718, 75 Jahre alt.[35]

---

31 Name der Mutter hier „Anna Beatrix Reckman".
32 FLASKAMP, Franz (Hg.): Das Bürgerbuch der Stadt Rheda (= Quellen und Forschungen zur Natur und Geschichte des Kreises Wiedenbrück, 73). Münster 1947, S. 52.
33 FLASKAMP, Taufbuch Rheda 1 (wie Anm. 19), Teil 1, S. 43.
34 Bei der Heirat 1679 und im Begräbniseintrag seiner Frau 1718 wird seine Name mit „Kindt" angegeben.
35 Begraben als „Christina Mogge condicta Jostkind, 75 annor(um)".

Kinder, alle in Wiedenbrück getauft:

a) Bernhard Otto Kindt, 25.3.1680 (Tp: *Berendt Schwenger*), ☐ Wiedenbrück 15.10.1691.

b) Christina Regina Bockhoff, ~ Wiedenbrück 29.7.1684 (Tp: *Steffen Pötter et Christina Winckelhueß*), siehe oben Nr. 17.

60 Arnd **Osthagen**, ...
∞   Wiedenbrück 4.10.1672 (Tz: *Herman Büscher et Adolf Windtman*)
61 Agnes **Schlickmann gen. Oldebuer**, ...

Ur-Ur-Ur-Urgroßeltern (6. Ahnengeneration)

64 Hermann **Wessel**, ...
∞   Rheda 10.1.1627 (Tz: –)
65 Anna **Roloffs**, ...

68 Walter **Bockhoff**, Pförtner, bürgert 1641 in Wiedenbück ein,[36] ☐ Wiedenbrück 30.7.1678;
∞
69 Margareta **Dotte**, ...

70 Dietrich **Mowe gen. von Vlotho**, ...
∞   vor 1646
71 Margareta **Geißel**, ...

122 Johannes **Schlickmann gen. Oldebuer**, ☐ Wiedenbrück 12.4.1665;
∞   vor 1646
123 Elisabeth **Thumann gen. Besting**, ...

Ur-Ur-Ur-Ur-Urgroßeltern (7. Ahnengeneration)

142 Eberhard **Geißel**, † Wiedenbrück 23.8.1647
∞   vor 1625
143 Elisabeth **Staties**, ☐ Wiedenbrück 10.4.1653

---

36 Flaskamp, Franz (Hg.): Die Bürgerlisten der Stadt Wiedenbrück, 1. Teil: Stadtbuch 1480 bis 1541, Bürgerbuch 1549 bis 1730 (= Quellen und Forschungen zur Natur und Geschichte des Kreises Wiedenbrück, 37). Rehda 1938, S. 46.

Herrendienste in den Kirchspielen Asseln und Aplerbeck 1652 und 1666

von Christian Loefke

Obwohl die Grafschaft Mark schon 1609 im Erbgang an Brandenburg-Preußen fiel, konnten sich die Kurfürsten aus dem Hause Hohenzollern ihre westfälischen Territorien erst 1666 richtig sichern. Dazwischen lagen der Streit mit den ebenfalls dies Erbe beanspruchenden pfälzischen Wittelsbachern sowie der Dreißigjährige Krieg. Insbesondere der Hellweg mit seinen im Tagesabstand gelegenen Bauerndörfern war von militärischer Bedeutung vor allem für die Verschiebung von Truppenteilen und deren Verpflegung. Gegen diese einseitige Belastung der Hellwegdörfer erhoben nun nach Ende des Krieges die dortigen Bauern Klage bei der zuständigen Regierung in Kleve, da sie nicht nur Futter und Mehl geben sollten, sondern auch zusätzliche Spanndienste gefordert wurden, während die „süderländischen Quartiere weinigs oder fast nichts geschickt"[1] hätten.

Um sich einen Überblick über die zu leistenden „Karren und Sack oder [...] Handdienste"[2] zu verschaffen, wurden verschiedene örtliche Beamte[3] beauftragt, diese Informationen bei den Bauern und Adligen einzuholen. So entstand die Liste der Pferde- und Handdienste im Amt Unna vom 2. Dezember 1652.[4] Hier werden die Bauern (meist ohne Vornamen) unterteilt nach „Praesenten", also Anwesenden, und „Vacanten", nicht Anwesenden. Dabei dürfte die Bezeichnung für die Nichtanwesenden als „vacant" – also eigentlich „leer" – ein Hinweis auf den Status des jeweiligen Hofes, als nämlich leer oder wüst, sein. Gleichzeit merkte der Unnaer Richter Eberhard Zahn[5] in seinem Begleitschreiben an, dass Dienste mit „Karren und Sack" in der Grafschaft Mark unbekannt seien, hier nur Hand-[6]

---

1   LA NRW W, Kleve-Märkische Regierung, Landessachen, Nr. 453: Akte über die Feststellung bzw. Befreiung von Herrendienstleistungen im Amt Unna 1652-1704 (Digitalisate: https://www.archive.nrw.de/archivsuche?link=VERZEICHUNGSEINHEIT-Vz_953c4f1f-d310-4e35-a240-35a50fdbbfd1), hier fol. 1r (Digitalisat: 7). – Im Folgenden verweise ich mit „Digi:" auf die Bildnummer des jeweiligen Digitalisats.

2   Ebd., fol. 2r (Digi: 8).

3   Für das Amt Unna scheint der Richter zu Unna zuständig gewesen zu sein, da es kein Amtshaus gab, wo die geforderten Informationen zentral hätten abgefragt werden können. Im Amt Hörde war der Rentmeister auf der Burg Hörde der zuständige Beamte.

4   LA NRW W, Kleve-Märkische Regierung, Landessachen, Nr. 453, fol. 22r–25r (Digi: 28–31).

5   Zur Familie Zahn vgl. NESSLER, Hans: Chronik der Familie Zahn, Unna (Nach einer Abschrift vom Original), in: Roland 6 (1983/85). Heft 4, S. 77–79; Heft 5, S. 81–91; Heft 6, S. 113–114.

6   Laut SCHÜTTE, Leopold: Wörter und Sachen aus Westfalen, 800 bis 1800 (= Veröffentlichungen des Landesarchivs Nordrhein-Westfalen, 17). Münster 2007, S. 300, waren Handdienste Dienste, die mit oder ohne Werkzeug durch menschliche Körperkraft verrichtet wurden. Dazu gehörten die Mähdienste (*Medderdienst, meyen*) und wohl auch die Düngedienste (*Dungeldienst*).

und Spanndienste[7] geleistet würden. Daraufhin wurde er angewiesen, die als Hand- und Spanndienste zu leistenden Herrendienste, also die Dienstpflichten gegenüber dem Landesherren und seinen Beamten, genauer zu spezifizieren. Die daraus resultierende Liste vom Juni 1666 enthält neben den geforderten Angaben den vollständigen Namen des jeweiligen Bauern sowie Informationen zu dessen Grundherrn und den an diesen zu leistenden Diensten.[8]

Alle Informationen finden sich in der inzwischen digitalisierten Akte über die „Feststellung und Befreiung von Herrendienstleistungen im Amt Unna" aus dem Bestand Kleve-Märkische Regierung im Landesarchin NRW, Abteilung Westfalen.[9] Besonders die Liste von 1666 dürfte für viele Genealogen interessant sein, da die Kirchenbücher erst um diese Zeit, zum Teil aber auch erst viel später anfangen. Da hier nur die Kirchspiele Asseln und Aplerbeck (ohne Schüren, da das zum Amt Hörde gehörte) wiedergegeben werden, soll die folgende Liste mit Angabe der Digitalisatseiten das Auffinden der weiteren Orte und Kirchspiele erleichtern:

Amt Unna, Kirchspiel Asseln, fol. 36r–38r (Digi: 44-46); Kirchspiel Kurl, fol. 38r–38v (Digi: 46–47); Lanstrop, fol. 39r–39v (Digi: 47–48); Grevel, fol. 40r–40v (Digi: 48–49); Gamen (Gahmen), fol. 41r (Digi: 49); Wickede, fol. 41v–43r (Digi: 50–51); Kirchspiel Methler, fol. 43v–46v (Digi: 52–55); Kirchspiel Aplerbeck, fol. 47r–48v (Digi: 55–57); Berghofen, fol. 49r–50r (Digi: 57–58); Sölde, fol. 50r–51v (Digi: 58–60); Kirchspiel Opherdicke, fol. 51v–53r (Digi: 60–61); Bauerschaft Heinckhausen (Hengsen), fol. 53r–54r (Digi: 61–62); Bauerschaft Holzwickede, fol. 54v–55v (Digi: 63–64); Kirchspiel Unna, Bauerschaft Afferde, fol. 55v–56v (Digi: 64–65); Bauerschaft Niedermassen, fol. 56v–57v (Digi: 65–66); Gericht Obermassen, fol. 57v–59r (Digi: 66–67); Kirchspiel Lünern, Bauerschaft Mühlhausen, fol. 59r–60r (Digi: 67–68); Dorf Lünern, fol. 60r–61v (Digi: 68–70); Bauerschaft Stockum, fol. 62r–62v (Digi: 70–71); Kirchspiel Bausenhagen, fol. 62v–64r (Digi: 71–72); Bauerschaft Warning (Warmen), fol. 64r–65v (Digi: 72–74); Kirchspiel Hemmerde, fol. 65v–68v (Digi: 74–77); Kirchspiel Frömern, fol. 69r–69v (Digi: 77–78); Kessebüren, fol. 69v–70r (Digi: 78); Ostbüren, fol. 70r–71v (Digi: 78–80); Kirchspiel Fröndenberg, fol. 71v–73r (Digi: 80–81); Bauerschaft Westick, fol. 73v–74r (Digi: 82); Kirchspiel Delwig, fol. 74v–75r (Digi: 83); Belmarck (Billmerich), fol. 75r (Digi: 83); Bauerschaft Delwig, fol. 75r–76r (Digi: 83–84); Bauerschaft Aldendorf, fol. 76r (Digi: 84); Bauerschaft Strickherdicke, fol. 76v (Digi: 85); Bauerschaft Ardey, fol. 77r–77v (Digi: 85–86); Langscheid, fol. 77v–78v (Digi: 86-87).

---

7   Vgl. SCHÜTTE, Leopold: Wörter und Sachen aus Westfalen (wie Anm.6), S. 598: Spanndienste wurden mit 2 oder 4 Pferden als Fuhr- oder Pflugdienste (pfügen, eggen) verrichtet. In einzelnen Fällen mussten Pferde für den sog. Herrenwagen gestellt werden, wenn der Herrscher durch die Lande reiste.

8   LA NRW W, Kleve-Märkische Regierung, Landessachen, Nr. 453, fol. 36r–78v (Digi: 44–87). – Für den engeren Unnaer Raum hat Willy TIMM die Akte in: Bauern am Hellweg, Teil 1 (= Kleine Hellweg-Bücherei, 1). Unna 1957, ausgewertet.

9   Siehe oben Anm. 1.

LA NRW W, Kleve-Märkische Regierung, Landessachen, Nr. 453, fol. 23r (Digi: 29).

Die edierten Textstellen aus den Listen von 1652 und 1666 sind wörtlich wiedergegeben, Streichungen im Original sind, soweit lesbar, in spitze Klammern < > gesetzt.

1652

Praesenten	Vacanten

[fol. 22v]

Kirspell Aßelen — Aßelen

Sybrechting, Haarman, Böeman, Reckerman, Ubbeman, Hövelman, Beuseman, Leneman, Ruhrman, Closterman, Käman, Büddeman, Köne, Kockelcke, Füstman. NB. diese vier letzten opponiren sich und wollen die Dienste nicht leisten, wiewoll sie nicht eigenhörig noch keine exemption caciren konnen.

Huseman

[fol. 23r]

Handtdinst in Aßelen — Handtdinste

Becker, Schmidt, Niggehauß, Braß, Helmecke, Wilman, Surman, Bolte, Vellawer, Gerwin, Kumper, Kock, Kellerkamp, Schnier, Göiken, Trapman, Nagell, Baumeister, Syberg, Vollmer, Joh. zur Nedden, Heckman, Sundthoff, Wihrt im Brabandt.

Schüttelenkorff, Knippenbergh, Ribbert, Schnellenberg, Hüseman

[...]

Kirspell Aplerbecke[10] — Aplerbecke

Handtdienste
Der Kremer, Osterman, Buckingh, Landtman, Nate, Herman Schröder, Lienenweber, Traphoff, Dorth, Pälcken, Berghman, Blawfuß, Becker,

Kuse, Kollman, Kullman, Schürman

---

10   Ohne Schüren, da Schüren zum Amt Hörde gehörte.

Praesenten	Vacanten

Herman Berndts, Thonieß Becker, Lubbecker, Vicarie, Saltclaß, Wiethauß, Herdickerhoff, Viefhauß, Claß Kotter, Pothoff, Pellinghoff, Surman, Harde, Schotte, Huck, Kottman, Schmidt, Klute, Trapman, Heßeler, Möller, Schacke, Kranenfelt, Grugellsiepen.

Paurschafft Berckhoffen

Handtdienste
Wiggerman, Trapman, Clembt, Dreß Wilmß, Beckhoff, Wallbaum, der Wihrt, Gockell, Schmedt, Kipp, Welbergh, Stuckman, Johan zur Neddenn.

Berckhoffen

Schnieder, Grote, Joh. Kotter, Herman Wever, Winolt Grote, Pothoff, Parkman, Schubbe.

[fol. 23v]

Sölde

Handtdienste
Schulte, Osterman, Schmidt, Hollmer, Jacob, Scheper, Dudder, Drager, Knolle, Heßeler, Backhauß, Westerhoff, Göckener, Möller, Tuitman.

Sölde

Krumme, Jaspar, Brackellman(?), Flunckert, Dickman, Middendorff, Barenbroich, Langhoff.

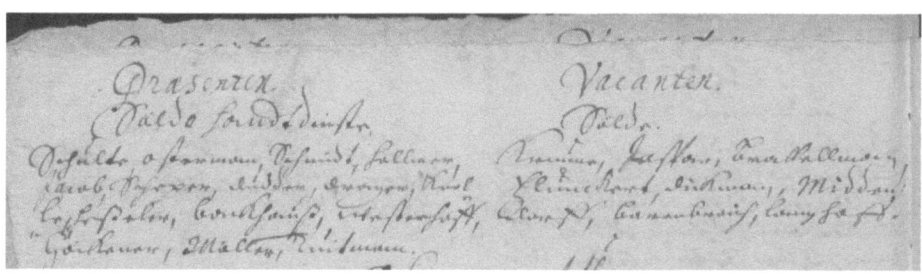

LA NRW W, Kleve-Märkische Regierung, Landessachen, Nr. 453, fol. 23v [Ausschnitt] (Digi: 30).

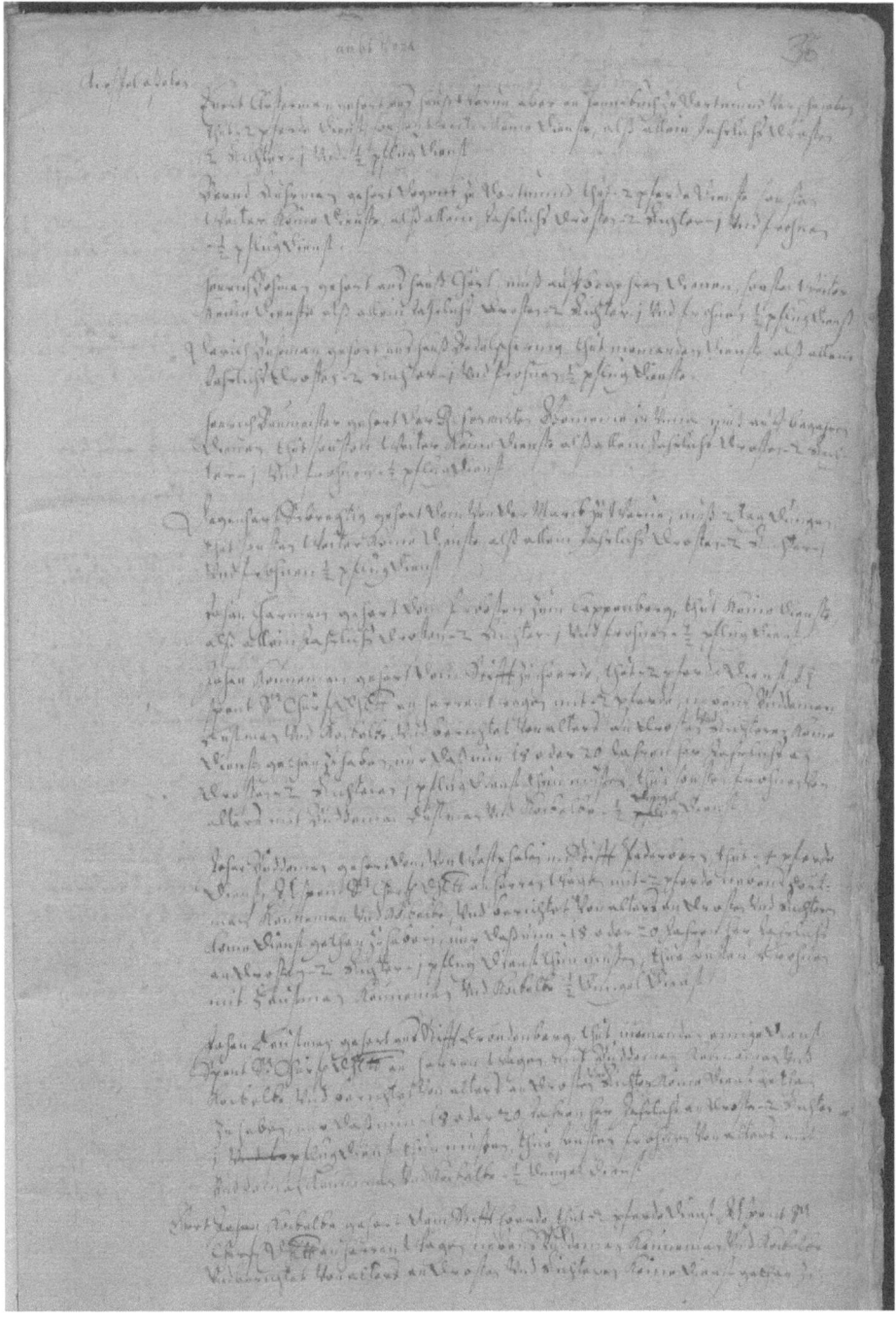

LA NRW W, Kleve-Märkische Regierung, Landessachen, Nr. 453, fol. 36r (Digi: 44).

1666

[fol. 36r]

Ambt Unna
Kirspel Aßelen

(1) Evert **Clusterman**, gehort ans Hauß Werve,[11] aber an Pannekuch[12] zu Dortmund verschrieben, thut 2 Pferdedienst, sonsten weiter keine Dienste, alß allein jahrlichs Drosten 2, Richter – 1 und – ½ Pflugdienst.

(2) Berndt **Ruhrman**,[13] gehort Deginck[14] zu Dortmund, thut 2 Pferdedienste, sonsten weiter keine Dienste, alß allein jahrlichs Drosten – 2, Richter – 1 und Frohnen – ½ Pflugdienst.

(3) Henrich **Bohman**,[15] gehort ans Hauß Churl, muß auff Begehren dienen, sonsten weiter keine Dienste alß allein jahrlichs Drosten – 2, Richter – 1 und Frohnen – ½ Pflugdienst.

(4) Derich **Buseman**, gehort ans Hauß Bodelschwing, thut niemanden Dienste alß jahrlichs Drosten – 2, Richter – 1 und Frohnen – ½ Pflugdienst.

(5) Henrich **Baumeister**, gehort der Reformirten Gemeine in Unna, muß auff Begehren dienen, thut sonsten weiter keine Dienste alß allein jahrlichs Drosten – 2, Richter – 1 und Frohnen – ½ Pflugdienst.

(6) Degenhart **Sibrechti[n]g**, gehort dem von der Marck zu Werve, muß 2 Tage dungen, thut sonsten weiter keine Dienste alß allein jahrlichs Drosten – 2, Richter – 1 und Frohnen – ½ Pflugdienst.

(7) Johan **Harman**, gehort dem Probsten zum Cappenberg, thut keine Dienste alß allein jahrlichs Drosten – 2, Richter – 1 und Frohnen – ½ Pflugdienst.

(8) Johan **Keuneman**,[16] gehort dem Stifft zu Hoerde, thut – 2 Pferdedienst. Item spant S(eine)r Churf(urstlichen) D(urch)l(auch)tt an Herrenwagen mit – 2 Pferde, nebens Büddeman, Füstman und Kockelke, und berichtet von alters an Drosten und Richteren keine Dienste gethan zu haben, nur daß nun 18 oder 20 Jahren her jahrlichs an Drosten – 2, Richteren – 1 Pflugdienst thun mußen, thue sonsten Frohnen von alters mit Büddeman, Füstman und Kockelke – ½ <Pflug> /Dungel/[17] Dienst.

---

11 Die untergegangene Wasserburg Werve, nicht das heutige Haus Heeren! Vgl. STOLTEFUSS, Karl Heinz: Heeren-Werve. Landschaft – Siedlung – Bauern – Adel. Ein Beitrag zur Ortsgeschichte der Gemeinde Heeren-Werve. Kamen 2014, S. 79.

12 Zur Familie Pfannkuch in Dortmund vgl u.a. KRIEPENDORF, Günter: Erbauseinandersetzung in Dortmund im Hause Pfankuch um 1680, in: Roland 12 (2001/03), Heft 7, S. 152-160.

13 Berndt Rotger von Brackel, der am 20.11.1657 die Witwe des Johann Ruhrmann, Elske Reckermann, geheiratet hatte.

14 Zur Familie Deginck/Degging vgl. u.a. MEININGHAUS, August: Vom Adel der Dortmunder Deggings, in: Westfalen. Hefte für Geschichte, Kunst und Volkskunde 20 (1935), S. 184–191.

15 Vom Hof gebürtig (* um 1603, † 20.6.1670), war mit Elßke Hofermann verheiratet.

16 * um 1615, war in erster Ehe seit 1640 mit Gertrud Klemm verheiratet, in zweiter Ehe am 18.10.1663 mit Catharina Dickmann verheiratet.

17 Nachtrag über der Streichung.

(9) Johan **Büddeman**, gehort dem von Westphalen im Stifft Paderborn, thut – 4 Pferdedienst. Item spant S(eine)r Churf(urstlichen) D(urch)l(auch)tt an Herrenwagen mit – 2 Pferde, nebens Feustman, Kauneman und Kockelke, und berichtet von alters an Drosten und Richteren keine Dienste gethan zu haben, nur daß nun – 18 oder 20 Jahren her jahrlichs an Drosten – 2, Richteren – 1 Pflugdienst thun mußen, thue sonsten Frohnen mit Feustman, Keuneman und Kockelke – ½ Dungeldienst.

(10) Johan **Feustman**, gehort ans Stifft Fröndenberg, thut niemnden einige Dienst. Spant S(eine)r Churf(urstlichen) D(urch)l(auch)tt an Herrenwagen mit Büddeman, Keuneman und Kockelke, und berichtet von alters an Drosten und Richter keine Dienste gethan zu haben, nur daß nun – 18 oder 20 Jahren her jahrlichs an Drosten – 2, Richteren – 1 <und Fro> Pflugdienst thun mußen, thue sonsten Frohnen mit Büddeman, Keuneman und Kockelke – ½ Dungeldienst.

(11) Gert <Johan> **Kockelke**, gehort dem Stifft Hoerde, thut – 2 Pferdedienst. Item S(eine)r Churf(urstlichen) D(urch)l(auch)tt an Herrenwagen nebens Büddeman, Keuneman und Kockelke(!)[18], und berichtet von alters an Drosten und Richter keine Dienste gethan zu

[fol. 36v]

haben, nur daß nun 18 oder – 20 Jahren her jahrlichs an Drosten – 2, Richteren – 1 Pflugdienst thun mußen, thue sonsten Frohnen von alters mit Büddeman, Feistman und Keuneman – ½ Dungeldienst.

(12) Johan **Huseman**,[19] gehort an die von Lahr zu Hierbeck, sonsten an Arnß-berg in Unna versetzt, thut niemanden einige Dienste alß allein jahrlichs Drosten – 2, Richter – 1 und Frohnen – ½ Pflugdienst.

(13) Item hatt **Trapmans** Hoff, dem Stifft Clarenberg gehorig, thut davon keine Dienste, nur von alters 2 Tag meyens gethan, nunmehr auff 2 Tag bawens oder – 1 Rthlr vom Drosten gehalten werde. Item Frohnen von alters ½ Tag eggens.

(14) Johan **Breimeke**, gehort dem Hauß Maßen, thut wochentlich Pferde- oder Handdienste, sonsten weiter keine Dienste, hab auch Drosten von alters keine Dienste gethan, jetzt aber werden von demselben – 2 Pflugdienst oder – 1 Rthlr gefordert.

(15) Caspar **zum Berg**, ist sein Erb, thut niemandem einige Dienste, gibt vor, dass von alters Drosten – 2 Maydienste gethan, wovon nun – 2 Pflugdienste oder – 1 Rthlr gefordert werden. Item thue Richter – 1 Tag meyens und – ½ Tag eggens.

---

18 Offensichtlicher Fehler, muss Füstmann heißen (s.o.)!
19 Johannes Klostermann, der am 24.11.1660 Margareta Lategahn, die Witwe des Dietrich Trapmann gen. Husemann, geheiratet hatte.

(16) Giese **Ubbemans**,[20] gehort ans Hauß Churl, muß alda alle Wochen mit Pferden dienen, thut sonsten weiter keine Dienste alß allein jahrlichs Drosten – 2, Richter – 1 und Frohnen – ½ Pflugdienst.

(17) Johan **Ebbickman**,[21] gehort an Michels zu Nartlen, thut keine Dienste, aber Abdißinnen zu Eßen – 1 Wagen mit Korn nach Eßen zu führen oder 2 Rthr, sonsten hab H(errn) Drosten – 2 Pflugdienst oder 1 Rthlr, Richteren – 1 Pflugdienst und Frohnen – ½ Pflugdienst thun mußen, so von alters niemahlen gethan.

(18) Jost **Wilms**,[22] gehort dem Stifft Fröndenberg, thut keine Dienste alß Drosten – 2, Richter – 1 und Frohnen – ½ Tag meyens.

(19) Johan **Lehneman**,[23] gehort dem von Westphalen im Stifft Paterborn, thut dem selben <keine Dienste> 2 Pferdedienste, sonsten weiter keine Dienste alß allein Drosten – 2, Richter – 1 und Frohnen – ½ Pflugdienst.

(20) Evert **Rickerman**,[24] thut dem Stifft Hoerde jahrlichs 2 Dienste mit Pferde, sonsten weiter keine Dienste alß allein Drosten – 2, Richter – 1 und Frohnen – ½ Pflugdienst.

(21) Johan **Kohman**, gehort dem Stifft Hoerde, thut – 2 Pferdedienst, sonsten weiter keine Dienste alß allein Drosten – 2, Richter – 1 und Frohnen – ½ Pflugdienst.

(22) Degenart **Hofveman**,[25] gehort den Erbgenahmen Solings[26] zu Dortmund, thut keine Dienste alß allein Drosten – 2, Richter – 1 und Frohnen – ½ Pflugdienst.

[fol. 37r]

(23) Evert **Goeken**,[27] gehort ans Hauß Wenge, <gibt jahrlichs zu pfachte – 3 ½ [...] Korn [...]> thut – 2 Handdienste.

(24) Item hatt **Schottlenkorb**,[28] so Richter Dornseiff zu Hattingen gehort, thut davon – 2 Handdienste, sonsten weiter keine Dienste alß allein habe

---

20 Gisbert Jude aus Westenfeldt hatte am 11.11.1665 die Erbtochter Margareta Ubbemann geheiratet.

21 Johann Lehnemann, der seit dem 7.10.1663 mit Catharina Köster verheiratet war, und die zusammen den Hof Ebbickmann erhalten hatten.

22 * um 1620, war mit Margareta Kehemann (* um 1626) verheiratet, T.d. Johann Kehemann u.d. Clara Beumker († 2.3.1653).

23 Johann Möller (* Aplerbeck um 1611), seit 1636 mit der Erbtochter Anna Lehnemann (* um 1605) verheiratet.

24 Evert Wibbelings aus Brackel, seit dem 2.10.1665 mit der Erbtochter Elske Reckermann verheiratet.

25 Degenhart Kücks gen. Höffemann († 11.5.1672).

26 Vgl. zur Familie Sölling: WALDTHAUSEN, Albert: Beiträge zur Geschichte der Familie Sölling. Essen 1896.

27 Evert Göken, * um 1635, S.d. Hinrich NN aus Aplerbeck u.d. Elske Klemm (Witwe Göken?).

28 Laut Kirchenbuch Asseln war Everts Schwester Agnes Göken seit 3.11.1664 mit einem Johann aus Castrop auf Schöttelkorbs Hof verheiratet.

von alters – 2 Medderdienst gethan, werde aber nunmehr auff – 1 Rthlr gefordert, sonsten thue von alters Richteren – 2 Tag meiens und Frohnen – ½ Tag eggen von Goeken und ½ Tag meyen von Schottlenkorb.

(25) Derich **Suirman**, gehort den von Westphalen zu Paderborn, thut – 4 Pferdedienste, soll von alters H(errn) Drosten – 2 Tag meyens gethan haben, so nunmehr auff – 1 Rthlr gefordert wird, Richteren – 1 Tag meyen und Frohnen – ½ Tag eggen.

(26) Johan **Kellerkamp**, gehort der Compterey[29] zu Brackel, thut – 3 Handdienste, sonsten weiter keine Dienste alß Drosten – 2, Richter – 1 und Frohnen – ½ Tag meyens.

(27) Item hatt **Schniers** statt,[30] so an die Schul zu Camen gehort, <gibt davon jahrlichs zu Pfacht>, berichtet <daß> von alters H(errn) Drosten – 2 Tag meyens gethan zu haben, wovon nun – 2 Pflugdienst oder – 1 Rthlr gefordert werden. Item thue Richter – 1 tag meyens und ½ Tag eggens.

(28) Herman **Dickman**, gehort ans Hauß Wenge, thut – 4 Pferde- und – 2 Handdienste, berichtet von alters an Drosten keine Dienste gethan zu haben, werde aber nunmehr jahrlichs umb – 2 Pflugdienste oder 1 Rthlr gefordert, thue sonsten keine Dienste an Richter oder Frohnen.

(29) Gort **Heckman**, gehort dem von Westphalen, thut – 4 Pferdedienst, soll von alters Drosten 2 tage meyens, Richteren – 1 Tag und Frohen – ½ Tag eggen gethan haben, werde aber jetzo von H(errn) Drosten auff – 2 Tage pflugens oder – 1 Rthlr gefordert.

(30) Derich **Jostes**, ist sein Erb, thue niemanden einige Dienste alß Drosten 2, Richter – 1 und Frohnen – ½ Tag meyens.

(31) Henrich **Braß**,[31] gehort der Reformirte Kirche in Unna, thut keine Dienste alß Drosten – 2, Richter – 1 <und> Tag meyens und Frohnen ½ Tag eggens, H(err) Droste fordert aber nunmehr – 2 Tag pflugens oder 1 Rthlr.

(32) Johan **Ribberts**, gehort Professoren Diest zu Deventer,[32] thut keine

---

29 Kommende zu Brackel, vgl. u. a. FIEBIG, Paul: Die Deutsch-Ordens-Kommende zu Brackel. Ein Beitrag zur Geschichte des Deutschen Ritter-Ordens in Westfalen, in: Beiträge zur Geschichte Dortmunds und der Grafschaft Mark [= DoBeitr] 50 (1953), S. 353–474; RÜBEL, Karl: Die Ordenscommende Brackel, in: DoBeitr 2/3 (1878), S. 81-139.

30 Am 17.9.1666 kommt Jürgen Wischmann von Bockum durch Heirat mit Grete Kellerkamp auf Schniers Hof.

31 Zur Familie Brasse vgl. u.a. BRASSE, Günter: Brasse im ältesten KB der evang. Gemeinde Asseln, in: Roland 6 (1983/85), Heft 3, S. 57; Heft 4, S. 72–73.

32 Heinrich von Diest, vgl. Artikel „Diest, Heinrich und Samuel v." von Julius August Wagenmann in: Allgemeine Deutsche Biographie, herausgegeben von der Historischen Kommission bei der Bayerischen Akademie der Wissenschaften, Band 5 (1877), S. 149–150, Digitale Volltext-Ausgabe in Wikisource, URL: https://de.wikisource.org/w/index.php?title=ADB:Diest,_Heinrich_van_(reformierter_Theologe)&oldid=- (Version vom 9. November 2021, 16:17 Uhr UTC).

Dienste alß Drosten – 2, Richter – 1 /Tag meyens/[33] und Frohnen ½ Tag eggens, H(err) Droste fordert aber nunmehr – 2 Tag pflugens oder – 1 Rthlr.

(33) Engelbert **Sundhoff**,[34] gehort Rittmeister Ley zu Listringhausen,[35] \<gibt jahrlichs – 2 oder\> thut keine Dienste alß Drosten – 2, Richter – 1 Tag meyens und Frohnen – ½ Tag eggens, H(err) Droste fordert aber nunmehr – 2 Tag pflugens oder – 1 Rthlr.

(34) Jost **Nagel**, gehort der Bergsche und Solingsche zu Dortmund, thut keine Dienste alß Drosten – 2, Richtern – 1 und Frohnen – ½ Tag meyens.

(35) Johan **Schnellenberg**,[36] gehort der Bergsche und Solingsche, thut keine Dienste alß Drosten – 2, Richtern – 1 und Frohnen – ½ Tag meyens.

(36) Derich **Kümper**, ist sein Erb, thut keine Dienste alß Drosten – 2, Richter – 1 und Frohnen – ½ Tag meiens.

(37) Johan **Cord**, gehort dem Stifft zu Fröndenberg, thut keine Dienste alß Drosten – 2, Richter – 1 und Frohnen – ½ Tag meiens.

(38) Johan **Beckers**,[37] gehort der Bergsche und Solingsche, thut keine Dienste alß Drosten – 2, Richter – 1 und Frohnen – ½ Tag meiens.

(39) Johan **Schroer**, gehort vorg(eme)l(ten) Erben,[38] thut keine Dienste alß Drosten 2, Richter – 1 und Frohnen – ½ Tag meyens.

(40) Herman **Knippenberg**,[39] gehort Herman Deging[40] zu Dortmund, thutt keine Dienste alß Drosten – 2, Richter – 1 und Frohnen – ½ Tag meyens.

(41) Henrich **Schmit**, gehort dem von Westphalen, thut keine Dienste alß Drosten – 2, Richter – 1 und Frohnen – ½ Tag meiens.

(42) Ewert **Wever**, gehort den Sölings Erben, thut keine Dienste alß H(errn) Drosten – 2, Richtern – 1 und Frohnen – ½ Tag meyens.

(43) Johan **Gerwin**, gehort Johan Mittrop zu Lühnen, thut 2 Handdienste, sonsten weiter keine Dienste alß Drosten – 2, Richter – 1 und Frohnen – ½ Tag meyens.

(44) Derich **Sibergs**,[41] ist sein Erb, thut niemanden einige Dienst alß Drosten 2, Richter – 1 und Frohnen – ½ Tag meyens.

---

33 Nachtrag über der Zeile.
34 Engelbert NN gen. Sundhoff, vgl. Loefke, Christian: Nachträge zur AL Loefke – Teilliste Elverfeld, in: Roland 27/28 (2018/19), S. 126–161, hier: S. 158f.
35 Familie von Neuhoff gen. Ley zu Listringhausen bei Meinerzhagen.
36 Wohl Johan Syberg gen. Schnellenberg, der am 17.5.1663 Margareta Borges heiratete.
37 Johann Becker, der am 9.10.1664 Elske Buschmann aus Wickede heiratete.
38 Das sind die Bergschen und Solingschen Erben.
39 Scheint auf den Hof aufgeheiratet zu haben, † 17.10.1670.
40 Vgl. oben Anm. 14.
41 Dietrich Schnellenberg gen. Syberg, seit dem 12.11.1657 mit der Erbtochter Anna Syberg verheiratet.

(45)   Gort **Bolte**, gehort der Kirche zu Aßelen, thut – 2 Tage meyens, sonsten weiter keine Dienste alß Drosten – 2, Richter – 1 und Frohnen – ½ Tag meyens.

[fol. 38r]

(46)   Jorgen **Tilken**,[42] gehort auch der Kirche zu Aßelen, muß – 2 Tag meyen, thut sonsten weiter keine Dienste alß Drosten – 2, Richter – 1 und Frohnen – ½ Tag meyens.

(47)   Johan **Narman**, gehort auch der Kirche zu Aßelen, muß – 2 Tag meyen, thut sonsten weiter keine Dienste alß Drosten – 2, Richter – 1 und Frohnen – ½ Tag meiens.

(48)   Henrich **Becker**, gehort Michels zu Natelen, thut – 4 Handdienste, gibt vor, vor diesem keine Dienste an Drosten, Richter und Frohnen gethan zu haben, werde aber nunmehr gefordert von H(errn) Drosten auff – 2, Richter – 1 und Frohnen – ½ Tag meyns vor – 4 Jahren.

(49)   Tomas **Haber**, Organist, von Neuhauß Kott, gehort Michels obg(emelt), thut – 4 Handdienste, gibt vor, vor diesem keine Dienste an Drosten, Richter und Frohnen gethan zu haben.

[fol. 47r]

Kirspel Aplerbeck

[Aplerbeck][43]

(1)   Jorgen **Natte**,[44] gehort ans Haus Rodenberg zu Aplerbeck, thut jahrlichs – 8 Pflug- und – 4 Wagendienste, thut sonsten weiter keine Dienste, nur gestehet jahrlichs Drosten – 2, Richter – 1, und Frohnen – ½ Medderdienst, berichtet aber, daß solches numehr zu Pflugdienst alß vom Drosten – 1 Rthl, vom Richter – ½ Rthl, und vom Frohnen – ¼ Rthl jahrlichs gefordert werde.

(2)   Johan **Vyseler**,[45] gehoret ebenfals anß Hauß Rodenberg dem von Voß, thut – 8 Pflug- und – 4 Wagendienst, thut sonsten weiter keine Dienste, seye auch von alters wie alle Eßendische Hoffesgüetere von allen Drosten-, Richter- und Frohnendienste befreyet gewesen, numehr aber werde er

---

42   Jürgen Gerwin, * 1638, hat 1664 die Erbtochter Gertrud Theilken (* 1642) geheiratet.

43   Zu den hier genannten Höfen vgl. auch SCHLEEF, Wilhelm: Geschichte der früheren Bauerschaft Aplerbeck, in: Beiträge zur Geschichte Dortmunds und der Grafschaft Mark 48 (1950), S. 99–192.

44   1708 als verstorbener Kirchmeister und Vater des Johann Hermann Nathe genannt.

45   Wohl Vater des am 10.9.1725 im Alter von 63 Jahren begrabenen Provisors und Kirchmeisters Johann Dietrich Vieseler.

von Drosten auff – 1 Rthl, vom Richter auff ½ Rthl und vom Frohnen auff ¼ Rthl jahrlichs gefordert.

(3)   Johan **Grugelsiepe**,[46] gehort ebenfals dem von Voß, thut – 8 Pflug- und – 4 Wagendienste, thut sonsten weiter keine Dienste, nur gestehet jahrlichs Drosten – 2, Richter – 1 und Frohnen – ½ Medderdienst, berichtet aber, daß solches numehr zu Pflugdienst, alß vom Drosten – 1 Rthl, vom Richter – ½ Rthl und vom Frohnen – ¼ Rthl jahrlichs gefordert werde.

(4)   Henrich **Drost**,[47] gehort dem von Clot zu Severinghaußen, thut keine Dienste an jemand, nur gestehet Drosten – 2, Richter – 1 und Frohnen – ½ Medderdienst, berichtet aber, daß solches numehr zu Pflugdienst alß vom Drosten – 1 Rthl, vom Richter – ½ Rthl und vom Frohnen – ¼ Rthl jahrlichs gefordert werde.

(5)   Jorgen **Mortman**,[48] gehort dem von Voß, thut – 8 Pflug- und – 4 Wagendienst, sonsten weiter keine Dienste, nur gestehet jahrlichs Drosten – 2, Richter – 1 und Frohnen – ½ Medderdienst, berichtet aber, daß solches numehr zu Pflugdienst alß vom Drosten – 1 Rthl, vom Richter – ½ Rthl und vom Frohnen – ¼ Rthl jahrlichs gefordert werde.

(6)   Arnold **Pael**,[49] gehort an die Kirche zu Aplerbeck, thut keine Dienste, außerhalb einem zeitlichen Drosten, gestehet jahrlichs – 2, Richter – 1 und Frohnen ½ Tag Meydienst, wovor numehr zu Pflugdienst alß vom Drosten – 1 Rthl, vom Richter – ½ Rthl und vom Frohnen – ¼ Rthl jahrlichs gefordert werde.

(7)   Johan **Lubecker**,[50] gehort dem von Voß, thut jahrlichs – 8 Pflug- und 4 Wagendienste, thut sonsten weiter keine Dienste, nur gestehet jahrlichs Drosten – 2, Richter – 1 und Frohnen – ½ Medderdienst, berichtet aber,

---

46   War wohl mit der am 13.2.1705 im Alter von 75 Jahren begrabenen Elisabeth Witthenius verheiratet. Diese hatte in 2. Ehe den am 24.1.1718 im Alter von 76 Jahren begrabenen Martin NN gen. Grügelsiepe geheiratet. Dieser wiederum war in 2. Ehe seit dem 9.10.1706 mit Elske Denners aus Ergste verheiratet, die ihrerseits in 2. Ehe seit dem 20.2.1721 mit Johann Hermann Herdickerhoff verheiratet war. Der Hof lag auf dem Gelände der heutigen Landesklinik.

47   Die Angaben im Kirchenbuch Aplerbeck lassen keine eindeutige Zuordnung zu. Die „alte Drostin" zu Aplerbeck, die 1705 als Johann [Droste gen.] Basterts Mutter bezeichnet wird, war die am 10.2.1718 im Alter von 71 verstorbene Margareta Sprickmann. Zu dieser Zeit saß aber der mit Clara Anna Droste († 4.7.1720, 47 Jahre alt) verheiratete Jürgen Vieseler gen. Droste aus Sölde († 25.6.1728, 72 Jahre alt) auf diesem Hof. Clara Anna Droste wird 1706 als Halbschwester eines Heinrich Droste bezeichnet. Ob dieser oder der oben genannte Heinrich mit Margareta Sprickmann verheiratet war oder es sich bei diesen Heinrichen um eine Person handelt, die an 28.9.1710 im Alter von 71 Jahren begraben wurde, ist unklar.

48   Wahrscheinlich Vater der am 6.5.1731 im Alter von 84 ½ Jahren verstorbenen Witwe Margareta des Gottfried Wellmann gen. Mörtmann (* Wickede um 1653, † Aplerbeck 7.11.1728).

49   Wohl Vater der am 6.2.1725 im Alter von 74 Jahren verstorbenen Witwe Anna Catharina des Hermann Dieckmann gen. Pälcke (* um 1649, † 5.9.1717). Der Hof hieß seit 1652 Pälcke, vorher Kleine oder Herdickerhoff.

50   Wohl Vater oder Stiefvater der am 28.1.1716 im Alter von 78 Jahren verstorbenen Witwe Anna Elske des Henrich [NN gen.] Lübcker (* um 1621, † 22.6.1706).

daß solches zu Pflugdienst alß vom Drosten – 1 Rthl, vom Richter – ½ Rthl und vom Frohnen – ¼ Rthl jahrlichs gefordert werde.

[fol. 47v]

(8)   Everdt **Potthoff**,[51] gehort dem von Ascheberg zum Heidhoff, thut ihme jahrlichs – 2 Pflugdienste, sonsten weiter keine Dienste, nur gestehet jahrlichs Drosten – 2, Richter – 1 und Frohnen – ½ Medderdienst, berichtet aber, daß solches nunmehr zu Pflugdienst alß vom Drosten – 1 Rthlr, vom Richter – ½ Rthlr und vom Frohnen – ¼ Rthlr jahrlichs gefordert werde.

(9)   Diederich **Schwacke**,[52] gehort ans Stifft Clarenberg zu Hoerde, thut jahrlichs – 8 Holzfuhrdienste, sonsten weiter keine Dienste, nur gestehet jahrlichs Drosten – 2, Richter – 1 und Frohnen – ½ Medderdienst, berichtet aber, daß solches nunmehr zu Pflugdienst alß vom Drosten – 1 Rthlr, vom Richter – ½ Rthlr und vom Frohnen – ¼ Rthlr jahrlichs gefordert werde.

(10) Herman **Clute**,[53] gehort an die Pastorat zu Camen, thut aber dahier keine Dienste, sonsten thut jahrlichs Drosten – 2, Richter – 1 und Frohnen – ½ Tag Handdienste.

(11) Drieß **Müller**,[54] gehort dem von Voß, muß demselben so viele Handdienste im Sommer thun alß von ihme gefordert wird, sonsten thut jahrlichs Drosten – 2, Richter – 1 und Frohnen – ½ Tag Handdienste.

(12) Friederich **Kottman**,[55] gehort ans Stifft Hoerde, thut demselben – 2 Medderdienst, und jahrlichs Drosten – 2, Richter – 1 und Frohnen – ½ Handdienste.

(13) Wilhelm **Viffhauß**, gehort dem von Voß, thut ihm auff erforderen Handdienste und Drosten – 2, Richter – 1 und Frohnen – ½ Tag Handdienst.

(14) Lenze **Becker**,[56] gehort dem von Voß, thut ihm auff erforderen Handtdienste und Drosten – 2, Richter – 1 und Frohnen – ½ Tag Handdienste.

(15) Johan **Pehlcke**, gehort dem von Voß, thut ihm auff erforderen Handdienste und Drosten – 2, Richter – 1 und Frohnen – ½ Tag Handdienst.

(16) Rutger **Kulman**, gehort dem von Voß, thut ihme jahrlichs – 8 Pflug- und – 4 Wagendienst, thut sonsten weiter keine Dienste, nur gestehet jahrlichs Drosten – 2, Richter – 1 und Frohnen – ½ Medderdienst, berichtet aber, daß solches nunmehr zu Pflugdienst alß vom Drosten – 1 Rthlr, vom Richter – ½ Rthlr und vom Frohnen – ¼ Rthlr jahrlichs gefordert werde.

---

51 Lässt sich nicht an die aus den Kirchenbüchern bekannten Namensträger anhängen.
52 Seine Stellung zu den nachfolgenden Namensträgern auf dem Hof ist unklar.
53 Vielleicht Stiefvater des am 21.8.1712 im Alter von 73 Jahren verstorbenen Heinrich Klute.
54 Seine Stellung zu den nachfolgenden Namensträgern auf dem Hof ist unklar.
55 Wohl Vater oder Stiefvater des am 2.2.1710 im Alter von 73 Jahren verstorbenen Heinrich [NN gen.?] Kottmann oder von dessen Frau Margareta († 9.6.1705, 63 Jahre alt).
56 Wahrscheinlich Vater des Heinrich Becker († 12.2.1729, 84 Jahre alt) und des Dietrich [NN gen.?] Becker († 13.4.1709, 57 Jahre alt) bzw. dessen Ehefrau Sybilla († 10.4.1709, 53 Jahre alt).

(17) Johan **Doerck**,[57] gehort dem von Voß, thut ihm auff erforderen Handdienste und Drosten – 2, Richter – 1 und Frohnen – ½ Tag Handdienste.

(18) Claeß **Witthauß**, gehort dem von Voß, thut ihme 8 Pflug- und – 4 Wagendienst, thut sonsten weiter keine Dienste, nur gestehet jahrlichs Drosten – 2, Richter – 1 und Frohnen – ½ Medderdienst, berichtet aber, daß solches nunmehr zu Pflugdienst alß vom Drosten – 1 Rthlr, vom Richter – ½ Rthlr und vom Frohnen – ¼ Rthlr jahrlichs gefordert werde.

[fol. 48r]

(19) Friederich in der **Vicareyen**, ist ein Pastorathgut, thut keine Dienste außerhalb Drosten – 2, Richter – 1 und Frohnen – ½ Medderdienst.

(20) Wittib **Traphoffs**, gehort dem von Voß, thut 8 Pflug- und 4 Wagendienste und weiter keine Dienste, nur gestehet jahrlichs Drosten – 2, Richter – 1 und Frohnen – ½ Medderdienst, berichtet aber, daß solches nunmehr zu Pflugdienst alß vom Drosten – 1 Rthlr, vom Richter – ½ Rthlr und vom Frohnen – ¼ Rthlr jahrlichs gefordert werde.

(21) Derich **Landmans**,[58] gehort dem von Voß, thut ihm auff erforderen Handdienste und Drosten – 2, Richter – 1 und Frohnen – ½ Handdienst.

(22) Everd **Bockers**,[59] gehort dem von Voß, thut ihm auff erforderen Handdienste und Drosten – 2, Richter – 1 und Frohnen – ½ Tag Handdienst.

(23) Jasper **Schotte**,[60] gehort dem von Voß, thut 4 Wagen- und 8 Pflugdienst und weiter keine Dienste, nur gestehet jahrlichs Drosten – 2, Richter – 1 und Frohnen – ½ Medderdienst, berichtet aber, daß solches nunmehr zu Pflugdienst alß vom Drosten – 1 Rthlr, vom Richter – ½ Rthlr und vom Frohnen – ¼ Rthlr jahrlichs gefordert werde.

(24) Johan **Huck**,[61] gehort dem von Voß, thut auff erforderen Handdienst und jahrlichs Drosten – 2, Richter – 1 und Frohnen – ½ Tag Handdienst.

(25) Johan **Siberg**,[62] gehort dem von Voß, thut auff erforderen Handdienst und jahrlichs Drosten – 2, Richter – 1 und Frohnen – ½ Handdienst.

---

57 Wahrscheinlich der Doert-Kotten im Dorf. Vielleicht Vater der Margareta Doert († 18.11.1742, 85 Jahre alt), die mit dem Katholiken Hermann NN gen. Doert († 16.6.1726, 84 Jahre alt) verheiratet war.

58 Seine Witwe Anna starb am 25.11.1708 im Alter von 80 Jahren.

59 Hof „Bücker". Eberhard Bücker starb am 29.5.1712 im Alter von 73 Jahren.

60 Wohl Vater des Philpp Schotte, der vor 1700 bereits verstarb und dessen [= Philipps] Witwe Margareta Voß (evtl. uneheliches Kind der v. Voß?; † 6.6.1725, 80 Jahre alt) in zweiter Ehe mit Bernhard Koch gen. Schotte († 23.4.1728, 77 Jahre alt) verheiratet war.

61 Seine Stellung zu den nachfolgenden Namensträgern auf dem Hof ist unklar.

62 Seine Witwe Anna Syberg starb am 17.3.1734 im Alter von 89 Jahren. Er selbst hatte möglicher Weise auf den Hof aufgeheiratet.

(26) Johan **Bergman**,[63] gehort dem von Voß, thut auff erforderen Handdienste und jahrlichs Drosten – 2, Richter – 1 und Frohnen – ½ Handdienst.

(27) Herman **Herdickerhoff**,[64] gehort dem von Voß, thut auff erforderen Handdienste und jahrlichs Drosten – 2, Richter – 1 und Frohnen – ½ Handdienst.

(28) Johan **Schmit**,[65] gehort dem von Voß, thut jahrlichs – 8 Pflug- und – 4 Wagendienste, thut sonsten weiter keine Dienste, nur gestehet jahrlichs Drosten – 2, Richter – 1 und Frohnen – ½ Medderdienst, berichtet aber, daß solches nunmehr zu Pflugdienst alß vom Drosten – 1 Rthlr, vom Richter – ½ Rthlr und vom Frohnen – ¼ Rthlr jahrlichs gefordert werde.

(29) Vincens **Harde**,[66] gehort dem von Voß, thut ihm auff erforderen Handdienste und Drosten jahrlichs – 2, Richter – 1 und Frohnen – ½ Tag Handdienst.

(30) Johan **Kremer**,[67] gehort dem von Voß, hatt bißhero niemandten einige Dienste gethan, außerhalb jahrlichs Drosten – 2, Richter – 1 und Frohnen – ½ Tag Medderdienst, berichtet aber, daß solches nunmehr zu Pflug-

[fol. 48v]
dienst alß vom Drosten – 1 Rthlr, vom Richter – ½ Rthlr und vom Frohnen – ¼ Rthlr jahrlichs gefordert werde.

(31) Arnold **Osterman**,[68] gehort dem von Voß, thut ihm auff erforderen Handdienste und Drosten jahrlichs – 2, Richter – 1 und Frohnen – ½ Handdienst.

(32) Johan **Cranefeldt**,[69] gehort dem Stifft Gevelsberg, thut alda keine Dienste, gestehet jahrlichs Drosten – 2, Richter – 1 und Frohnen – ½ Medderdienst, berichtet aber, daß solches nunmehr zu Pflugdienst alß vom Drosten – 1 Rthlr, vom Richter – ½ Rthlr und vom Frohnen – ¼ Rthlr jahrlichs gefordert werde.

(33) Diederich **Pellinghoff**,[70] gehort dem von Voß, thut jahrlichs – 8 Pflug- und – 4 Wagendienst, thut sonsten weiter keine Dienste, nur gestehet jahrlichs Drosten – 2, Richter – 1 und Frohnen – ½ Medderdienst, berichtet aber,

---

63 Vielleicht Vater des Amalia Bergmann († 5.1.1727, 74 Jahre alt), die zunächst mit Hermann Prophet gen. Bergmann und vor 1700 in zweiter Ehe mit Johann Voß gen. Bergmann († 2.12.1704) verheiratet war.

64 Seine Stellung zu den nachfolgenden Namensträgern auf dem Hof ist unklar.

65 Auch Westerschmidt genannt. Seine Witwe Margareta starb am 27.11.1708 im Alter von 75 Jahren.

66 Vielleicht Vater oder eher Ehevorgänger des Gerhard Harde († 7.2.1718, 80 Jahre alt).

67 Johann Krämer, † 3.10.1703, 79 Jahre alt, ∞ Margareta Schneider, † 21.10.1717, 71 Jahre alt.

68 Er starb am 30.8.1720, 84 Jahre alt, seine Frau Anna Agatha NN starb am 9.5.1707, 72 Jahre alt.

69 Vielleicht Vater der Anna Kranefeld († 20.5.1716, 72 Jahre alt), die mit Rotger NN gen. Kranefeldt (wohl aus Unna) verheiratet war.

70 Seine Stellung zu den nachfolgenden Namensträgern auf dem Hof ist unklar.

daß solches nunmehr zu Pflugdienst alß vom Drosten – 1 Rthlr, vom Richter – ½ Rthlr und vom Frohnen – ¼ Rthlr jahrlichs gefordert werde.

(34) Johan **Trapman**,[71] gehort dem von Gisenberg zur Henrichenberg(!), thut demselben keine Dienste, sonsten aber jahrlichs Drosten – 2, Richter – 1 und Frohnen – ½ Tag Handdienst.

(35) Herman **Becking**,[72] gehort dem von Voß, thut ihm auff erforderen Handdienste und Drosten jahrlichs – 2, Richter – 1 und Frohnen – ½ Tag Handdienste.

(36) Franz **Surman**,[73] gehort dem von Voß, thut jahrlichs – 8 Pflug- und – 4 Wagendienst, thut sonsten weiter keine Dienste, nur gestehet jahrlichs Drosten – 2, Richter – 1 und Frohnen – ½ Medderdienst, berichtet aber, daß solches nunmehr zu Pflugdienst alß vom Drosten – 1 Rthlr, vom Richter – ½ Rthlr und vom Frohnen – ¼ Rthlr jahrlichs gefordert werde.

(37) Johan **Leinenweber**,[74] gehort dem von Voß, thut jahrlichs – 8 Pflug- und – 4 Wagendienst, thut sonsten weiter keine Dienste, nur gestehet jahrlichs Drosten – 2, Richter – 1 und Frohnen – ½ Medderdienst, berichtet aber, daß solches nunmehr zu Pflugdienst alß vom Drosten – 1 Rthlr, vom Richter – ½ Rthlr und vom Frohnen – ¼ Rthlr jahrlichs gefordert werde.

[fol. 49r]

Berghoven

(1) Dreiß **Wilms**,[75] gehort an die Reformirte Kirche zu Schwerte, berichtet, daß vor diesem einem zeitlichen Drosten – 2, Richter – 1 und Frohnen – ½ Tag jahrlichs gemeiet, wovor anjezo von denselben sambtlich Pflugdienst, und also vom Drosten – 1 Rthlr, vom Richter – ½ Rthlr und vom Frohnen – ¼ Rthlr jahrlichs gefordert werden wohlen, thue sonsten S(eine)r Churf(ürstlichen) Reg(irung) oder jemand anders keine Dienste.

(2) Gert **Stuckman**, gehort ans Stift Clarenberg zu Hoerde,[76] muße S(eine)r Churf(urstlichen) D(urch)l(auch)tt so offt es <notig> gefordert wird an den herren Wagen spannen, it(em) muße jahrlichs an Stifft Clarenberg 6 Voder

---

71 Seine Stellung zu den nachfolgenden Namensträgern auf dem Hof ist unklar.
72 Auch Bücking genannt. Wohl Vater oder Schwiegervater des Henrich Bücking († 9.12.1704, 54 Jahre alt).
73 Vielleicht Vater oder Stiefvater des Johann Surmann († 22.4.1720, 84 Jahre alt).
74 Möglicherweise Vater oder Schwiegervater der Elisabeth Leineweber († 20.9.1743, 88 Jahre alt), die in zweiter Ehe mit Franz NN gen. Leineweber († 30.1.1737, 70 Jahre alt) verheiratet war.
75 Möglicherweise Schwiegervater des 11.3.1708 im Alter von 73 Jahren begrabenen Kirchmeisters Wennemar Wilms und Vater dessen am 9.9.1720 im Alter von 77 Jahren begrabenen Frau Anna Wilms.
76 Wohl Vater oder Schwiegervater des am 20.11.1741 im Alter von 75 Jahren begrabenen Kirchmeisters Andreas Stuckmann.

Holz fahren, berichtet, daß er vor diesem einem zeitlichen Drosten – 2, Richtern – 1 und Frohnen ½ Tag jahrlichs gemeiet, wovor an jetzo von denselben sambtlich Pflugdienst gefordert werden wie obstehet.

(3) Henrich **zur Nieden**,[77] gehort ebenfals ans Stifft Clarenberg, muß jahrlich daselbsten – 6 Voder Holz fahren und S(eine)r Churf(urstlichen) D(urch)l(auch)tt so offt es gefordert wird an den Herren Wagen spannen, berichtet, daß er vor diesem einem zeitlichen Drosten – 2, Richtern – 1 und Frohnen ½ Tag jahrlichs gemeiet, wovor an jetzo von denselben sambtlich Pflugdienst gefordert werden wollen, wie obstehet.

(4) Jorgen **Kipp**,[78] gehort an St. Mariae Kirche in Dortmund, thut daselbsten keine Dienste außerhalb S(eine)r Churf(urstlichen) D(urch)l(auch)tt muß er uff erfordern an den Herren Wagen spannen, berichtet, daß er vor diesem einem zeitlichen Drosten – 2, Richtern – 1 und Frohnen ½ Tag jahrlichs gemeiet, wovor an jetzo von denselben sambtlich Pflugdienst gefordert werden wollen, wie obstehet. Jedoch fordert Richter nur ¼ Rthlr.

(5) Johan **Ortman**, gehort an einen Vicarium zu Collen Jeger gnant, gestehet dem Drosten jahrlichs – 2, dem Richter – 1 und dem Frohnen ½ Tag Medderdienste, wobey es auch sein verpleiben hatt, und thut sonsten keine Dienste.

(6) Herman **Schmit**, gehort an die Schule[79] zu Dortmund, thut daselbsten oder niemanden anders einige Dienste, außerhalb, daß er vor diesem einem zeitlichen Drosten – 2, Richtern – 1 und Frohnen – ½ Tag jahrlichs gemeiet, wovor an jetzo von denselben sambtlich Pflugdienst gefordert werden, wie obstehet.

(7) Herman **Gockel**, ein halb Bawman, gehort gehort ans Hauß Berghoven, muß auff erfordern alles Korn vom Hauß Berghoven zur Muhlen fahren, berichtet, daß vor diesem einem zeitlichen Drosten – 2, Richtern – 1 und Frohnen – ½ Tag jahrlichs gemeiet, wovor an jetzo von denselben sambtlich Pflugdienst gefordert werden wollen, wie obstehet, thut sonsten S(eine)r Churf(urstlichen) D(urch)l(auch)tt oder jemanden anders keine Dienste.

[fol. 49v]
(8) Johan **Walbaum**, gehort ans Hauß Berghoven, ist ein halb Bawman, muß auch auff erfordern deß Hauses Berghoven zur Mühlen fahren, berichtet, daß vor diesem einem zeitlichen Drosten – 2 Tag, Richtern – 1 und Frohnen – ½ Tag jahrlichs gemeiet, wovor an jetzo von denselben sambtlich

---

77 Möglicherweise Vater oder Stiefvater des am 29.3.1707 im Alter von 61 Jahren verstorbenen Friedrich zur Nieden.

78 Hat wohl auf den Hof aufgeheiratet und wurde am 21.1.1703 im Alter von 76 Jahren begraben, seine Frau Catharina Kipp wurde am 18.5.1709 im Alter von 70 Jahren begraben.

79 Wohl das Dortmunder Archigymnasium gemeint.

Pflugdienst gefordert werden wollen, wie obstehet, thut sonsten S(eine)r Churf(urstlichen) D(urch)l(auch)tt oder jemanden anders keine Dienste.

(9) Diderich **Wilberg**,[80] gehort denen von Delwig zu Delwig, thut jahrlichs – 3 Tage Medderdienste, it(em) Drosten 2, Richter – und Frohnen ½ Handt-dienst.

(10) Herman **Wirt**,[81] gehort ans Hauß Berghoven, ist den Armen zu Unna versetzet, thut jahrlichs Drosten – 2, Richtern – 1 und Frohnen – ½ Tag Medderdienst.

(11) Dittmar **up dem Wigge**, gehort ans Hauß Berghoven, und ist dem Pasto-ren zu Camen Herrn Grevel[82] verschrieben, welchem er die Pfachte gibt; ans Hauß Berghoven muß er Handdienste thun so offt er gebottet wird. It(em) jahrlichs Drosten 2, Richter – 1 und Frohnen ½ Tag Handtdienste.

(12) Johan Michel **Grote**, gehort ans Stifft Clarenberg zu Hoerde, <gibt jahrli> thut – 2 Handdienste. It(em Drosten – 2, Richter – 1 und Frohnen – ½ Tag Handdienst.

(13) Johan **Trapman**, gehort ans Hauß Berghoven, thut jahrlichs – 26 Handt-dienste. It(em) Drosten – 2, Richter – 1 und Frohnen – ½ Tag Handdienste.

(14) Henrich <Johan> **Adrian**,[83] gehort ans Hauß Berghoven, thut jahrlichs – 26 Handtdienste, und Drosten – 2, Richter – 1 und Frohnen – ½ Handtdienste.

(15) Johan **Nettelenbusch**, gehort ans Hauß Berghoven, thut jahrlichs – 26 Handtdienste, und Drosten – 2, Richter – 1 und Frohnen – ½ Tag Handt-dienste.

(16) Johan **Beckhoff**,[84] gehort ans Hauß Berghoven, aber Pastoren zu Camen die Pfächte verschrieben, thut ans Hauß Berghoven – 26 Handdienste, und an Drosten – 2, Richter – 1 und Frohnen – ½ Handdienste.

(17) Henrich **Clembt**, gehort ans Hauß Berghoven, die Pfächte an Himmelreich[85] zu Dorttmund verschrieben, muß 26 Handdienst ans Hauß Berghoven thun, und an Drosten – 2, Richter – 1 und Frohnen – ½ Handtdienst.

---

80 Vgl. Gormann, Wolfgang: Das adlige Haus Berghofen in Dortmund und sein Hörigenhof, der Wilberghof, in: Roland 11 (1998/2000), Heft 2, S. 25–27.

81 Auf dem Hof saß am Anfang des 18. Jahrhunderts Christoph Kampheuer gen. Werth aus Wullen, vgl. Loefke, Christian: Ahnenliste Potthoff aus Aplerbeck, in: Roland 22 (2013), S. 93–98, hier: S. 96.

82 Dietrich Grevel, seit 1639 erst 2. Pfarrer, dann ab 1665 1. Pfarrer in Kamen, vgl. Bauks, Friedrich Wilhelm: Die evangelischen Pfarrer in Westfalen von der Reformationszeit bis 1945 (= Beiträge zur Westfälischen Kirchengeschichte, 4). Bielefeld 1980, S. 164, Nr. 2081.

83 Die Streichung und Ersetztung des Vornamens beruht entweder auf einem Verschreiben oder – wahrscheinlicher, da der Name vor und nicht über der Streichung nachgetragen wurde – auf einem Besitzerwechsel. Heinrich dürfte der Vater oder Schwiegervater des am 11.5.1737 im Alter von 66 Jahren begrabenen Jacob Adrian sein.

84 Hat möglicherweise auf den Hof aufgeheiratet. Seine Witwe Catharina Beckhoff wurde am 12.6.1730 im Alter von 85 Jahren begraben.

85 Zur Familie Himmelreich vgl. Gerlinger, Heinz: Zur Geschichte des Dortmunder Ratsge-schlechtes Himmelreich, in: Roland zu Dormund H. 1 (1966), S. 2-5; H. 2 (1967), S. 1-9; [Nachträge und Korrekturen] H. 3 (1667), S. 2; H. 4 (1967), S. 2.

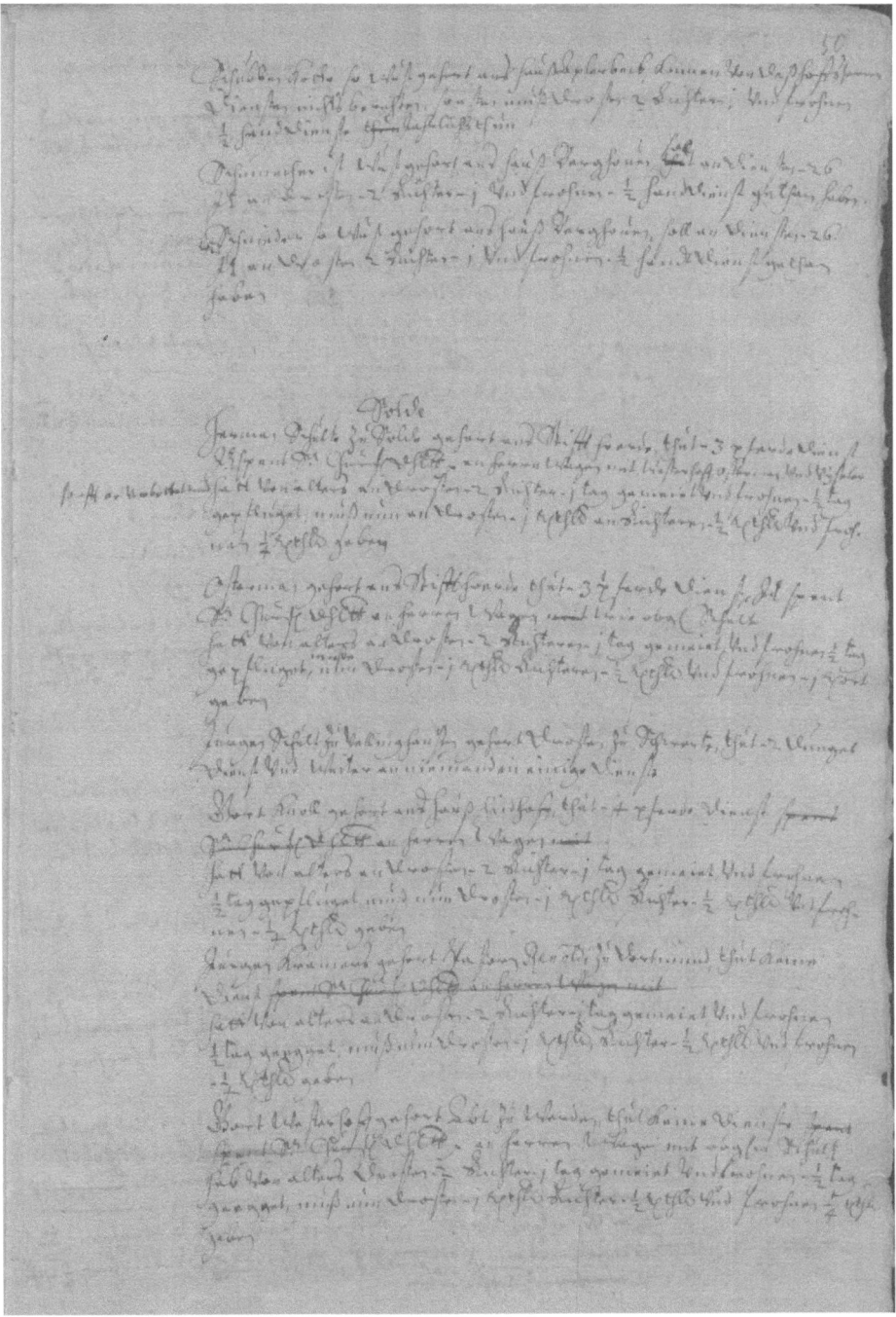

LA NRW W, Kleve-Märkische Regierung, Landessachen, Nr. 453, fol. 50r (Digi: 58).

(18)	Henrich **Wilms** auf Kotters Kott[stede], gehort ans Hauß Berghoven, muß alda 26 Handdienst und Drosten – 2, Richter – 1 und Frohnen – ½ Handdienste jahrlichs thun.

[fol. 50r]
(19)	**Schübben** Kotte, so wust, gehort ans Hauß Aplerbeck, konnen von deß Hoffs Herrendiensten nichts berichten, sonsten muß Drosten – 2, Richter – 1 und Frohnen – ½ Handdienste <thun> jahrlichs thun.
(21)	**Schumacher**, ist wust, gehort ans Hauß Berghoven, <thut> soll an Diensten – 26, it(em) an Drosten – 2, Richter – 1 und Frohnen – ½ Handdienst gethan haben.
(22)	**Schnieder**, so wust, gehort ans Hauß Berghoven, soll an Diensten – 26, it(em) an Drosten – 2, Richter – 1 und Frohnen – ½ Handtdienst gethan haben.

Solde[86]

(1)	Herman **Schulte zu Solde**,[87] gehort ans Stifft Hoerde, thut – 3 Pferdedienst. It(em) spant S(eine)r Churf(urstlichen) D(urch)l(auch)tt an Herrnwagen mit Westerhoff, Osterman und Vieseler so offt er gebottet und hatt von alters an Drosten – 2, Richter – 1 Tag gemeiet und Frohnen ½ Tag gepflüget, muß nun an Drosten – 1 Rthlr, an Richtern – ½ Rthlr und Frohnen ¼ Rthlr geben.
(2)	**Osterman**,[88] gehort ans Stifft Hoerde, thut 3 pferdedienste. It(em) spant S(eine)r Churf(urstlichen) D(urch)l(auch)tt an Herren Wagen <mit> wie obg(eme)l(t) Schulte. Hatt von alters an Drosten – 2, Richter – 1 Tag gemeiet und Frohnen ½ Tag gepflüget, muß nun Drosten – 1 Rthlr, Richtern – ½ Rthlr und Frohnen ¼ Rthlr geben.
(3)	Jürgen **Schult zu Vellinghausen**,[89] gehort Drosten zu Schwerte, thut 2 Düngel Dienste und weiter an niemanden einige Dienste.

86	Vgl. SCHLEEF, Wilhelm: Geschichte der Bauerschaft Sölde, in: Beiträge zur Geschichte Dortmunds und der Grafschaft Mark 44 (1938), S. 1–368.
87	Nach dem Kirchenbuch Aplerbeck starb seine Witwe Clara Meyer im Alter von 70 Jahren am 27. und wurde am 29.7.1707 begraben.
88	Nach dem Kirchenbuch Aplerbeck starb Hermann Ostermann am 18.11.1713 im Alter von 70 Jahren, seine Ehefrau Clara am 20.1.1709 im Alter von 79 Jahren. – Möglicherweise fehlt hier der Vorname des Ostermanns, da ein erster Ehemann der Clara evtl. um diese Zeit gestorben war; so zumindest nach den Altersangaben zu vermuten.
89	Möglicherweise Vater der am 10.2.1742 im Alter von 93 Jahren verstorbenen Elsabena, Witwe des Philip Natorp oder Lueg gen. Schulte zu Vellinghausen.

(4) Gort **Knoll**,[90] gehort ans Hauß Heidhoff, thut 4 Pferde Dienst, <spant S(eine)r Churf(urstlichen) D(urch)l(auch)tt an Herren Wagen mit> hatt von alters an Drosten – 2, Richter – 1 Tag gemeiet und Frohnen ½ Tag gepflüget, muß nun Drosten – 1 Rthlr, Richter – ½ Rthlr und Frohnen ¼ Rthlr geben.

(5) Jürgen **Krämers**,[91] gehort Pastorn Reinoldi zu Dortmund, thut keine Dienst, <spant S(eine)r Churf(urstlichen) D(urch)l(auch)tt an Herren Wagen mit> hatt von alters an Drosten – 2, Richter – 1 Tag gemeiet und Frohnen ½ Tag geegget, muß nun Drosten – 1 Rthlr, Richter – ½ Rthlr und Frohnen ¼ Rthlr geben.

(6) Gort **Westerhoff**,[92] gehort Abt zu Werden, thut keine Dienste, <spant> spant S(eine)r Churf(urstlichen) D(urch)l(auch)tt an Herren Wagen mit obg(eme)l(t)en Schult. Hab[e] von alters an Drosten – 2, Richter – 1 Tag gemeiet und Frohnen ½ Tag geegget, muß nun Drosten – 1 Rthlr, Richter – ½ Rthlr und Frohnen ¼ Rthlr geben.

[fol. 50v]

(7) Johan **Kottman**,[93] gehort dem Abt zu Werden, thut keine Dienste, <spant S(eine)r Churf(urstlichen) [Durchlauchtt] an Herren Wagen mit> hab[e] von alters Drosten – 2, Richter – 1 <und Frohnen> gemeiet und Frohnen ½ Tag geegget, muß nun Drosten – 1 Rthlr, Richtern – ½ Rthlr und Frohnen ¼ Rthlr geben.

(8) Herman **Vyseler**,[94] gehort ans Stifft <Hoerde> Fröndenberg, thut keine Dienste, spant S(eine)r Churf(urstlichen) D(urch)l(auch)tt an Herren Wagen mit obg(eme)l(t)en Schulten. Hatt von alters an Drosten – 2 und Richtern – 1 Tag gemeiet, muß nun Drosten – 1 Rthlr, Richtern – ½ Rthlr und Frohnen ¼ Rthlr geben.

(9) Jürgen **Dudde**,[95] gehort ans Stifft Hoerde, thut 1 Pferde Dienst, <spant S(eine)r Churf(urstlichen) D(urch)l(auch)tt an Herren Wagen mit> hatt von alters Drosten – 2 und Richtern – 1 gemeiet und Frohnen – ½ <gg> gegget, muß nun Drosten – 1 Rthlr, Richtern – ½ Rthlr und Frohnen ¼ Rthlr geben.

---

90 Möglicherweise Vater des am 29.8.1721 im Alter von 67 Jahren verstorbenen Rotger Knolle.
91 Vater oder Stiefvater des am 20.8.1706 im Alter von 67 Jahren verstorbenen Hermann d.Ä. Krämer.
92 Laut Kirchenbuch Aplerbeck am 1.5.1716 im Alter von 79 Jahren begraben. Er war mit Elisabeth Hengstenberg aus Ergste verheiratet; vgl. u.a. LOEFKE, Ahnenliste Potthoff (wie Anm. 81), 97f.
93 Vielleicht Vater oder Stiefvater des am 23.12.1705 im Alter von 65 Jahren verstorbenen Dietrich Kottmann.
94 Wahrscheinlich Vater des in der 1. Hälfte 1701 verstorbenen Arnold Vieseler, dessen Witwe Margareta Kühl im gleichen Jahr Gottfried Barenbrock heiratete, der den Hof dann übernahm.
95 Wohl Ehemann der alten Düdderschen, die am 29.12.1701 im Alter von 80 Jahren verstarb.

(10) Cord Derich **Küling**[96] zu Vellinghausen, gehort Drosten zu Schwerte, thut – 2 Düngel Dienste, S(eine)r Churf(urstlichen) D(urch)l(auch)tt oder Beambte keine Dienste.

(11) Jost **Schumacher**, gehort ans Stifft Elsey, thut keine Dienste alß Drosten – 2, Richter – 1 und Frohnen – ½ Tag meiens.

(12) Bernd **Goveners**, gehort K. Heidfeldt zu Dortmund, thut 6 Pflug und 12 Handdienst, <spant S(eine)r Churf(urstlichen) D(urch)l(auch)tt an Herren Wagen mit> hatt von alters Drosten – 2, Richtern – 1 Tag gemeiet und Frohnen ½ Tag geegget, muß nun Drosten – 1 Rthlr, Richter – ½ Rthlr und Frohnen – ¼ Rthlr geben.

(13) <Bern> Derich **Engelbert**,[97] gehort ans Stifft Elsey, thut keine Dienst, sonsten von alters Drosten – 2, Richtern – 1 und Frohnen ½ Tag meiens, wovon von 2 Jahren Drosten – ½ Rthlr, Richter – ¼ Rthlr und Frohnen – ⅛ Rthlr geben müße.

(14) Jorgen **Tonnis**, gehört ans Haus Sölde, thut 12 Handdienste, Drosten – 2, Richtern – 1 und Frohnen ½ Tag meyens.

(15) Johan **Müller**,[98] gehört Michels zu Natelen, thut keine Dienste alß von alters Drosten 2, Richter – 1 und Frohnen ½ Tag meiens, nun 2 Jahren her Drosten – 1 Rthlr, Richteren – ½ Rthlr und Frohnen – ¼ Rthlr geben müßen.

(16) Gort **Backhauß**,[99] <gibt> /gehort/[100] Henrich Bronten, Senz Kalthoff und Hanß Wilm in Schwerte. Item zu Camen Gort Brinckman und Henrich Schlüter zu Werne die Pfacht, und thut – 4 Handdienste. <Item spant S(eine)r Churf(urstlichen) D(urch)l(auch)tt an Herren Wagen mit>. Hatt von alters Drosten – 2, Richtern – 1 Tag gemeiet und Frohnen ½ Tag geegget, muß nun Drosten – 1 Rthlr, Richter – ½ Rthlr und Frohnen – ¼ Rthlr <und Frohnen – ¼ Rthlr> geben.

[fol. 51r]

(17) Derich **Lanckhoff**,[101] gehort ans Stifft Elsey, muß demselben anstatt der Dienste Salz von Werl holen. <Item spant S(eine)r Churf(urstlichen) D(urch)l(auch)tt an Herren Wagen mit>. Hatt von alters Drosten – 2, Rich-

---

96 Möglicherweise Vater oder Stiefvater des am 10.2.1722 im Alter von 69 Jahren begrabenen Eberhard Distelbrinck gen. Kühl.

97 Möglicherweise Vater oder Schwiegervater des am 6.2.1731 im Alter von 71 Jahren begrabenen Heinrich Engelbert.

98 Wohl Vater der am 9.2.1722 im Alter von 59 Jahren verstorbenen Anna Möller aus Sölde, die mit Jürgen Schröder zu Schüren verheiratet war.

99 Wohl Ehemann der am 7.2.1706 im Alter von 83 Jahren verstorbenen Margareta Trappmann, Witwe Backhaus.

100 Nachtrag über der Streichung.

101 Vater, Stiefvater oder auch Schwiegervater des vor 1710 verstorbenen Jobst Langhoff.

teren – 1 Tag gemeiet und Frohnen ½ Tag geegget, muß nun Drosten – 1 Rthlr, Richter – ½ Rthlr und Frohnen ¼ Rthlr geben.

(18) **Munster** Gort, gehort ans Hauß Aplerbeck, thut keine Dienste, sonsten von alters Drosten – 2, Richteren – 1 und Frohnen – ½ Tag gemeiet, wovon von 2 Jahren Drosten – ½ Rthlr, Richter – ¼ Rthlr und Frohnen ⅛ Rthlr geben müßen.

(19) Everdt **Drager**,[102] gehort ans Stifft Hoerde, thut keine Dienste, alß Drosten 2, Richter – 1 und Frohnen ½ Tag meyens.

(20) Johan **Hacheney**,[103] gehort ans Hauß Werve, thut keine Dienste alß Drosten 2, Richter – 1 und Frohnen ½ Tag meyens.

(21) Gert **Jacobs**,[104] gehort dem Gruter zu Aldendorff, thut an Diensten 2 Tag dungens und – 4 Tag bawens, und – 2 Handdienste. Item <spant S(eine)r Churf(urstlichen) D(urch)l(auch)tt an Herren Wagen mit> hatt von alters <an> Drosten – 2, Richter – 1 Tag gemeiet, und Frohnen ½ Tag gepfluget, muß nun Drosten 1 Rthlr, Richtern ½ Rthlr und Frohnen – ¼ Rthlr geben.

(22) Johan **Dickman**,[105] gehort ans Hauß Sölde, thut an Diensten 2 Tag dungens und – 4 Tag bawens, und – 2 Handdienste. <Item spant S(eine)r Churf(urstlichen) D(urch)l(auch)tt an Herren Wagen mit> hatt von alters Drosten – 2, Richter – 1 Tag gemeiet, und Frohnen ½ Tag gepfluget, muß nun Drosten 1 Rthlr, Richtern ½ Rthlr und Frohnen – ¼ Rthlr geben.

(23) Evert **Barenbuchs**,[106] gehort ans Hauß Sölde, thut an Diensten 6 Tag bawens und – 2 Dungeldienst. <Item spant S(eine)r Churf(urstlichen) D(urch)l(auch)tt an Herren Wagen mit> hatt von alters Drosten – 2, Richter – 1 Tag gemeiet, und Frohnen ½ Tag gepfluget, muß nun Drosten 1 Rthlr, Richtern ½ Rthlr und Frohnen – ¼ Rthlr geben.

(24) Johan **Middeldorps**,[107] gehort Pastor Steineman[108] zu Wickede, muß 2 Tag dungen und – 2 Tag meyen. <Item spant S(eine)r Churf(urstlichen) D(urch)l(auch)tt an Herren Wagen mit> hatt von alters Drosten – 2, Richter 1 <und Frohnen> Tag gemeiet, und Frohnen ½ Tag gepfluget, muß nun Drosten 1 Rthlr, Richtern – ½ Rthlr und Frohnen – ¼ Rthlr geben.

---

102 Vielleicht Bruder oder Schwager des am 5.3.1721 im Alter von 100 Jahren verstorbenen Hermann Drager.

103 Wohl Ehemann der am 26.12.1704 im Alter von 80 Jahren verstorbenen Maria, der alten Hacheneyschen.

104 Vor 1718 verstorben. Sein Sohn Göddert Dietrich Jacobs, * um 1678, heiratete am 24.11.1718 Clara Anna Tuitmann und übernahm den Hof Tuitmann.

105 Wohl Vater oder Schwiegervater des am 1.11.1731 im Alter von 66 Jahren verstorbenen Johann Dickmann.

106 Starb am 10.12.1708 im Alter von 79 Jahren und war mit Catharina Backhaus (* um 1642, † 1.3.1715) verheiratet.

107 Starb am 17.4.1706 im Alter von 84 Jahren und war mit Catharina (* um 1635, † 2.3.1709) verheiratet.

108 Johannes Steinmann aus Itzehoe, seit 1653 reformierter Pfarrer in Wickede, vgl. BAUKS, Die evangelischen Pfarrer in Westfalen (wie Anm. 82), S. 491, Nr. 6088.

(25) Henrich **Krumme**,[109] gehort ans Hauß Sölde, aber an Schmeman[110] zu Dortmund versetzt, muß – 2 tag bawen und – 1 Tag dungen. <Item spant S(eine)r Churf(urstlichen) D(urch)l(auch)tt an Herren Wagen mit> hatt von alters Drosten

[fol. 51v]

2 und Richter – 1 Tag gemeiet, und Frohnen ½ Tag gepfluget, muß nun Drosten – 1 Rthlr, Richtern – ½ Rthlr und Frohnen ¼ Rthlr geben.

(26) Wilm **Ruter**,[111] gehort ans Hauß Sölde, thut – 12 Handdienste. Item Drosten 2, Richter – 1 und Frohnen ½ Tag meiens.

(27) Jorgen **Toetman**,[112] gehort ans Hauß Sölde, <gibt jahrlichs zu pfacht> thut – 12 Handdienste. Item Drosten – 2, Richter – 1 und Frohnen – ½ Tag meiens.

(28) Derich **Schmit**,[113] gehort ans Hauß Sölde, thut – 12 Handdienste. Item Drosten 2, Richter – 1 und Frohnen – ½ Tag meiens.

(29) Henrich **Helmer**,[114] gehort an Hl. Geist zu Unna, thut alda keine Dienste, muße sonsten von alters Drosten 2 und Richter 1 Medderdienst und Frohnen ½ Tag bawens thun, seye aber nun 2 Jahre her von Drosten auff 1 Rthlr und von Richter auff ½ Rthlr Dienstgelt angeschlagen.

---

109 Wohl erster Ehemann der Catharina Heßler (* um 1638, † 27.1.1711), die in zweiter Ehe mit Dietrich Schulte zu Sölde gen. Krumme (* um 1648, † 26.8.1728) verheiratet war.

110 Vgl. zur Familie Schmemann u.a. GERSTEIN, Ludwig: Ahnentafel der Familien Schmemann und Gerstein. Hagen 1933.

111 Wohl Vater oder Stiefvater des Goert Rüter, der am 7.9.1727 im Alter von 80 Jahren verstarb und mit Elsaben Schäfers (* um 1653, † 28.7.1726) verheiratet war.

112 Jürgen Tuitmann, verstarb am 6.12.1704 im Alter von 77 Jahren.

113 Vielleicht Sohn oder Schwiegersohn der Anna Schmidt, die am 5.5.1714 im Alter von 109 Jahren starb.

114 Vielleicht Vater oder Schwiegervater des 29.12.1716 im Alter von 65 Jahren verstorbenen Johann Hölmer, der mit Anna Elsabena (* um 1670, † 26.3.1739) verheiratet war.

Baulasten, Bänke und Bankschatzungen

Quellen zur Unterhaltung der Pfarr- und Klosterkirche in Herzebrock vor 300 und mehr Jahren

von Jochen Ossenbrink

Herzebrock war die älteste klösterliche Niederlassung für Frauen im Bistum Osnabrück. Ihre Gründung soll nach einer als Fälschung erkannten Urkunde im Jahre 860 erfolgt sein. Das in einer südlichen Exklave des Bistums Osnabrück an der oberen Ems errichtete Kloster hat in den ersten dreieinhalb Jahrhunderten als ein Stift bestanden, in dem die Töchter führender Familien ihr religiöses Leben als Kanonissen in einer offenen Gemeinschaft führten. Im Jahre 1208 ist das Stift dann gegen innere Widerstände vom Osnabrücker Diözesanbischof in ein Benediktinerinnenkloster umgewandelt worden, in dem die Klosterfrauen fortan in ihrer Klausur lebten. Rund einhundert Jahre später sollen die Gebäude des Klosters ein drittes Mal abgebrannt und 1313 dann an der Pfarrkirche von Herzebrock neu errichtet worden sein.[1]

Der erste Kirchbau dürfte in Herzebrock schon vor der Stiftsgründung oder im zeitlichen Zusammenhang damit und zwar an seinem heutigen Standort erfolgt sein. Drei ergrabene Vorgängerbauten belegen hier die räumliche Kontinuität. Nach dem archäologischen Befund gehört der erhaltene romanische Kirchturm wohl zu einem vierten Bau, der vielleicht noch aus stiftischer Zeit stammt. Das zugehörige Kirchenschiff ist nach einer langen und verlustreichen Fehdezeit im Zuge einer gründlichen Reform des Klosters und seiner wirtschaftlichen Wiederbelebung im Jahr 1474 durch einen anspruchsvollen spätgotischen Saalbau ersetzt worden. Treibende Kräfte waren dabei die amtierende Äbtissin Sophia von Münster (1463–1500) und Johann von Hamm, ihr geistlicher Prokurator. Sie haben ihr Vorhaben damals gegen den Willen der betroffenen Pfarreiangehörigen und zwar unter deren erzwungener Beteiligung umgesetzt. Im Jahre 1475 ist es der Äbtissin und ihrem Prokurator dann auch gelungen, in Rom die Erlaubnis zur Inkorporation der bisher selbständigen Pfarrkirche zu erhalten. Der letzte weltgeistliche Pfarrer ist in diesem Zusammenhang abgefunden worden. Seine seelsorglichen Aufgaben haben danach Benediktiner als Ordensgeistliche übernommen. Das Pfarrgut, die zugehörigen Ländereien

---

1 KLUETING, Edeltraud: Das Kanonissenstift und Benediktinerinnenkloster Herzebrock (= Germania Sacra - Historisch-statistische Beschreibung der Kirche des alten Reiches. Neue Folge 21, Band 1). Berlin – New York 1986, S. 218–220; OSSENBRINK, Jochen: Der Kirchhof in Herzebrock. Bauhistorische, rechts- und sozialgeschichtliche Mikroperspektiven, in: BRADEMANN, Jan / FREITAG, Werner (Hg.): Leben bei den Toten. Kirchhöfe in der ländlichen Gesellschaft der Vormoderne (= Symbolische Kommunikation und gesellschaftliche Wertsysteme. Schriftenreihe des Sonderforschungsbereichs 496, Band 19). Münster 2007, S. 341–367.

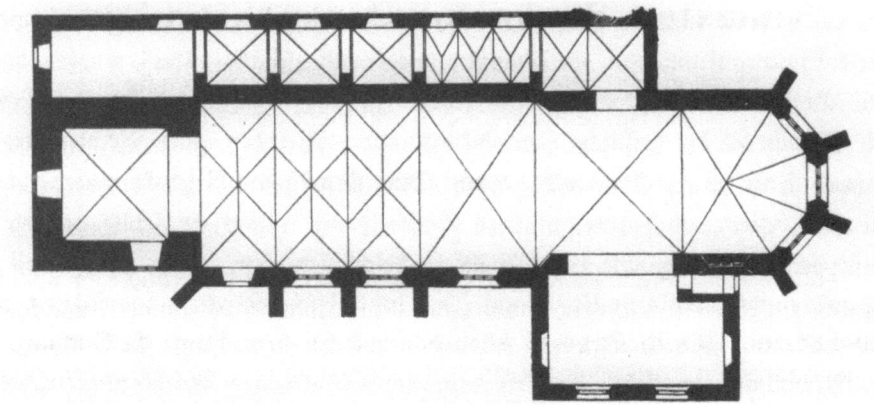

Grundriss der Herzebrocker Pfarr- und Klosterkirche St. Christina 1899
(aus: LUDORFF, Albert: Die Bau- und Kunstdenkmäler des Kreises Wiedenbrück. Münster
1901, S. 32)

und die zum Unterhalt des Pfarrers zu leistenden Abgaben sind vom Kloster eingezogen worden.[2]

Obwohl die an die Bischofskirche zu leistenden Zehnten ihrer Zweckbestimmung nach auch der „Kirchenfabrik", d. h. dem Unterhalt der Kirche, dienen sollten, flossen diese seit langer Zeit wohl überwiegend in die Haushalte von Klöstern wie Herzebrock oder in die Hände von ehemaligen Lehnsträgern des Bischofs. Der Bau und die bauliche Unterhaltung der Herzebrocker Kirche, die seit 1313 zugleich Pfarr- und Klosterkirche war, musste deshalb aus anderen Einnahmen finanziert werden. Mit der aufgezwungenen Inkorporation setzte die Äbtissin als Kirchenpatronin und Archidiakonin in ihrem Kirchspiel dabei eine Kostenteilung zwischen Kirchspiel und Kloster durch. Wie dies später geschah, soll hier am Beispiel der Kirchenrenovierungen erläutert werden, die in den Jahren 1680 und von 1719 bis 1721 stattgefunden haben. Dazu dienen eine Aufstellung über die Vergabe neuer Kirchensitze im Jahre 1685 (Anlage 1) sowie ausführliche Berichte des schreibfreudigen Klostersekretärs Arnold Hermann Böemken über die *Renovirung und Weißung hießiger Closter Kirchen* (Anlage 2) und die Anschaffung einer neuen Orgel von 1721 (Anlage 3).

1. Kloster, Kirche, Kirchspiel und Kirchenvolk

Die spätmittelalterliche Reform Herzebrocks hatte neben dem Neubau des Kirchenschiffes auch in der Erneuerung der Klosteranlage ihren Ausdruck gefunden. Nachdem die neue Blüte des Klosters in der Reformationszeit aus-

---

2 OSSENBRINK, Jochen: Ein geschichtsträchtiger Ort. Der Herzebrocker Kirchhof in älterer Zeit, in: Heimatjahrbuch Gütersloh [im Folgenden: HJB GT] 2010 (2009), S. 97–103.

geklungen war, schloss sich eine rund ein Jahrhundert andauernde Zeit des Niedergangs an, die in der zweiten Hälfte des 17. Jahrhunderts von einem erneuten Aufschwung abgelöst wurde. In dieser Zeit wurde die Klosteranlage abermals und zum letzten Mal vor seiner Aufhebung im Jahre 1803 grundlegend erneuert. Die einschiffige Kloster- und Pfarrkirche erfuhr dann im ausgehenden 17. und beginnenden 18. Jahrhundert zwar innere Umgestaltungen, blieb in ihren Abmessungen und damit in ihrem Raumangebot für die Gottesdienstbesucher aber bis zum Jahre 1900 unverändert.

In den sechs Bauerschaften des Kirchspiels Herzebrock wurden im Jahre 1490 bereits 117 Höfe, Kotten und Häuser verzeichnet.[3] Die sonntäglichen Gottesdienste besuchten damals vielleicht schon 450 Pfarrangehörige, die das Erstkommunionalter von 12 Jahren erreicht hatten, und schätzungsweise bis zu 250 jüngere Kinder.[4] Sie bevölkerten den Kirchenraum zu ebener Erde, während die in Klausur lebenden adeligen Benediktinerinnen sowie ihre bäuerlichen und bürgerlichen Laienschwestern auf den Emporen in der Kirche Platz fanden, wo sie den Blicken des Volkes entzogen waren. Die Zahl der Halbwüchsigen und Erwachsenen erhöhte sich bis 1549 auf wenigstens 544 Personen.[5]

Trotz des verlustreichen Dreißigjährigen Krieges wurden 1652 schon 788 schatzungspflichtige Personen erfasst,[6] während der Pfarrer die Zahl der Kommunikanten in demselben Jahr mit 920 angab.[7] In den folgenden Jahren wuchs die Bevölkerung weiter. Im Zuge der barocken Erneuerung des Klosteranlage wurde im Jahre 1680 auch die Pfarr- und Klosterkirche renoviert. Wenig später scheint das Kirchengestühl überarbeitet und durch vereinzelte neue Sitze ergänzt worden zu sein. In diesem Zusamenhang hat Pater Matthias Becker als Prokurator des Klosters 1685 eine Aufstellung aller vergebenen Kirchensitze und der hierfür von den Besitzern erhobenen Beträge verfasst (Anlage 1). Seine nach sechs Bauerschaften im Kirchspiel gegliederte Liste verzeichnet so zunächst die Namen von 224 Höfen, Kotten und Häusern sowie die diesen zugewiesenen Sitze und Klappsitze.[8] Anschließend finden sich einzelne Umsetzungen innerhalb des Kirchengestühls, die Vergabe von 5 Klappsitzen an *hußente*,

---

3 OSSENBRINK, Jochen: Die historische Mitte von Herzebrock. Der Kirchhof in jüngerer Zeit, in: HJB GT 2011 (2010), S. 66–76, hier S 66f.

4 Ebd. – Schätzung anhand von Hinweisen in DITT, Hildegard: Ältere bevölkerungs- und sozialstatistische Quellen in Westfalen. Methoden der Auswertung, in: EHBRECHT, Wilfried (Hg.): Voraussetzungen und Methoden geschichtlicher Städteforschung (= Städteforschung, Reihe A, 7). Köln – Weimar – Wien 1979, S. 111-128, hier S. 113–115.

5 OSSENBRINK, Jochen: Territorium, Besiedlung und Bevölkerung der Herrschaft Rheda in den Schatzungslisten von 1530 bis 1549, in: Beiträge zur westfälischen Familienforschung 65 (2007), S. 17–73, hier S. 30 (Tabelle 4).

6 Fürstliches Archiv Rheda, Bestand Rheda (FA Rha.E) VII Nr. 7. Auswertung des Verfassers.

7 FLASKAMP, Franz: Die ältesten Seelenstandslisten (1651ff.) der Kirchengemeinden Herzebrock-Clarholz (= Quellen und Forschungen zur Natur und Geschichte des Kreises Wiedenbrück, 64). Münster 1946, S. 6.

8 Von 224 verzeichneten Anwesen scheinen die laufenden Nummern 160 und 172 dieselbe Stätte zu betreffen.

Innenraum, Blick nach Westen
(aus: LUDORFF, Albert: Die Bau- und Kunstdenkmäler des Kreises Wiedenbrück. Münster 1901, S. 37)

also an Heuerlinge, und die Umsetzung von 2 Heuerlingen, die früher schon einen Klappsitz gehabt hatten und nun auf Sitzen in den Bänken Platz fanden.

In Anlage 1 wird die Transkription der Quelle (Spalte 2) um eine Auswertung des Quelltextes hinsichtlich der Anzahl der vergebenen Plätze ergänzt (Spalten 3 bis 5), ebenso um Angaben zur Belegenheit der Platzinhaber in den sechs Bauerschaften des Kirchspiels sowie zu ihrer rechtlichen Stellung (persönlich frei oder als eigenbehörig verschiedenen Grundherren gehörend) und zu ihrer Steuerklasse in der Herrschaft Rheda. Diese Angaben zeigen einmal, dass der Prokurator die Platzinhaber streng nach ihrer Steuerklasse aufgelistet hat, und zum anderen, dass die persönliche Stellung bzw. die grundherrschaftliche Zugehörigkeit dabei kein Gliederungsmerkmal bildeten.

Die Auswertung ergibt, dass 1685 in der Herzebrocker Kirche wenigstens 231 Männer- und 292 Frauensitze sowie 10 Klappsitze vergeben worden sind, darunter auch 34 neue Sitze. Der Vergleich mit einer 1669 erfolgten Aufschreibung zeigt, dass zu dieser Zeit wohl schon rund 500 Sitze in den Bänken und auf anhängenden Klappsitzen vorhanden waren.[9] Das Verzeichnis des Prokurators von 1685 lässt nicht erkennen, ob die erhobenen Geldbeträge für vorhandene Sitze der Renovierung des alten Kirchengestühls dienten oder ob sie als Beiträge zu einer Kirchenschatzung zu gelten haben. Mit der Vergabe der neuen Sitze wurden auf jeden Fall wohl der erbliche Anspruch auf einen Sitz in der Kirche und die Kosten der Anfertigung abgegolten. Während einzelne Berechtigte die von ihnen

---

9   FA Rha.H.Ak 1901. Transkription und Auswertung des Verfassers.

geforderten Beträge zunächst schuldig blieben und diese später beglichen, ergab das Geldaufkommen 1685 schon den Betrag von rund 245 Reichstaler.

Auf einer im Jahre 1700 abgehaltenen Synode wurden im gesamten Kirchspiel 220 Höfe, Kotten und Häuser und weitere 58 Heuerlingshaushalte mit insgesamt 1065 Personen verzeichnet. Während sich in der Statistik für dieses Jahr bei 23 Eigentümerhaushalten keine Angaben zur Personenzahl erschließen lassen,[10] lebten und arbeiteten zu dieser Zeit weitere

Innenraum, Blick nach Osten
(aus: LUDORFF, Albert: Die Bau- und Kunstdenkmäler des Kreises Wiedenbrück. Münster 1901, S. 37)

52 Personen im Kloster. Neben der Äbtissin Anna Magdalena von Schüren (1695–1723) waren dies 14 adelige Chorschwestern und 12 im klösterlichen Haushalt tätige Laienschwestern. Im Dienst der Kirche und des Klosters standen daneben drei Benediktinerpatres aus Iburg und Marienmünster sowie ein Sekretär, der Küster und der Schulmeister. Der Klosterhaushalt und die Eigenwirtschaft des Klosters beschäftigten neben einem Gastmeister einen Vogt, der auch als Jäger und Fischer diente, einen Pförtner, den großen Müller und den Oelmüller sowie den Bauschulten, elf Knechte und acht Mägde, die zumeist eigenhörig waren und überwiegend im engeren Klosterbezirk lebten.[11]

---

10 FA Rha.H.Ak 5129: Synodalprotokolle 1663–1710. Auswertung des Verfassers. In der ausgewerteten Statistik wurden bei 23 Eigentümerhaushalten keine Angaben zur Personenzahl gemacht.
11 OSSENBRINK, Kirchhof in jüngerer Zeit (wie Anm. 2), S. 67.

Die Zahl der im Kirchspiel lebenden „Seelen" kann demnach für das Jahr 1700 mit schätzungsweise 1200 angenommen werden.

Nachdem der Iburger Benediktiner P. Sebastian Clammer als Herzebrocker Pfarrer (1700–1707) schon 1705 berichtet hatte, dass die Pfarrkirche kaum alle Besucher fassen könne, und weil die tief sitzenden Emporen und Orgelbühnen das Innere so verfinsterten, dass die Gläubigen in den hinteren Bankreihen selbst bei hellem Sonnenschein ihre Gebetbücher nicht benutzen konnten, ließ die Äbtissin Anna Magdalena von Schüren das Kircheninnere unter Beteiligung des Kirchspiels in den Jahren von 1719 bis 1721 erneut umgestalten und renovieren. Zusätzlicher Raum wurde dadurch nicht gewonnen, obwohl sich doch die Zahl der Gläubigen im Kirchspiel seit dem Neubau des Kirchenschiffs im 15. Jahrhundert wohl annähernd schon verdoppelt hatte.[12]

2. Kirchenrenovierung 1719–1721

Arnold Hermann Böemken hat seinen Bericht über die Umgestaltung des Kircheninneren und die dazu erfolgte Kosten- und Lastenteilung der Wirtschaftsrechnung des Klosters für das Wirtschaftsjahr 1720/21 eingefügt (Anlage 2). Er teilt einleitend mit, dass man die Herzebrocker Kloster- und Pfarrkirche zuletzt im Jahre 1680 renoviert und geweißt hatte. Weil die Erinnerung daran zunächst wohl widersprüchlich gewesen war, ging es Böemken darum, für die Zukunft festzuhalten, welche Regelungen nun getroffen worden waren. Er erwähnt dann eine Reihe von Veränderungen beispielsweise an den Emporen und Tabernakeln sowie die Anschaffung einer neuen Orgel zu Lasten des Klosters, wozu er an anderer Stelle in derselben Wirtschaftsrechnung eine Kostenaufstellung liefert (Anlage 3). Anschließend bespricht er die Neugestaltung des Fußbodens, der früher mehrfach abgestuft und abgenutzt gewesen war (Anlage 2). Während die Kirchenprovisoren gemeint hatten, an den Kosten hierfür habe sich das Kloster zu beteiligen, wurden sie dahin beschieden, diese Kosten habe allein das Kirchspiel zu tragen, weil diese Arbeiten eigentlich nicht erforderlich seien, sondern nur der Bequemlichkeit der Pfarreiangehörigen dienten. So wie das *Kirspel* (Kirchspiel) früher die *Kirspelsbäncke* ohne Beteiligung des Klosters hätte anschaffen und unterhalten müssen, gelte dies auch für den Fußboden darunter. Die Äbtissin hatte deshalb eine Kirchenschatzung bewilligt, bei der für jeden *Standt* (Sitz) in der Kirche 6 Groschen und für jede *Klappe* (Klappsitz) 3 Groschen von den Besitzern aufgebracht werden sollten. Davon ausgenommen war das Gestühl des Klosters. Mit dem eingenommenen Geld sollten die neuen Steine angeschafft und die Arbeit für ihre Verlegung bezahlt werden. Den Transport der Steine übernahm das Kirchspiel, ebenso die erforderlichen

---

12 Ebd., S. 68.

Handlangerarbeiten. Für den *obristen Theil der Kirche biß herunter ahn die Bäncke* steuerte das Kloster aber 10 Taler bei.

Nach Abschluss der zuvor genannten Arbeiten wünschte die Äbtissin, *die Kirche von neüen inwendig außsäubern und beweißen zu laeßen*. Nach einem 1680 getroffenen Vergleich hatte das Kirchspiel hierzu die *Halbscheidt* (Hälfte) aufzubringen. Am 24. August 1721 verhandelten der Prokurator des Klosters, dessen Sekretär und zwei Kirchenprovisoren mit *Meister Johan Henseler von Wippenförde* über die Ausführung der Arbeiten. Diese sollten 32 Taler neben 2 Taler an Weinkaufsgeld bei freier Kost und Unterkunft für den Meister im Gildehaus sowie bei freier Unterkunft für seine Gesellen ebendort neben einer täglichen Ration von 3 Kannen Bier für einen jeden von ihnen kosten. Der Meister wurde schließlich an 31 Tagen für je 5 münsterische Schilling beköstigt, während die Gesellen 618 Kannen Bier verzehrten. Zu den Gesamtkosten von 52 Taler 16 Schilling steuerte das Kloster 26 Taler 8 Schilling bei. Zur Aufstellung und zum Abbau der Gerüste stellte das Kirchspiel wiederum die Handlanger. Sie verzehrten dabei für 15 Schilling 10 Pfennig an Bier, wozu das Kloster ebenfalls die Hälfte beitrug. Schließlich hatte der Meister für weitere 20 Taler auch den *Junffernchor und den Thurn* (Jungfernchor und den Turm) im Inneren der Kirche *zu befliestern und zu dönneken* (zu verputzen und zu tünchen), wozu das Kloster ebenfalls 10 Taler beisteuerte.

Böemkens Bericht befasst sich abschließend sehr ausführlich mit den Gerüsten, die zur Ausführung der Renovierungsarbeiten beschafft werden mussten und aufzustellen waren. Anders als im Jahre 1680 hatte das Kloster auf dem Jungfernchor zu eigenen Lasten anstelle eines Gerüstes einen *Schiebewagen* anfertigen lassen. Deshalb verlangte es vom Kirchspiel, für das übrige Gerüst im wesentlichen allein aufzukommen. Weil man sich anfangs nicht mehr an die 1680 getroffene Regelung erinnerte, wurde bestimmt, dass Meyer und Vollerben 2 Bäume stellen sollten, Halberben und Erbkotten dagegen nur einen Baum. Dies ergab 74 Bäume,[13] die aber nicht ausreichten. Deshalb lieh das Kloster zunächst 2 Fuder Fichten. Die Bretter für das Gerüst wurden vom Kirchspiel angekauft und später wieder verkauft. Schließlich erinnerte man sich, dass 1680 die Meyer und Vollerben je 3 Bäume zu liefern gehabt hatten, die Halberben je 2 Bäume und die Erbkötter ein jeder 1 Baum. Damals waren 116 Bäume zusammengekommen.[14] Den für den neuen Anstrich erforderlichen Kalk konnten das Kloster und das Kirchspiel aus ihren eigenen Kuhlen liefern. Zum Abschluss berichtet Böemken über einige kleinere Arbeiten, die im Zusammenhang mit der Renovierung anfielen und mit einer weiteren Kirchspielschatzung finanziert wurden.

---

13 Berechnung nach Anlage 1, Spalte 8.
14 Ebd.

1685
Erfassung und Vergabe der neuen Sitze in der Kirche von Herzebrock

Prokurator P. Matthias Becker (1664–1711) verzeichnet die Namen der Höfe, Kotten und Häuser in den Bauerschaften des Kirchspiels Herzebrock mit Angabe der ihren Besitzern zugewiesenen Kirchensitze (Sitzplätze und Klappsitze) und der hierfür gezahlten Beträge.

FA Rheda, Rha.H Ak.1901 Kirchenplätze (1657–1756). Abschnitt: Percepta de novis sedilibus in ecclesia Hertzebrock. Mit späterem Rücktitel aus der Hand des Klostersekretärs A. H. Böemken (1692–1728). Hier: Transkription der Liste mit Angabe der gezahlten Beträge (Rt., ß, d.) sowie mit ergänzenden Angaben in den Spalten 1 und 3 bis 9, die in der Quelle fehlen.[15]

1	2	3	4	5	6	7	8	9
Nr.	Namen der Höfe, Kotten und Häuser in den Bauerschaften, Anzahl der Sitzplätze und Klappsitze und die hierfür erhobenen Beträge in (Reichstaler, Schilling und Deut)	M	Fr	Kl	B	G	K	A
	Percepta de novis sedilibus in ecclesia Hertzebrock. **Abdeÿ Baür**							
1	**Meÿer tho Herlage** 2 mans plätz (11-8), 2 frauen platz (11-8) unnd einen klap pro uxore (1 rt.)	2	2	1	Abt	Mar	0	

15 Bezeichnung der Spalten: **1:** Laufende Nummer der Stätten mit Kirchensitzen. **2:** Transkription. Namen der Inhaber und Erwerber von Sitzen mit näheren Angaben dazu (Spalte 1 der Quelle) und gezahlte Beträge (Spalten 2 [R = Reichstaler], 3 [ß = Schilling] und 4 [d. = Deut/Pfennig] der Quelle, hier in Spalte 2 in runden Klammern wiedergegeben), z.B.: (1 rt.) oder (2-12-10) = 2 rt. 12 ß 10 d. oder (11-8) = 11 ß 8 d; gestrichener Text ist in spitze Klammern < > gesetzt. **3:** Männersitze. **4:** Frauensitze. **5:** Sitzklappen. **6:** Bauerschaften. **7:** Grundherren: Cla = Propstei Clarholz; Fre = Stift Freckenhorst; Her = Abtei Herzebrock; Mar = Abtei Marienfeld; Mau = Stift St. Mauritz; Mö = Haus Möhler; Rec = fürstbischöflich-osnabrückisches Amt Reckenberg; Rhe = Herrschaft Rheda; Rie = Grafschaft Rietberg; Wyc = von Wyck auf Haus Neuhaus. **8:** Steuerklassen in der Herrschaft Rheda lt. Monatsschatzung 1720: 0 = Meyer; 1 = Vollerbe; 2 = Halberbe; 3 = Erbkotten; 4 = Markkotten; 5 = Gemeinkotten; 6.1 = bester Brinklieger; 6.2 = mittlerer Brinklieger; 6.3 = geringster Brinklieger. Angaben in Klammern bezeichnen eine Zugehörigkeit zur Steuerklasse ohne Besteuerung im Rahmen der Monatsschatzung. frei = Häuser und Kotten, die nicht zur Monatsschatzung herangezogen wurden. **9:** Anmerkungen und Hinweise, darunter als nähere Ortsbezeichnungen in der Abteibauerschaft: Hoves = auf der Hovesaat des Klosters ansässig; Kirchh = Bewohner des Kirchhofs; Postd = im Postdorf bzw. am Postdamm angesiedelt. Sitze ? = Angaben im Quellentext widersprüchlich.

Nr.	Namen der Höfe, Kotten und Häuser in den Bauerschaften, Anzahl der Sitzplätze und Klappsitze und die hierfür erhobenen Beträge in (Reichstaler, Schilling und Deut)	M	Fr	Kl	B	G	K	A
2	**Meÿer Sudthoff** 2 plätz pro viris, 3 pro uxore. hatt wegen ausgethan holtz ½ rt. gekurzet et in pecunia solvit (2-12-10)	2	3	0	Abt	Her	0	
3	**Veltman** 2 plätz pro viris (11-10), 2 platz pro foeminis (11-10)	2	2	0	Abt	Her	2	
4	**Ossenbrinck** pro viris 2 (11-10), pro foeminis 2 (11-10)	2	2	0	Abt	Her	3	
5	**Barckeÿ** pro viri sedili dedit (7-3½), pro uxore 1 (5-10)	1	1	0	Abt	Her	4	
6	**Döembrinck** pro viro 1 (-), pro uxore 2 (-) solvit	1	2	0	Abt	Her	4	
7	**Rovekamp** pro viro 1 (-), pro uxore 2 (-) ao. 1687 d. 6. Julij solvit mit 28 gro[ssis]	1	2	0	Abt	Her	4	
8	**Funcke im Dorff** pro viro (5-10), pro uxore 2; dicit se pro uxore solvisse 20 gr. et ego non percepi.	1	2	0	Abt	Her	5	Postd
9	[Ernst Funcke nun] **Henrich Aschoff** pro viro 1 (5-10), pro uxore 3 (17-6). Iste <desiderat.> locus pro viro ad murum sub organo et soluti sunt 10 gr[ossis]	1	3	0	Abt	frei	(5)	Kirchh
10	**Dreis Schulte** pro viro 1 (5-10), pro uxore1 (5-10)	1	1	0	Abt	Her	5	
11	**Wekinck im Dorff** pro viro 1 (5-10), pro uxore1 (5-10)	1	1	0	Abt	frei	5	Postd
12	**Boeckman** pro viro 1 (5-10), pro uxore 1 (-)	1	1	0	Abt	Her	6.1	
13	**Busmeÿer** pro viro empto loco (2-), pro uxore 1 (5-10)	1	1	0	Abt	Rhe	6.1	
14	**Jasper Crämer** pro viro (7-3½), pro uxore 2 (11-8)	1	2	0	Abt	Her	6.1	Kirchh
15	[Evert Osterbrock alias] **Sträet Evert** pro uno loco viri (5-10), pro uxore 1 (5-10), it. 1 klap pro uxore (10-6)	1	1	1	Abt	Her	6.1	Hoves
16	**Berckemeÿer** pro viro 1 ad 10 gr[ossis], pro uxore 1 ad 2 rt. (-) ex post solvit mit 1 rt. undt 4½ ß arbeitß lohn ad ½ rt.	1	1	0	Abt	Her	6.1	
17	[Schulden]**schroder** pro viro 1 (5-10), pro uxore 2 (11-8)	1	2	0	Abt	Her	6.2	

Nr.	Namen der Höfe, Kotten und Häuser in den Bauerschaften, Anzahl der Sitzplätze und Klappsitze und die hierfür erhobenen Beträge in (Reichstaler, Schilling und Deut)	M	Fr	Kl	B	G	K	A
18	Berndt [Ostkamp alias] Schniders pro uxore 1 (5-10)	1	0	0	Abt	Her	6.2	
19	Dämcker pro viro 1 (5-10), pro uxore 2 (11-8)	1	2	0	Abt	Her	6.2	Postd
20	Ernst Evertß pro uno viri et binis uxoris dedit (1-10-6)	1	2	0	Abt	Her	6.2	Postd
21	[Johan] Göeke pro uno novo viri et uno novo uxoris dedit (3-5-3)	1	1	0	Abt	Her	6.3	Postd
22	[Henrich Böker alias] Dreck Böicker pro uno viri (5-10), pro uno uxoris (5-10)	1	1	0	Abt	Her	6.2	Postd
23	Böimcker pro uno viri (5-10), pro uno uxoris ad 10 gr., hatt abverdienet mit arbeith	1	1	0	Abt	Her	6.2	Postd
24	Sandthegger pro novo viri (2-), pro foeminis 2 (11-8)	1	2	0	Abt	Her	6.2	Postd
25	[Henrich Göke oder] Mihle pro viro 1, pro uxore 1, solvit (10-6)	1	1	0	Abt	Her	6.2	Postd
26	Lubbert Cordts pro novo viri loco (2-), pro uxore 1 (5-10)	1	1	0	Abt	Cla	6.3	Postd
27	[Grothans alias] Johan Gildemeister pro viro 1 ad 10 gr., pro uxore 2 (11-8)	1	2	0	Abt	Her	(6.3)	Kirchh
28	[Johan Freren alias] Bruggenhenrich pro viro 1 (5-10), pro uxore 2 (11-8))	1	2	0	Abt	frei	(6.3)	Kirchh
29	Trocks Gildemeister pro viro 1 (5-10), pro novo uxoris dedit (2-)	1	1	0	Abt	Her	(6.3)	Hoves
30	Vogedinck pro viro – notatus est habere locum in scamno 5 sub turri, pro uxore 1 quam remisit de habitis locis remissi hi 10 großi	1	1	0	Abt	Her	(6.3)	Hoves
31	Ernst Abraham pro viro 1 (5-10), pro uxore 2 (11-8)	1	2	0	Abt	Her	(6.3)	Hoves
32	[Joachim Brandes alias] Roleff ihm Dorff pro viro 1 (5-10), pro uxore 1 (5-10) sovit ad comp. debuisset plus dedisse; ao. 1688 d. 6. 8bris illum solutionem fecit ad 20 gr[ossis]	1	1	0	Abt	frei	6.3	Postd
33	[Henkel oder] Hinckelhans pro viro 1 (5-10), pro uxore 2 solvit (2-)	1	2	0	Abt	frei	frei	Kirchh
34	Nagels spicker ufm kirchhoff pro viro 1 (5-10), uxor habet sedile ad portam ad ambitum (-)	1	1	0	Abt	Her	frei	Kirchh

Nr.	Namen der Höfe, Kotten und Häuser in den Bauerschaften, Anzahl der Sitzplätze und Klappsitze und die hierfür erhobenen Beträge in (Reichstaler, Schilling und Deut)	M	Fr	Kl	B	G	K	A
35	**Henrich Cordts** [am Fahlenland] sel. hauß vir, pro uno uxoris loco ½ rt.	0	1	0	Abt	Her	frei	Sitze ?
36	**Fridrich Rottman** pro novo uxoris loco (-), 23. 7br. 1690 dedit unum imperialem	0	1	0	Abt	Her	frei	Kirchh
37	**Fridrich Außell** pro viro 1 (-), pro uxore 1 (-), 20 gr[ossis] wegen beÿde plätz mit spinnen guth gethan	1	1	0	Abt	Her	frei	Kirchh
38	**Johan Ernst** oder **Conradt Claholt** haus pro viro 1 (5-10), pro foeminis 2 plätz solvit (3-)	1	2	0	Abt	frei	(6.3)	Kirchh
39	**Ernst Espenkotter** pro viro 1 (5-10), pro uxore 1 (5-10)	1	1	0	Abt	frei	frei	Kirchh
40	**Ernst thom Hulse** pro viro 1 (5-10), pro uxore 1 (5-10)	1	1	0	Abt	Her	frei	Kirchh
41	**Theodorus [Vogedes]**[16] custos noster pro viro 2 (-), pro uxore 2	2	2	0	Abt	frei	frei	Hoves
42	**Gildemeister** pro loco viri (7-3½), pro foeminis 2 (11-8)	1	2	0	Abt	Her	frei	Hoves
43	**Scheiffersche** ufm Sudtfelde vir, pro uxore 1	0	1	0	Abt	Her	frei	Sitze ?
44	**Steffen Evertß** vir, pro uxore 1 (5-10)	0	1	0	Abt	Her	frei	Sitze ?
45	**Weÿvöeter** pro viro 1 (1 rt.), pro uxore 1 (-), solvit mit ein kalb	1	1	0	Abt	Her ?	frei	Hoves
46	**Storck Jasper** [am Fuchsbruch] pro uno novo pro viro (2 rt.), pro uxore 1 (-), solvit ad 1 rt. mit arbeits lohn	1	1	0	Abt	Her	frei	Hoves
47	**Frantz Stroitman** [am Fuchsbruch] pro viro 1 (1 rt.), pro uxore 1 (1 rt.)	1	1	0	Abt	Her	frei	Hoves
48	**Jöest thom Kleÿgreive** [am Fuchsbruch] pro viro 1 (5-10), pro uxore 1 (14- ?)	1	1	0	Abt	Her	frei	Hoves
49	**Dreis Schnusenberg** pro viro 1 (5-10), pro uxore 2 (11-8)	1	2	0	Abt	Her	frei	
50	**Sen. Lordeman** wittibe pro viris 2 (11-8), pro foeminis 3 (17-6)	2	3	0	Abt	frei	frei	Postd

---

16 Zur Küsterfamilie vgl. OSSENBRINK, Jochen: Kirche, Kloster und Küster in Herzebrock, in: Jahrbuch für westfälische Kirchengeschichte 90 (1996), S. 25–94, hier: S. 56–62.

Nr.	Namen der Höfe, Kotten und Häuser in den Bauerschaften, Anzahl der Sitzplätze und Klappsitze und die hierfür erhobenen Beträge in (Reichstaler, Schilling und Deut)	M	Fr	Kl	B	G	K	A
51	**Jasper Schomacher** pro viro 1, pro uxore 1, satisfecit mit (1 rt.)	1	1	0	Abt	Her	(6.3)	Hoves
52	**Damb Henrich** der frauenplatz unterm turm (1 rt.)	0	1	0	Abt	Her	frei	Postd
	Summarum ahlingen empfangß der **Abdey baur** ist (50-12-1½)	53	76	2				

Bröickbaür

Nr.	Namen	M	Fr	Kl	B	G	K	A
53	**Böisfeldt** ein mans stethe 10 gr., ein frauen stethe 10 gr.	1	1	0	Bro	frei	frei	
54	**Nardeman** pro viro 10 gr. (5-10), pro uxore 2, dedit (11-9)	1	2	0	Bro	Wyc	1	
55	**Westerman** pro viro 1 (7-3½), pro viro 1 (-), pro uxore 2 (11-8), d. 13. Ap. 685 solvit pro uno viri loco noch 10 gr.	2	2	0	Bro	Her	1	
56	**Huxmoll** pro viro 1 (5-10), pro uxore 2½ plätz (14-7)	1	2,5	0	Bro	Her	1	
57	**Mersman** pro viro 1 (7-3½), uxor praetendit loca 3 et dedit salve iure tertii (17-6)	1	3	0	Bro	Her	1	
58	**Brandt** pro viris 2 (11-8), pro foeminis 3 ad (1-11-8)	2	3	0	Bro	Cla	2	
59	**Oisterbroick** pro viro 1 ad 10 gr., pro novo viri (2 rt.), pro foeminis 3 (17-6)	2	3	0	Bro	Her	2	
60	**Schackenberg** pro viro 1 (7-3½), pro novo viri 1 (2 rt.), pro foeminis 2 (11-8)	2	2	0	Bro	Wyc	2	
61	**[Lütke] Mohler** pro viro 1 (5-10), pro foeminis 2 (11-8)	2	1	0	Bro	Her	2	
62	**Berheide** pro viris 2 (11-8), pro foeminis 2 (11-8)	2	2	0	Bro	Cla	2	
63	**Weckinck** pro viro (7ß), uxor praetendit loca 2 et sic dedit (11-8). Nb. quod per venatorem n[ostr]um Henrich d. 6. Maij [1]685 ei aerarium reddi 7½ gr., (später:) ist abgemacht den 5. April. 1701 und hatt nur einen platz pro uxore.	1	2	0	Bro	Fre	2	
64	**Vreide** pro viro 2 (11-8), pro uxore (11-8), it. pro uxore 1 klap zur halbscheidt (3-6)	2	2	0,5	Bro	Her	2	

Nr.	Namen der Höfe, Kotten und Häuser in den Bauerschaften, Anzahl der Sitzplätze und Klappsitze und die hierfür erhobenen Beträge in (Reichstaler, Schilling und Deut)	M	Fr	Kl	B	G	K	A
65	**Weisman** pro viro 1 (5-10), pro uxore 1 (5-10)	1	1	0	Bro	Mö	3	
66	**Tieman** pro viro 1 (5-10), pro uxore 1 (5-10)	1	1	0	Bro	Rhe	3	
67	**Boimbeck** pro viro 1 (5-10), pro uxore 1 (5-10)	1	1	0	Bro	Rhe	3	
68	**Strickman** pro viro 1 platz, pro uxore 1 platz, 25. 7br. ao. 1694 solvit 20 großis	1	1	0	Bro	Her	3	
69	**Birve** pro viro 1 (7-3½), pro uxore 2	1	0	0	Bro	Her	3	Sitze ?
70	**Vortman** pro viro 1 (5-10), pro uxore 1 (5-10)	1	1	0	Bro	Her	3	
71	**Espenkotter** pro viro 1, pro uxore 1 (5-10)	0	1	0	Bro	Her	4	Sitze ?
72	**Hulsman** pro viro 1 platz, pro uxore 1 platz	0	0	0	Bro	Rhe	3	Sitze ?
73	**Bexteren** pro viro 1 (5-10), pro uxore 1 (5-10)	1	1	0	Bro	Rhe	4	
74	**Lutke Buxell** pro viro 1 (5-10), pro uxore (5-10)	1	1	0	Bro	Her	4	
75	**Groite Buxell** pro viro 1, pro uxore 1	0	0	0	Bro	Rhe	4	Sitze ?
76	**Vielstetth** vir praetendit loca 2 et sic dedit (11-8), pro uxore 10 gr. (5-10)	2	1	0	Bro	Rhe	4	
77	**Bunckfueß** pro viro 1 (5-10), uxor praetendit loca duo et dedit (11-8)	1	2	0	Bro	Rhe	4	
78	**Rottger Cratz** pro viro 1 (5-10), pro uxore 2 (11-8)	1	2	0	Bro	frei	5	
79	**Luningmeÿer** pro viro 1 (5-10), pro uxore 1 (5-10)	1	1	0	Bro	Rhe	6.1	
80	**Johan Moller** [alias **Sander**] pro viro (7-3½), pro uxore 2 (1-5-10)	1	2	0	Bro	frei	6.1	
81	**Orth Cratz** pro viro 1 (5-10), pro uxore 2 (11-8)	1	2	0	Bro	Rhe	6.1	
82	**Nottbroick** pro viro 1 platz ad 10 gr., pro uxore 2 (11-8)	1	2	0	Bro	Rhe	6.1	
83	**Dißellkamp** pro viro 1 (5-10), pro uxore 2 (11-8)	1	1	0	Bro	Rhe	6.2	
84	**Wittop** pro viro 1 (5-10), pro uxore 2 (11-8)	1	1	0	Bro	Cla	6.2	

Nr.	Namen der Höfe, Kotten und Häuser in den Bauerschaften, Anzahl der Sitzplätze und Klappsitze und die hierfür erhobenen Beträge in (Reichstaler, Schilling und Deut)	M	Fr	Kl	B	G	K	A
85	**Sander** ihm dorff pro viro 1 (5-10), pro uxore 2 (11-8)	1	1	0	Bro	Cla	6.2	
86	**David Boicker** pro viro 1 (5-10), pro uxore 2 (2-5-10)	1	2	0	Bro	Cla	6.2	
87	**Herman Nottbroick** pro viro 1 (2 rt.), pro uxore 1	1	0	0	Bro	Rhe	6.3	Sitze ?
88	**Henrich Rovekamp** pro viro 1, pro uxore 1 (2 rt.)	0	1	0	Bro	Wyc	6.3	Sitze ?
89	**Huneke** pro loco viri et pro loco uxoris dedit (3-15-9)	1	1	0	Bro	Rhe	6.3	
90	**Kaißer** pro loco viri novo, pro novo uxoris dedit(1-15-9)	1	1	0	Bro	Rhe	6.3	Sitze ?
91	**Herman tho Mersch** vir accepit locum (1 rt.), uxor novum locum	1	0	0	Bro	Rhe	6.3	Sitze ?
92	**Kiße** pro viro 1 (-), pro uxore 1 (-), ad 1 rt. 10 groß. ist wegen verdientes lohn gekurtzet	1	1	0	Bro	Her	6.3	
93	**Johan Ellebracht** pro viro 1, pro uxore 1, dedit (3-15-9)	1	1	0	Bro	Rhe	6.3	
94	der wirth vor Mohler **Willhelm [Hülsman]** pro uxore 1 (-), ist ad interim gewiesen ihn cloisterß magde banck beÿ der umbgangs theur. Claas Lutke Dirichs soll dem cloister daruff uns zahlen ex debito.	0	1	0	Bro	?		
	Summarum ahlingen empfangß der **Broick baur** ist (44-5-11)	45	56,5	0.5				

Groppelbaür

Nr.		M	Fr	Kl	B	G	K	A
95	**Lindeman** pro viro 1 (5-10), pro uxore 1 (5-10), pro uxoris novo loco (2 rt.)	1	2	0	Gro	Her		
96	**Kleÿgreive** pro viro 1 (5-10), vor ein mans klap 6 gro., pro foeminis 2 (11-8)	1	2	1	Gro	Her		
97	**Westerman** pro viris 2 (11-8), pro foeminis 2 (11-8)	2	2	0	Gro	Her	2	
98	**Kocker** pro viro 1 (5-10), pro uxore 1 (5-10)	1	1	0	Gro	Her	2	

Nr.	Namen der Höfe, Kotten und Häuser in den Bauerschaften, Anzahl der Sitzplätze und Klappsitze und die hierfür erhobenen Beträge in (Reichstaler, Schilling und Deut)	M	Fr	Kl	B	G	K	A
99	**Lindthorst** pro viro (7-3½), it. vor ein klap pro viro (3-6), pro uxore 1 (5-10), pro novo uxoris (2 rt.)	1	2	1	Gro	Her	2	
100	**Lange** pro viro solvit (7-3½), pro uxore (7-3½)	1	1	0	Gro	Her	2	
101	**Rottger** pro viro 1 (5-10), pro uxore 1 (5-10)	1	1	0	Gro	Fre	3	
102	**Ausell** pro viro (7-3½), pro uxore 1 (5-10)	1	1	0	Gro	Her	3	
103	**Vennhanewinckell** pro viro 1 (5-10), pro uxore 1 (5-10)	1	1	0	Gro	Her	3	
104	**Marckman** pro viro 1 (5-10), pro uxore 1 (5-10)	1	1	0	Gro	Her	4	
105	**Wonneman** pro viro 1 (5-10), pro uxore 1 (5-10)	1	1	0	Gro	Her	4	
106	**Beckman** pro viro 1 (5-10), pro uxore 1 (7-3½)	1	1	0	Gro	Her	4	
107	**Schoning** pro viro 1 (5-10), pro uxore 1 (5-10)	1	1	0	Gro	Her	4	
108	**Huchthanewinckell** pro viro 1 (5-10), pro uxore 1 (5-10)	1	1	0	Gro	Her	4	
109	**Graman** pro viro 1 (-), pro uxore 2 (-), solvit mit 30 gr. ao.	1	2	0	Gro	Her	4	
110	**Circkell** pro viro 1 (-), pro uxore 1 (-), weilen Circkell einen platz weiniger bekommen alß gehabt, ist ihm remittirt	1	1	0	Gro	Her	4	
111	**Romberg** pro viro (7-3½), pro uxore 1 (5-10)	1	1	0	Gro	Her	5	
112	**Horstman** pro viro, pro uxore 1 (5-10)	0	1	0	Gro	Her	5	
113	**Arnsthoff** pro novo viri loco (2 rt.), pro uxoris 1 (5-10)	1	1	0	Gro	Her	5	
114	**Cordt ufm Traën** pro viro (5-10), pro uxore (5-10)	1	1	0	Gro	Rhe	5	
115	**Dreisman** pro viro 1 (5-10), pro uxore 1 (5-10	1	1	0	Gro	Her	5	
116	**Achterman** pro viro (5-10), pro foeminis 2 (11-8)	1	2	0	Gro	Her	5	
117	**Schmeddebusch** pro novo loco viri (2 rt.), pro uxore 1 (5-10)	1	1	0	Gro	Her	5	

Nr.	Namen der Höfe, Kotten und Häuser in den Bauerschaften, Anzahl der Sitzplätze und Klappsitze und die hierfür erhobenen Beträge in (Reichstaler, Schilling und Deut)	M	Fr	Kl	B	G	K	A
118	**Hunckenhoff** pro viro 1 (-), pro uxore 1 (-), dicit uxor se 20 groß. solvisse et Theodore nostro tradidisse assequo idem accepio, facerunt 20 gr.	1	1	0	Gro	Her	6.1	
119	**Reddeker** pro viro 10 gr., pro uxore 10 gr., 23. Jan. 1695 solvit mit 18 gro.	1	1	0	Gro	Her	6.1	
120	**Johan Nottebaum** [alias **Jürgen Schmaltz**] pro viro 2 (11-8), pro uxore 2 (11-8)	2	2	0	Gro	Her	6.1	
121	**Albert thom Beckhauß** pro viro (5-10), pro uxore (5-10)	1	1	0	Gro	Her	6.1	
122	**Reckhenrich** pro viro (5-10), solvit mit 10 gr., pro uxore 10 gr.	1	1	0	Gro	Rhe	6.1	
123	**Otto Kocker** pro viro 10 gr., solvit, pro uxore (5-10)	1	1	0	Gro	Her	6.1	
124	**Gerdt thor Kuhlen** pro viro 1 (-), d. 10. Jun. 1690 solvit mit 10 gro.	1	0	0	Gro	Her	6.2	
125	**Ordt Arndt** [alias **Ort Johan**] pro viro (-), pro uxore 10 gr., ra[ti]one uxoris mit arbeitz guth gethan	1	1	0	Gro	Her	6.2	
126	**Herman Berndtß** [alias **Herm tor Linden**] pro viro 1 (5-10), pro uxore 1 dd. (14-0)	1	1	0	Gro	Her	6.2	
127	**Poëlman** pro viro, pro uxore (5-10)	0	1	0	Gro	Her	6.2	Sitze ?
128	**Hunekenschröder** pro viro (5-10), pro uxore (5-10)	1	1	0	Gro	Her	6.2	
129	**Henrich thor Wonnen** pro viri novo loco (1-15-9), pro uxore 1 (10-6)	1	1	0	Gro	Her	6.2	
130	**Werth** pro viro 1 platz	0	0	0	Gro	Her	6.3	Sitze ?
131	**Groite Dirich Schmalt** pro viro (-), pro uxore 1 (5-10)	1	1	0	Gro	Her	6.3	
132	**Nate** pro novo loco viri solvit (1 rt.), pro uxore 10 gr., unnd 1 rt. mit arbeit abverdienet pro viri sessili	1	1	0	Gro	Her	6.3	
133	**Henrich Moller** pro novo viri solvit ad computum (1 rt.), die frau den klap vor die banck ihn welche Cratz im dorff frau sitzet	1	0	1	Gro	Her	6.3	
134	**Erllmeÿer** pro novo viri 2 rt. (-), pro uxore 10 gr. (-), hatt diese 2 rt. 10 gr. mit arbeit guth gethan	1	1	0	Gro	Her	6.3	

Nr.	Namen der Höfe, Kotten und Häuser in den Bauerschaften, Anzahl der Sitzplätze und Klappsitze und die hierfür erhobenen Beträge in (Reichstaler, Schilling und Deut)	M	Fr	Kl	B	G	K	A
135	**Dirich zum Graman** pro viris 2 (11-8), pro foeminis 2 (11-8)	2	2	0	Gro	Her	6.3	
136	**Peter Kocker** pro novo viri loco 2 rt. (-), pro uxore 1 platz, satisfactum laboro praestito	1	1	0	Gro	Rhe	6.3	
137	**Johan thom Poël** pro viro 1 (-), pro uxore 1 (-), labore satisfecit	1	1	0	Gro			
138	**Wiespeter** pro viro 1 ad 1 rt. (-), pro uxore 1 (-), 1 rt. abverdienet, satisfactum	1	1	0	Gro	Her	6.3	
139	**Lierman** pro viro 1 (5-10), pro novo uxoris solvit ½ rt. ad computum (10-6)	1	1	0	Gro	Her	6.3	
140	**Dreis thor Marck** pro viro 1 (10-6), pro uxore 1 solvit	1	1	0	Gro	Rhe	6.3	
141	**Schüerman** pro viro 1, pro uxore 1, solvit mit (17-6)	1	1	0	Gro	Her	6.3	
142	**Ernst Nate** pro viro 1, pro uxore 1, solvit mit (15-9)	1	1	0	Gro	Her		
	Summarum ahlingen erhobenen geldtß auß der **Groppel baur** ist (33-7-5)	48	53	3				

Baür Quernhorn

Nr.		M	Fr	Kl	B	G	K	A
143	**Meÿer tho Bröick** pro viri loco (5-10), it. pro novo viri loco solvit mihi (1-10-6), pro foeminis 2½ plätz (14-7)	2	2,5	0	Que	Her	0	
144	**Groithus** pro viro 1 (5-10), pro novo scamno viri (2 rt.), pro uxore 2	2	2	0	Que	Her	2	
145	**Nunningmohl** pro viro 1 (5-10), pro novo viri (2 rt.), pro uxore 1 (5-10)	2	1	0	Que	Her	2	
146	**Waseman** pro viro 1½ plätz ad (1-5-10), pro uxore 2 (11-8)	1,5	2	0	Que	Rhe	2	
147	**Gnegell** pro viro (7-3½), pro uxore (7-3½)	1	1	0	Que	Rhe	2	
148	**Holthaus** pro viro (7-3½), pro uxore 2 (11-8)	1	2	0	Que	Her	2	
149	**Westerman** pro loco viri (5-3), pro loco uxoris (5-3)	1	1	0	Que	Her	2	

Nr.	Namen der Höfe, Kotten und Häuser in den Bauerschaften, Anzahl der Sitzplätze und Klappsitze und die hierfür erhobenen Beträge in (Reichstaler, Schilling und Deut)	M	Fr	Kl	B	G	K	A
150	**Pomberg** pro viris 2 (11-8(, pro foeminis 2 (11-8)	2	2	0	Que	Rhe	2	
151	**Ströitman** pro viro (5-10), pro uxore (7-3½), it. pro novo uxoris loco (2 rt.)	1	2	0	Que	Her	3	
152	**Greive** pro novo viri loco (2 rt.), pro loco uxoris (5-10)	1	1	0	Que	Her	3	
153	**Wordeman** pro viro (7-3½), pro uxore (7-3½)	1	1	0	Que	Her	3	
154	**Bischoff** pro viro 1 platz (-), pro uxore 2 (-), solvit	1	2	0	Que	Rec	3	
155	**Lohman** pro viro (5-10), pro uxore (5-10)	1	1	0	Que	Rhe	3	
156	**Hilker** pro viro (5-10), pro uxore (5-10)	1	1	0	Que	Her	4	
157	**Walburg** pro viro (5-10), pro uxore (5-10)	1	1	0	Que	Mar	4	
158	**Peter uff der Heide** pro novo viri loco (2 rt.), pro novo loco uxoris (1-15-9)	1	1	0	Que	Rhe	5	
159	**Rutenfrantz** pro viro (5-10), pro uxore (1 rt.)	1	1	0	Que	Rhe	6.1	
160	**Fleer** pro viro 1 (1 rt.), pro uxore 1 (1-10-6)	1	1	0	Que	Rhe	6.1	
161	**Tarp** pro viro (2 rt.), pro uxore (5-8½)	1	1	0	Que	Her	6.1	
162	**Wittkamp** pro viro (5-10), uxor	1	0	0	Que	Rhe	6.1	Sitze ?
163	**Jasper Pomberg** pro viro 1, pro uxore 1, solvit (1-10-6)	1	1	0	Que	Rhe	6.2	
164	**Hecker** pro viro 1, pro uxore 1	0	0	0	Que	Rhe	6.2	Sitze ?
165	**Henrich Steffens** pro viro 1 (1 rt.), pro uxore 1 (5-10)	1	1	0	Que	Her		
166	**Joan Dreis Hilker** pro viro (5-10), pro uxore (1 rt.)	1	1	0	Que	Her	6.2	
167	**Kniepman** pro viro 1 (2 rt.), pro uxore 1 (1-10-6)	1	1	0	Que	Rhe	6.2	
168	**Vogelrose** pro viro 1, pro uxore 1, solvit (3-5-3)	1	1	0	Que	Rhe	6.3	
169	**Craß Moller** pro viri novo (2 rt.), 25. 9br. 692 solvit mit 1 rt. 14 ß	1	0	0	Que	Rhe	6.3	
170	**Herman Wittkamp** oder **Enneke ihn der Becke** pro viro (1 rt.), pro uxore (1-15-2)	1	1	0	Que	Rhe	6.3	

Nr.	Namen der Höfe, Kotten und Häuser in den Bauerschaften, Anzahl der Sitzplätze und Klappsitze und die hierfür erhobenen Beträge in (Reichstaler, Schilling und Deut)	M	Fr	Kl	B	G	K	A
171	**Johan Wittkamp** vir 1, uxor 1	1	1	0	Que	Rhe	6.3	Sitze ?
172	**Kleine Henrich** [alias **Fleer**] verm. = 160	0	0	0	Que	Rhe		Sitze ?
	Summarum ahlingen empfangk geldtß auß der baurschafft **Quernhor**n ist (45-16-2½)	32,5	33,5	0				

Baür Pixell

Nr.	Namen	M	Fr	Kl	B	G	K	A
173	**Meÿer tho Bernhorn** pro viro (5-10), pro uxore 2 (11-8)	1	2	0	Pix	Her	0	
174	**Meÿer tho Heerde** pro viro 1 (7-3½), pro uxore 2 (11-8)	1	2	0	Pix	Mar	0	
175	**Kintrup** pro viro (5-10), pro uxore 2 (11-8)	1	2	0	Pix	Mar	1	
176	**Breische** pro viro 2 (11-8), pro uxore 3 (17-6)	2	3	0	Pix	Her	2	
177	**Schemman** pro viro (-), pro uxore (-), se solvisse dicit	1	1	0	Pix	Her	2	Sitze ?
178	**Suerman** pro viro (5-10), pro uxore 2½ platz (14-7)	1	2,5	0	Pix	Her	2	
179	**Peterman** pro viro 1 (-), pro uxore 1 (-), solvit 1687 den 9. Feb. solvit 20 grossis	1	1	0	Pix	Rhe	2	
180	**Tieman** pro viro (5-10), pro uxore (5-10)	1	1	0	Pix	Her	2	
181	**David Jaspers** pro viro 2 (11-8), pro uxore 3 (17-6)	2	3	0	Pix	Mar	2	
182	**Böhle** pro viro 2 (11-8), pro uxore 3 (17-6)	2	3	0	Pix	Her	2	
183	**Bröickellman** pro viri novo loco (1 rt.), 1 rt. mit ein kalb zahlet, pro uxor 1 (2-11), darauff von Kintrup 5 gro. gehoben	1	1	0	Pix	Mar	3	
184	**Rottman** pro viro 2, pro uxore 1	0	0	0	Pix	Mar	3	Sitze ?
185	**Westerman** pro viro 1 (5-10), pro uxore 1 (5-10)	1	1	0	Pix	Her	3	
186	**Landtweer** pro viro (7-3½), pro uxore 2 (11-8)	1	2	0	Pix	Her	4	

Nr.	Namen der Höfe, Kotten und Häuser in den Bauerschaften, Anzahl der Sitzplätze und Klappsitze und die hierfür erhobenen Beträge in (Reichstaler, Schilling und Deut)	M	Fr	Kl	B	G	K	A
187	**Daëlkotter** pro viro (7-3½), pro uxore 2 (11-8)	1	2	0	Pix	Her	4	
188	**Scheiffer thom Wasumb** pro viro, pro uxore, solvit insampt (1-3-6)	1	1	0	Pix	Rhe	4	
189	**Johan Ernst** pro viro (5-10), pro uxore 2½ plätz ut praetendit (14-7)	1	2,5	0	Pix	Rhe	5	
190	**Vuchtenkamp** pro viro 1, pro uxore 2, solvit 30 grossis	1	2	0	Pix	Rhe	5	
191	**Evert thom Rodde** pro viro (5-10), pro uxore 2 (11-8)	1	2	0	Pix	Mar	5	
192	**Gorries** uff der Landtweer pro viro (5-10), pro uxore	1	0	0	Pix	Rhe	5	Sitze ?
193	**Wieterman** pro viro 1 (5-10), pro uxore 1 (5-10), pro loco novo uxoris (1-10-6)	1	2	0	Pix	Rhe	6.1	
194	**Vielmeÿer** pro viro 1, pro uxore 1 (2-11), solvit Kintrup pro ea 5 gr.	0	1	0	Pix	Rhe	6.1	Sitze ?
195	**Valckenreck** pro viro locus novus et hunc solvit Dreis˙Vuchtenhanß mitt (1-15-9), pro uxore 2 (11-8)	1	2	0	Pix	Rhe	6.1	
196	**Ditz** pro viri loco (1-7-0), pro uxore 1 (5-10)	1	1	0	Pix	Rhe	6.1	Rhe
197	**Ruse** pro viro 1 (10-5), pro foeminis 2 (11-8)	1	2	0	Pix	Rhe	6.1	
198	**Paul Mersman** pro viro 1, pro uxore 2, solvit (17-6)	1	2	0	Pix	Rhe	6.1	
199	**Kamp Johan** pro viro 1 (2 rt.), pro uxore 1 (5-6½), it. pro novo loco uxoris (1 rt.)	1	2	0	Pix	Her	6.1	
200	**Woestenbusch** pro viro (7-3½), pro uxore (5-10)	1	1	0	Pix	Rhe	6.1	
201	**Otto Valckenreck** vel **Johan Schnusenberg** vocatus pro viro 1, 1687 d. 4. Jan. pro viri loco zahlet 10 gr., pro uxore 1 (1 rt.) solvit	1	1	0	Pix	Her	6.1	
202	**Schnusenberg** pro viro 1 (-), <dicit et pro se solvisse et ego non accepi fuerunt, 10 gr. desiderunt,> solvit ex in pro se 10 gr., pro foeminis 2 (11-8)	1	2	0	Pix	Rhe	6.1	
203	**Peter Schoninck** pro viro 1 (1 rt.), pro uxore 1 (1^rt.)	1	1	0	Pix	Rhe	6.2	

Nr.	Namen der Höfe, Kotten und Häuser in den Bauerschaften, Anzahl der Sitzplätze und Klappsitze und die hierfür erhobenen Beträge in (Reichstaler, Schilling und Deut)	M	Fr	Kl	B	G	K	A
204	**Clusener** oder **Dreis zu Heerde** pro viro 1 (5-10), pro uxore 1 (5-10)	1	1	0	Pix	Rhe	6.2	
205	**Marten Landtweers** pro viro 1 (2 rt.), pro uxore 1 (1-15-9)	1	1	0	Pix	Rhe	6.2	
206	**Vuchtenhans** pro novo loco viri, pro foeminis 2, dedit (2-6-1½)	1	1	0	Pix	Rhe	6.2	
207	**Fridrich Vielmeÿer** pro loco viri (1-18-11½), pro loco uxoris (5-10)	1	1	0	Pix	Rhe	6.2	
208	**Reckherman** pro viro 1 (5-3), pro uxore 1 (5-3)	1	1	0	Pix	Rhe	6.3	
209	**Schnitker Gerdt** pro loco viri (1-15-9), pro foeminis 2 (11-8)	1	2	0	Pix	Rhe	6.3	
210	**Nierkotter**	0	0	0	Pix	Her	6.3	Sitze ?
211	**Hans Mersman** oder **Gerdt Valkenreck** genant pro viro 1 (2 rt.), pro uxore 1 (1 rt.)	1	1	0	Pix	Rhe	6.3	
212	**Severin Meiners** pro novo viri loco solvit (1-10-6), pro uxore.	1	0	0	Pix	Rhe	6.3	Sitze ?
213	**Lahme Henrich** pro viro 1 (2 rt.), pro uxore 1 (10-6)	1	1	0	Pix	Rhe	6.3	
214	**Söetebier** pro loco viri 1 (1 rt.), pro loco uxoris (1-15-7)	1	1	0	Pix			
	Summarum ahlingen auß der baurschafft **Pixell** erhobenen geldts ist (51-3-3)	42	61	0				

Bredteick

Nr.		M	Fr	Kl	B	G	K	A
215	**Meÿer tho Wickhorn** pro viro (5-10), pro foeminis 2 (11-8)	1	2	0	Bre	Her	0	
216	**Schulte Lindthorst** pro viro 1 (5-10), it. pro dimidio viri loco (1 rt.), pro uxore 2 (11-8)	1,5	2	0	Bre	Not	0	
217	**Bettentrüp** pro loco viri (2 rt.), pro foeminis 2 (11-8)	1	2	0	Bre	Mau	2	
218	**Crainhardt** pro loco viri (2 rt.), pro uxore 1 (5-10)	1	1	0	Bre	Rhe	3	
219	**Chur** pro loco viri (1 rt.), pro uxore 1 (5-10)	1	1	0	Bre	Her	4	

Nr.	Namen der Höfe, Kotten und Häuser in den Bauerschaften, Anzahl der Sitzplätze und Klappsitze und die hierfür erhobenen Beträge in (Reichstaler, Schilling und Deut)	M	Fr	Kl	B	G	K	A
220	**Velker** pro viro 1 (5-10), pro uxore 1 (5-10)	1	1	0	Bre	Her	4	
221	**Scarpenbaum** pro viro 1 (-), pro uxore 1 (-), 8. Xbr. 1686 solvit 20 grossis	1	1	0	Bre	Rhe	5	
222	**Borchman** pro loco viri (1 rt.), pro loco uxoris (5-10)	1	1	0	Bre	Her	6.1	
223	**Steilinck** pro viro 1 (5-10), pro uxore 1 (5-10)	1	1	0	Bre	Her	6.1	
224	**Rovekamp** o	0	0	0	Bre	Rhe	6.3	Sitze ?
225	**Vuchten** [oder **Vechtel**] **Johan** pro viro 1 platz (-), 1691 d. 25. Martij solvit 1 rt. 7 ß.	1	0	0	Bre	Rhe	6.3	
	[allgemein]							
226	Daß **Sandtheggers** frau auß **Ossenbrinck**, **Bischoffs** und **Hunken** frauen banck ihn eine andere vor 2 plätz r[es]p[ectiv]e auß- unnd eingewiesen, gehoben (3 rt.)							
227	**Waseman** undt **Holthauß**, das die **Marckmansche** auß dero frauen banck genommen undt ihn andere gewiesen, geben (1 rt.)							
228	**Schoppengerdeken** solvit 1 klap (5-3)	0	0	1				
229	**Lubbert Curdtß** frauen schwester einen klap ad (5-3)	0	0	1				
230	**Claës thor Heerde** frau 1 klap (5-10)	0	0	1				
231	**Gretke Gorries** hußente, so einen klap gehabt unnd jetzo ihn einer banck gewiesen, solvit (1 rt.)							
232	**Otto Scheiffers** hußente einen klap gehabt undt jetzo ihn der banck gewiesen, solvit (1 rt.)							
233	**Cordt Borchmans** hußente frau 1 klap ad 1 rt., solvit duobis vitulis	0	0	1				
234	**Gretke Vielmeÿers** hußente einen klap ad 10 gr.	0	0	1				
235	**Lange** solvit (10-6) [*]		1					
236	**Nunningmohl** [*]							
237	**Wordeman** solvit (10-6) [*]		1					

Nr.	Namen der Höfe, Kotten und Häuser in den Bauerschaften, Anzahl der Sitzplätze und Klappsitze und die hierfür erhobenen Beträge in (Reichstaler, Schilling und Deut)	M	Fr	Kl	B	G	K	A
238	**Greive** solvit (10-6) [*]		1					
	[Anmerkung zu *] **Wietermans** frau aus der bank gekaufft unnd ihnnen dabeÿ die klap ahn der bäncke ahngewiesen, geben dafür ad 2 rt.							
	Summarum der baurschafft **Bredeck** ist (19-6-4)	10,5	12	0				
	Summariorum summae ahlingen empfangk geldtß belaufft sich insampt zu 244 thlr. 12 ß 3 d							
	1685 d. 13. Ap. **Westerman ihm Broik** pro loco uno viri solvit (5-10)	1						
	Notavi suo loco. 1691 d. 25. Mart. **Vechtell Johan** baur Breideick fur mans standt geben (1-7-0)	1						

Boisfeldt

	A[nn]o 1685 d. 18. Jan. haben die beÿde junffer und schwestere zum Boisfeldt durch junffer Casem einen rt. praesentiren laßen und geben daß die frau Abtißibb ihnnen erlaubet, ihn die erste der frauen bäncke negst ahm chor, welche daß cloister vor sich hat behalten, einzugehen unnd erbotten jehrlich als lang ihnnen sothane erlaubung sein möge einen rt. davon zu praestiren. Erst gedachten rt. hat die frau abtißinn gehoben.							
	Nb. weilen nachgehents wegen dem zu Böisfeldt ungestendigte jagt und sonst zwischen des cloister undt dero bruder Reinhardt einige uneinigkeit vorgangen, haben sie mit ihren bruder uff einige zei[t] unsere kirche iritirdt und zu Widenbrugk ihr Oisteren gehalten undt ist ihnzwischen vorgerurte licentz uffgehoben worden							

Nr.	Namen der Höfe, Kotten und Häuser in den Bauerschaften, Anzahl der Sitzplätze und Klappsitze und die hierfür erhobenen Beträge in (Reichstaler, Schilling und Deut)	M	Fr	Kl	B	G	K	A
	Addition der Sitze und Klappen							
	Summarum ahlingen empfangß der **Abdey baur** ist (50-12-1½)	53	76	2				
	Summarum ahlingen empfangß der **Broick baur** ist (44-5-11)	45	56,5	0.5				
	Summarum ahlingen erhobenen geldtß auß der **Groppel baur** ist (33-7-5)	48	53	3				
	Summarum ahlingen empfangk geldtß auß der baurschafft **Quernhorn** ist (45-16-2½)	32,5	33,5	0				
	Summarum ahlingen auß der baurschafft **Pixell** erhobenen geldts ist (51-3-3)	42	61	0				
	Summarum der baurschafft **Bredeck** ist (19-6-4)	10,5	12	0				
	Summe aller Sitze des Kirchspiels darunter 34 neue Sitze	231	292	10				

Anlage 2

1719–1721
Renovierung der Pfarr- und Klosterkirche

Der Herzebrocker Klostersekretär Arnold Hermann Böemken (1692–1728) berichtet über die Renovirung und Weißung hießiger Closter Kirchen.

FA Rheda, Rha. H Ak. 3002: Geldpacht und Renthen 1714 seqq. (1714–1723). Wirtschaftsrechnungen des Klosters aus der Hand des Klostersekretärs Arnold Hermann Böemken. Hier: Jahrgang 1720/21. In der Abschrift sind Groß- und Kleinschreibung, Wortverbindungen und Zeichensetzung modifiziert, die Absätze des Originals aber im wesentlichen beibehalten worden.

Renovirung und Weißung hießiger Closter Kirchen	rthlr	sch	d
Weiln anno 1680 das letzte mahl hießige closterkirche geweißet worden, und [weiln] jetzige vorhergehende dreÿ jahren nacheinander vieles darinnen umbgeworffen und verändert worden, [weiln] dan das junffernchor gantz new gemachet und über drittehalb fueß höher gelagt, [weiln] die bühne für das schwesternchor und die treppen darahn, auff welcher man auß der kirchen über die bühne nach der junffernchor ging, gantz hinweg geworffen,			

[weiln] der alte örgelbühne mit einer noch anhangender bühnen, so ahn
der seithen des kirspels kirchoffes in der kirche noch zugegen wahr, alß
auch ebenfalß der neüe örgelbühne, welche gegenüber vor etliche 20
jahr beÿ renovirung und transferirung des örgels ahngelegt, beide hinweg
geräumet, undt [weiln] das örgell, welches jetzo gantz new verfertiget, für das
junffernchor gelagt [worden ist],

[weiln] dan auch die 2 tabernaculhaußer, darvon das eine gegen das hohe
altar über, das andere herunter vor der communicantenbanck [stand], in
welchem letzten das sacrum caput S. Christinae asserviret, in dem ersten
aber sacrae species eucharistiae [aufbewahret worden], weiln beide von
steinen außgeführet [und] mit zween tritt darfür weit in die kirche gingen und
also den prospect und [die] zierde der kirchen benahmen, [und] alß auch der
neüe gang zum junffernchor hinter das erste mußte ahngelegt werden, beide
abgebrochen [worden sind].

Das paviment oder pflaster der kirchen wahr in 4 theile abgetheilet. Der
obriste theil hatte eine höhe, der nachfolgende wahr einen halben fueß
nidriger, der wider nachfolgende noch einen halben fueß nidriger, [so]
daß alßo die darauff stehende kirspelsbäncke etliche hoch, die andere
niedrig, andere noch nidriger standen; [weiln] zudem wegen nidrigkeit des
junffernchors, wegen der schwesternbühne undt [der] chortreppe, dan
auch [wegen] beiden orgelbühnen und tabernaculhaußern die bäncke so
unter deme junffernchor alßo verfinstert [waren], daß auch bey hellem
sonnenschein die hintersten kein bettbuch gebrauchen konten. Solchen
schlechten zustand nuhn hießiger kirche hatt der fraw abtißinne hochwürdig
Annen Magdalenen von Schüren bewogen, zu der Ehr Gottes, [der] zierde
der Kirche und dem gemeinen besten dieße so beschwerliche, mühesahmen
und vielfaltige arbeit anno 1719 einen ahnfang zu machen und ist dieselbige
dießen herbst anno 1721 vollenführet worden.

Dießes alles nuhn ist propriis monasterii sumptibus ahngefangen und
vollendet, und hatt das kirspel zu dießen allen noch zur neüen orgel nicht
das geringste contribuiret, welches auch ob praejudicium evitandum nicht
verlanget worden.

Waß aber das pflaster der kirche zu planiren und mit neüen steinen zu
besetzen ahnbelangen thuet, ein solches hatt das kirspel ohne zuthuung
des closters, so weit sich die kirchenbäncke erstrecken, bezahlet. Und ist
dießerwegen von der frawen abtißinn eine kirchenschatzung darzu bewilleget
und nahmens deroselbigen von der canzel publiciret worden, alßo daß ein
jedweder für einen standt in der kirche 6 groschen und von einer klappen 3
groschen [hat] bezahlen müßen, exemptis tamen monasterii sedilibus. Von
dießem gelde ist die arbeit bezahlt und die steine ahngekaufft [worden]. Das
kirspel hatt darzu die fuhren praestirt, wie dan auch die handlänger [gestellet].
Das closter [hat] den obristen theil der kirche biß herunter ahn die bäncke
bezahlt mit zehen rhtlr.

Es haben zwarn etliche von hießigen kirspelsvorstehern sich heraußgelaeßen,
daß zu dieser neüen besetzung der kirchen das closter die halbscheidt
der unkosten contribuiren müeßte, welches ihnen aber abgeschlagen, da
denenselbigen vorgestellet, daß dieße planirung keine nohtsache [sei],
sondern eintzig und allein zu ihrer commodität geschähe, undt alßo nicht zum
closters sondern zum kirspels besten [wäre], und gleich wie das kirspel die
kirspelsbäncke ohne zuthun des closters müßte conserviren und vormahlß,
alß selbige new gemachet, hette bezahlen müßen, also auch den Grund
darunter alß alleinig zu ihrer aigenen commodität billig in esse halten und

anjetzo alß gantz ungleich und theilß von ihnen mit den füßen außgekratzet wider vom neüen besetzen zu laeßen ihnen allein obliggen thäte, wohmit selbige dan aequiescirt und die arbeit vom kirspel auß der kirchenschatzung verfertiget worden.

Wie dießes alles nuhn zur perfection worden, so hatt die fraw abtißin hochwürdig sich ebenfalß vorgenohmen, die kirche von neüen inwendig außsäubern und beweißen zu laeßen. Hierzu, weilen laut alten vergleichß hießiges kirspel, weilen es den gottesdienst darin mit genießet, die halbscheidt darzu contribuiren mueß, wie dan auch ebenfalß anno 1680 geschehen,

so habe ich, P. Augustinus Farwick alß procurator hießigen closters, in beÿweßen unßers secretarii Arnoldi Hermanni Böemken [und] dan auch deren beiden kirchenprovisoren Conrad Holthauß und Henrichen Berheide im nahmen hießigen closters und kirspels mit meister Johan Henseler von Wippenförde anno 1721 d. 24. Augusti darüber folgender gestalt contrahiret:

Daß bemelter meister dieße unsere kirche mit den junffernchor und unterchor in unstraeffbarer arbeit beweißen, dan auch das ahn denen mauren inwendig verfallene außbeßeren solle, welches der meister dan auch acceptirt, und versprochen alles mit seinen aigenen leuthen ohne zuthuung thäglicher handlänger (außgenohmen bey auffrichtung und niederlägung der stellagie, zu welcher er handlänger haben müßte) zu verfertigen für 32 rhtlr. undt 2 rthlr. weinkauffsgelder, die materialien aber alß kalck, stellagie, holtz etc. müßten ihm alle verschaffet werden. Darneben müßte er vor sich haben den freÿen tisch und freÿes schlaeffen, für seine knechte aber neben freÿes schlaeffen thaglich für jedweden 3 kanne bier. Wie dießes nuhn alßo accordirt und die arbeit den 25. Septembris perfectirt worden, so ist die außgabe dießerwegen folgende geweßen:

arbeitslohn mit eingeschloßenen weinkauff	34	"	"
der meister am Gildehauß 31 thage gespeißet, thaglich 5 schill. münstr[isch]	5	11	2
für 618 kanne bier für den gesellen	11	18	"
für schlaeffgeld am Gildehauß	1	7	10
facit	52	16	sch

Von dießem gelde ist die halbscheid vom kloster bezahlt ad	26	8	"

Hierauff ist sowohl zum zieraht der kirche alß auch [zum] nützen derjenigen, welche unter dem chor ihren sitz haben, von wegen des lichts halber mit bemeltem meister vom closter und kirspel ebenfalß verdungen, das junffernchor und den thurn in der kirche unten zu befliestern und zu dönneken, welche arbeit dan accordirt für 20 rthlr., und weil solche paribus sumptibus geschehen, facit pro monasterio

	10	"	"

Das bier, schlaeffgelt etc. beÿ dießer arbeit und niderlegung der stellagie ist obiger rechnung von der kirchen mit eingerechnet.

Waß die handtlänger auß dem kirspel bey auffrichtung und niederlägung der stellagie ahn bier verzehrt, facit medietas pro monasterio		7	11

	rthlr	sch	d.

Wegen denen stellagieböhmen, wie in registro monasterii de anno 1680 zu sehen, hatt das kirspel damahln alle stellagiebäume contribuirt, außgenohmen, daß das closter eine packe dellen und etliche bindelbäume darzu gelieffert, und ist damahlß sowohl das junffernchor alß die kirche mit stellagie durchgezimmert [worden], für jetzo aber hatt das closter propriis sumptibus auff der junffern chor einen schiebwagen machen laeßen, wo[r]auff das chor [ist] geweißet [worden], und [ist] alßo keine stellagie nohtwendig geweßen, und weil dießem ohngeachtet das closter zur stellagie der kirche zu contribuiren ahngesprochen worden, ist darauff geantwortet, das jetzo wegen verfertigung des wagens das closter mehr contribuiret alß vormahlß anno 1680.

Weil unterdeßen nicht annotirt [worden] und in vergeßenheit gerahten [ist], wie viel bäume ao. 1680 bey damaliger weißung und illuminirung der kirchen hießiges kirspel darzu [hat] ahnschaffen müßen, und alßo für jetzo ein meÿer und volles erbe allein zu 2 bäume, ein halbes erbe zu einen baum und letzlich noch darzu die erbkotter zu einen baum ahngeschlagen worden, dieße bäume aber nicht erkläcklich und gnug geweßen, weil eben zu solcher zeitt, da die kirche geweißet, die pilarn ahn der kirche nach des kirspels seithen oben abgenohmen und durch kirspels kosten außgebeßert und bedecket worden, zu welcher arbeit ebenfalß eine große stellagie von obigen bäumen mit verfertiget worden, so hatt das closter, alß es darüber ersuchet, 2 fuder füchten zu der kirchenstellagie geliehen, welche dan nach vollendeter arbeit auff dem closterplatz haben müßen wider gelieffert werden.

Die bretter zu deckung der stellagie hatt das kirspel von allerhand sorten und brockwerck darzu ahngekaufft und hernegst wider verkaufft, und hatt das closter die bretter, so zu deß closters umbgang zu dönneken und zu weißen ab ante gebrauchet worden, darzu mit contribuirt. Unterdeßen ist pro futura informatione zu notiren, daß alß jetzo die kirche solte geweißet werden und der ahnschlag der bäume geschehen, die alten bauren nichts darvon wißen wollen, wie viel bäume sie vormals contribuiren müßen, nach verfertigter arbeit aber haben selbige es wohl gewußt zu sagen, daß sie vormahls

ao. 1680 zu der kirche und zu den junffernchor ahn stellagieholtz hetten beÿschaffen müßen: alß ein meÿer und volles erbe 3 bäume, jedes halbes erbe 2 bäume und jeder erbkotter einen baum.

Der kalck zu dießer arbeit ist für diesmaln nicht in concreto gekaufft, dan weil das kirspel so wohl alß das closter darzu vorrähtigen kalck gehabt, so ist auß jedweder seiner kühlen der kalck pro medietate contribuiret, imgleichen auch zu dem dönneken und pliestern unter dem chor, darbeÿ dan die nägel ebenfalß pro medietate contribuirt worden; das kirspel hatt das holtz zu denen spielen und wallern außgethan, dagegen das closter die 3 balcken unter das unterchor, strohefierßell etc. zu den pliesterwerck; und ist alßo alles in frieden und ohne unglück geendiget.

Beÿ dießer weißung seint ebenfalß die finsterlüchten in der kirche von dem glaeßer zu Rheda, M. Otten Strenger, abgewaschen und außgebeßert [worden], von welchen das closter diejenige lüchten, die uff dem junffernchor seint, und die eine lucht hinter dem altar nach dem closterplatz hatt renoviren laeßen, die übrigen dreÿ aber das kirspel.

Die unkosten von kirspels wegen zu dieße beweißung, außbeßerung der pilarn ahn seithen des kirspelß und sonst, waß dem kirspel zu bezahlen obligget, seint hergenohmen auß einer von der frawen abdißin hochwürden bewilligt[en] und in nahmen derselben publicirten kirspelsschatzunge.

Anlage 3

1720
Anschaffung einer neuen Orgel

FA Rheda, Rha.H Ak. 3002: Geldpacht und Renthen 1714 seqq. (1714–1723). Wirtschaftsrechnungen des Klosters aus der Hand des Klostersekretärs Arnold Hermann Böemken. Hier: Jahrgang 1720/21.

Zum neuen orgell [außgegeben]:

Alß anno 1720 den 9. Octobris herr Joannes Dotte burger zu Wiedenbruck und orgelmacher, daß neue orgell contrahirter maeßen gelieffert, seint demselben nach abzug acht rthlr., so dem closter von dem alten bleÿ auß der vorigen orgel zu gute kommen, eingeschloßen all das jenig waß er darauff zuvor ad computum empfangen, bezahlt	357	
item beÿ lieferung der orgell eine recompens	6	
denen beiden organisten alß Hermanno Goeßman organisten zum Stromberg und Alexandro Rodenmeister organisten zu Marienfeldt alß liefferanten des orgel consueta iura	8	
dem mahler für das golt auff den praestant und 2 thage arbeit	3	14
item für das jenige, waß vom closter ahn eißenwerck, schaeffellen, leimb, drexellknöpffen etc. bezahlt	4	7
Summa	379	

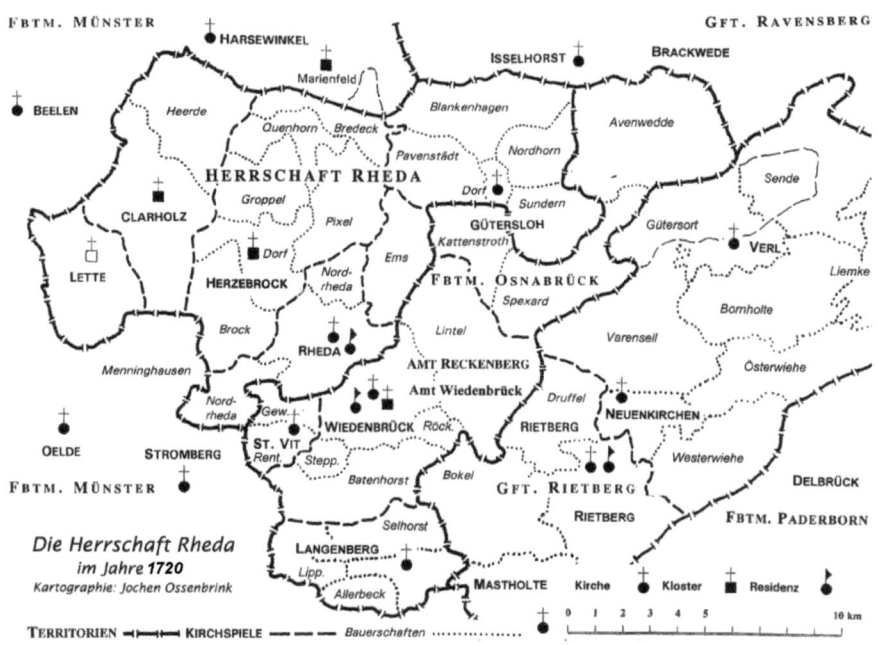

Die Herrschaft Rheda
im Jahre 1720
Kartographie: Jochen Ossenbrink

TERRITORIEN ━┥━┝━ KIRCHSPIELE ━━ ━ ━ Bauerschaften ⋯⋯⋯⋯

Kirche ● Kloster ■ Residenz

0 1 2 3 4 5   10 km

Das Bürgerbuch der Freiheit Westhofen 1746 bis 1808

von Hildegard Söffge (†) und Christian Loefke

Die Freiheit Westhofen, heute ein Stadtteil von Schwerte, kann auf eine lange Geschichte zurückblicken. Wohl schon um 500 n.Chr. durch die Brukterer besiedelt, soll 775 Karl der Große bei der Belagerung der (Hohen-)Syburg hier gewesen sein und den Ort zum Reichshof erhoben haben. Als solcher wird er erstmals 1228 urkundlich erwähnt. Die Privilegierung mit der niederen Gerichtsbarkeit und der freien Bürgermeisterwahl erhielt der Ort 1324 durch Graf Engelbert II. von der Mark. Als Teil der Grafschaft Mark gelangte Westhofen 1609 an Brandenburg-Preußen. Im Zuge des Absolutismus endete auch für Westhofen 1723 unter dem preußischen König Friedrich Wilhelm I. die städtische Selbstverwaltung, wogegen sich die Einwohner Westhofens vergeblich bis 1734 wehrten.[1]

Mit der Erhebung Westhofens zur „Freiheit" (1324) erhielten deren Einwohner Rechte, die den Bewohnern der Umgebung nicht zustanden. Um hier den Überblick zu behalten, wurden Listen mit den Namen der neu hinzukommenden Privilegierten geführt. Erhalten hat sich für Westhofen ein solche Neubürgerliste für die Zeit von 1746 bis 1808.[2]

Nachdem Hildegard Söffge und ich 2006 das Bürgerbuch der Stadt Schwerte veröffentlicht hatten,[3] war geplant, das ebenfalls im Stadtarchiv Schwerte lagernde Bürgerbuch der Freiheit Westhofen[4] abzuschreiben und als weiteren Band der Roland-Schriftenreihe zu veröffentlichen. Wie sich schnell herausstellte, waren sowohl die zeitliche (1746–1808, mit Lücken 1771–1784, 1804 und 1805) als auch die schriftliche Dimension des Originals (S. 1–10 und 174–218, groß beschrieben) nicht ausreichend, einen Band von nennenswertem Umfang zu generieren. Versuche, aus weiteren Akten zusätzliches Material zu extrahieren, verliefen dann im Sande.

Die hier folgende Edition des Bürgerbuchs basiert auf den von Hildegard Söffge gefertigten Abschriften sowie deren Überarbeitung anhand einer Kopie vom Original, die uns freundlicher Weise damals vom Stadtarchivar Udo Bleidick zur Verfügung gestellt wurde. Die Akte beginnt auf Seite 1 mitten im Text, wie aus der Nummerierung der Neubürger ersichtlich ist. Die Seitenzählung in der Akte

---

1 Vgl. https://de.wikipedia.org/wiki/Westhofen_(Schwerte) [20.10.2021].
2 In der Aufstellung über „Westfälische Bürgerrechtsquellen. Bedeutung und Nachweis veröffentlichter Bürgerbücher und Bürgeraufnahmelisten" von Augst SCHRÖDER (in: Beiträge zur westfälischen Familienforschung 17 (1959), S. 1–56) gilt diese Bürgerliste noch als verloren (S. 55). – Vgl. dort auch allgemein zur Anlage und Führung von Bürgerlisten S. 3–15.
3 SÖFFGE, Hildegard / LOEFKE, Christian (Hg.): Das Bürgerbuch der Stadt Schwerte 1700 – 1806 (= Schriftenreihe des Roland zu Dortmund e.V., Neue Folge, 1). Dortmund 2006.
4 StadtA Schwerte, Best. Westhofen 3.2.6.

ist also nachträglich eingefügt worden und erscheint in der Edition in eckigen Klammern [], ebenso wie eigene Ergänzungen der Bearbeiter. Streichungen im Original sind durch spitze Klammern gekennzeichnet. Abkürzungen sind – soweit offensichtlich – in runden Klammern ( ) aufgelöst. Nachträge sind durch Schrägstrichen // markiert. Zusätzliche Informationen zu einzelnen Personen sind mehr zufällig als systematisch angemerkt. Anhand der bei Archion[5] im Internet verfügbaren Kirchenbücher von Westhofen ließen sich sicher noch mehr Zusammenhänge erhellen.

[Editionstext]

[S. 1]

[1746]

3. Henr(ich) Died(erich) **Rohr**
4. Joh(an) Died(erich) **Borchman**
5. Died(erich) **Schevecop**[6]
6. Fried(erich) **Dickman**
7. Joh(an) Ernst **Westerhoff**
8. Died(erich) Herm(an) **Hoffman**

1747, den 22. Februarij

haben nachfolgende neue Bürger den gewohnliche Bürgeraÿdt wie vorstehet abgeleget als:
1. Joh(an) Died(erich) **Grave**, Schulmeister alhier
2. Friederich Caspar **Jütte**
3. Bernhard Diederich **Schröder**

Den 22. Febr(uarij) **1748**

haben folgende den Bürgeraÿdt abgeleget
1. Johan Fried(erich) **Köpperman**
2. Friederich **Schooff**

---

5   https://www.archion.de/de/browse/?no_cache=1 [Westfalen: Landeskirchliches Archiv der Evang. Kirche -> Kirchenkreis Iserlohn -> Westhofen].
6   Er war mit Catharina Elisabeth Weybrich, T.d. Caspar Heinrich Weybrich d.Ä., verheiratet (REININGHAUS, Wilfried: Die Akten des Schwerter Richters (17./18. Jahrhundert) – Stadtarchiv Schwerte, Bestand P [= Inventare der Nichtstaatlichen Archive Westfalens, N.F. 12]. Münster 1992, S. 159, P 614).

A(nn)o **1749**, den 22ten Febr(arij)

haben nachbenente das Bürgerrecht gew(onnen) und den Bürgeraÿdt persöhnlich außgeschworen
1. Friederich **Saltman**
2. Diederich Herman **Weÿbrig**
3. Friederich **Hoffman**
4. Jürgen Henrich **Dahlhauß**
5. Johan Henrich **Schulte**
6. Johan Diederich **Huffnagell**
7. Joh(an) Herman **Braß**

[S. 2]
Anno **1750**, den 23ten Febr(uarij)

haben nachbenente das Bürgerrecht gewonnen und den Bürgeraÿdt persöhnlich
außgeschworen
1. Johan Diederich **Velthauß**
2. Johan Diederich **Hoffman**
3. Johan Henrich **Post**
4. Johan Henrich **zur Nieden**
5. Jürgen Henrich **Velthauß**
6. Johan Herman **Kümper**

Anno **1751**, den 22ten Februarij

haben nachbenennte das Bürgerrecht gewonnen und den Bürgeraÿdt persöhnlich außgeschworen,
1. Johan Henrich **Weÿberg**
2. Johan Herman **Koch**
3. Johan Caspar **Schröeder**
4. Jürgen Henrich **Wever**
5. Conrad **Griffing**
6. Died(erich) Herman **Weÿbrich**
7. Goerd Henrich **Wever**

Anno **1752**, den 22ten Februarij

haben coram Magistratu folgende neue Bürger den gewöhnlichen Bürgeraÿdt
ausgeschwohren

1. Johan Henrich **Gosman**
2. Johan Friederich **Herlinghauß**
3. Johan Friederich **Kampman**
4. Friederich Henrich **Schroer**
5. Casp(ar) Henrich **Schulte**
6. Johan Diederich **Schulte**

[S. 3]

Anno **1753**, den 22ten Februarij

haben nachfolgende 3[7] Bürger das Bürgerrecht gewonnen und den Bürgereÿdt
<wie nachstehet> ausgeschwohren,
1. Jürgen Henrich **Herlinghaus**
2. Friederich **Kauffmann**
3. Johan Henrich **Hoffmann**
   Eodem hat obbemelter Johan Henrich Hoffmann den Bürgereydt ausgeschwohren.

Anno **1754**, den 22ten Februarij

haben das Bürgerrecht gewonnen, auch den Bürgereÿdt ausgeschwohren
[1.] Hermann Henrich **Dickehüth** und
[2.] Jürgen Henrich **Schöene**
[3.] Bernhard **Rochholz**[8]

Anno **1755**, den 22ten Februarij

haben nachbenente das Bürgerrecht gewonnen und den Bürgereÿdt persöhnlich
ausgeschwohren,
1. Johan Herman **Hengstenberg** von Schwerte
2. Philip **Sauerländer** aus dem Amt Höerde
3. der Camerarius und Secretarius, auch respec(tive) Accise Inspector, Johan
   Giesbert Wilhelm **Uffelman**
4. Accise Auffseher Godtfriedt **Weidner** und ist diesem einhalts Protocolli das

---

7 Verbessert aus 2.
8 Bernhard Rocholl, * Radevormwald 19.2.1725, † Westhofen 8.7.1785, Kupferschmied und
   Kaufmann, S.d. Johannes Rocholl u.d. Anna Maria Rocholsberg, ∞ Westhofen 1.6.1751 Anna
   Elisabeth Brass, ~ Westhofen 19.6.1729, † ebd. 4.11.1791, T.d. Johann Heinrich Braß u.d.
   Anna Catharina Stippe (vgl. ROCHOLL, Richard: Geschichte des Geschlechts Rocholl aus
   Radevormwald. Berlin 1938, S. 50).

Bürgerrecht gratis concediret

[S. 4]
Anno **1756**, den 23ten Februarij

haben nachbenente das Bürgerrecht gewonnen, und den Bürgereÿdt persöhnlich ausgeschwohren,
1. Johan Henrich **Borgmann**
2. Johan Henrich **Schnettler**
3. Henrich Wielhelm **Osthoff**
4. Henrich Jürgen **Kohle**
5. Jürgen **Straeter**

Anno **1757**, den 22ten Februarij

haben ferner nachbenendte das Bürgerrecht erga dignum[9] gewonnen und den
Bürgereydt persöhnlich ausgeschworen
1. Johan Henrich **Osthoff**
2. Herman Henrich **Osthoff**

[S. 5]
Anno **1759**, den 22. Februarij

haben coram Magistratu folgende neue Bürger den gewöhnlichen Bürgereÿdt
abgeschwohren alß
1. Johan Diederich **Nettmann**
2. Henrich Jürgen **Kogelheÿ[de]**[10]
3. Jürgen Henrich **Schulte modo Bekhaus**
4. Johan Herman **Wever modo Teil**
5. Landtrompeter Benjamin **Zeller**
6. Friederich **Weyberg**
7. Friederich **Wever** junior
8. Johan Henrich **Braes**
9. Caspar Henrich **Weyberg**
10. Henrich Diederich **Bierhoff**
11. Georg Philip **Overweg**

---

9 erga dignum [lat.] = *gegen Erstattung der Gebühren*.
10 Heinrich Jürgen Kogelheide, ~ Herbede 25.12.1726, S.d. Heinrich Jürgen Kogelheide u.d.
    Anna Margareta Lietmann, ∞ Herbede 23.7.1754 Elisabeta Margareta Catharina Ziegenboge,
    ~ Westhofen 9.8.1735, T.d. Caspar Ziegenboge u.d. Anna Margareta Schöne.

Ferner sind den 12. Marty **1759** annoch in Eydt genohmen worden
12. der Johan Henrich **Kaufmann**
13. Johan Diederich **Schumacher**

pro anno 1758/59
13 Bürger

[S. 6]

Anno **1760**, den 22ten Februarij

sind nachfolgende Bürger in Eÿdt und Pflicht genohmen worden, alß
1. Johan Eberhardt **Westendorff**
2. Peter **Tucht**
3. Henrich Diederich **Neveling**
4. Friederich **Böing**
5. Johan Henrich **Hövelmann**
6. Died(erich) Henrich **Lieselühr**
7. Johan Adolff **Bierwirth**

Den 22. Marty **1760**

8. hat der Friederich Philip **Gue** den Bürgereydt coram Magistratu abgeleget

Summe pro anno 1759/1760
8 neue Bürger

[S. 7]

Den 23ten Februarij **1761**

sind an heute folgende Bürger in Eÿdt und Pflicht genohmen worden,
1. Diederich Herman **Netmann** – ist nach Schwerte geheÿrathet[11]
2. Jacobus **Weischede**
3. Jürgen Henrich **Braes**
4. Jürgen Henrich **Wortmann**
5. Johan Henrich **Wewer genand Westenbraes**
6. Herman Henrich **Osthoff**
7. Johan Henrich **Hotthoff**

Summa pro anno 1760/61
7 neue Bürger

---

11 Vgl. SÖFFGE / LOEFKE, Bürgerbuch Schwerte, Nr. 393.

Den 22. Februarij **1762**

sind nachfolgende Bürger in Eydt und Pflicht genohmen worden:
1. Johan Henrich **Schneider**
2. Johan Henrich **Mering**
3. Johan Henrich **Wewer**

Den 22ten Februarij **1763**

sind nachfolgende Bürger in Eÿdt und Pflicht genohmen worden:
1. Wielhelmus **Boos**
2. Casper Died(erich) **Osthoff**
3. Casper Henrich **Fröling**

Den 22ten Februarii **1764**

sind nachstehende Bürger in Eyd und Pflicht genohmen als
1. Johan Diederich **Kemper**
2. Johan Diederich **Watermann**
3. Fried(erich) **Osthoff** juniori am Westenthoer
4. Johan Diederich **Althoff**
5. Caspar **Wever**
6. Friederich **Saltmann**
7. Johan Henrich **Westerhoff** juniori
pro anno 1764 – 7

Den 22ten Februarij **1765**

ferner folgende als
1. Schuhlm(ei)st(e)r H(err) Johan Wielhelm **Diell**
2. Engelbert **Schooff**
sind also nur 2 Bürger

Westhoven, den 23ten Febr(uarij) **1766**
Vacat

[S. 10]

Westhoven, den 23ten Febr(uarij) **1767**

ist nur ein Bürger, nahmentlich
Johan Jürgen **Sieber**,
in Eyd genohmen worden.

Westhoven, den 22ten Febr(uarij) **1768**

sind nachstehende Bürger geworden und auch verpflichtet als
1. Herman **Lappe**
2. Herman Henrich **Weischede**
            also pro anno 1767/68

Westhoven, den 22ten Febr(uarij) **1769**

1. Wielhelm **Sorgenit**
2. Herman Henrich **Degener**
3. Frans Henr(ich) **Rüssmann**
            also pro 1768/69

Westhoven, den 22ten Febr(uarij) **1770**

1. Johan Herman **Spaenhoff**
2. Died(erich) Henr(ich) **Herlinghaus**
3. Philip **Löher**
            [also pro] 1769/1770[12]

[S. 174]

Westhoven, den 22ten Febr(uarij) **1785**

Praesentes: d(er) H(err) Bürgerm(ei)ster Maercker, d(er) H(err) Secret(arius)
    Faerber,[13] d(er) H(err) Rathmann Overweg,[14] d(er) H(err) Rathmann

---

12 Folgt eine Lücke in den Bürgerschaftsaufzeichnungen von 1771 bis 1784.
13 Johann <u>Georg</u> Heinrich Färber, * um 1760, Stadtsekretär, später auch Kämmerer, seit 1795 letzter
    Bürgermeister der Freiheit Westhofen, ∞ Westhofen 2.8.1783 Johanna <u>Helena</u> Theodora Overweg,
    ~ Westhofen 29.8.1765, T.d. Georg Philipp Overweg u.d. Anna Catharina Elisabeth Springorum.
14 Georg Philipp Overweg, ~ Westhofen 11.3.1722, † ebd. 5.9.1811, Ratsherr in westhofen, ∞
    I. Westhofen 30.11.1758 Anna Catharina Elisabeth Springorum, ~ Herdecke 5.10.1736, †

Westendorff

meldeten sich heute folgende Bürgersöhne hieselbst als

1. Philip Jacob **Trompetter**
2. Frid(erich) Jacob **Osthoff**
3. Casp(ar) Died(erich) **Hoevelmann**
4. Mathias **Wengmann**

welche darauf antrugen, daß mann sie an den Rechten und Gerechtigkeiten der Bürgerschaft theil nehmen laßen, und als solche eÿdlich verpflichten mögte.

Wie man nun von Magistrats wegen kein Bedencken gefunden, dem Gesuch der Comparenten zu willfahren, so ist denen selben

[S. 175]

zu förderst die in dem Anfange dieses Buchs unterm 12ten Aug(ust) 1724 näher vestgesetze Formul des zu leistenden Bürgereides deutlich und verständlich vorgelesen; und demnechst

2tens denen selben zur Pflicht gesetzet worden, längstens innerhalb 4 Wochen sich zweÿ neue Feuereÿmer anzuschaffen, daß solches geschehen, den Magistrat durch Vorzeigung derselben zu rechtfertigen, mithin einen davon zu Rathhauße abzuliefern und den andern in ihren Behausungen, an einem dazu zu bestimenden besondern Ort, auf zu bewahren;

endlich 3tens ist denen selben bedeutet worden, daß ein jeder von ihnen auf Gemeinheitsgrunde und zwar am Westen Eicken 6 Eichenpotten zu pflantzen und den Magistrat davon innerhalb Ja(hr) und Frist zu überzeugen.

[S. 176]

Diesem vorher gegangen und nachdem ihnen eröfnet worden, daß ihnen der Kostenbetrag zur schleunigen Abführung an den Camerarium noch heute bekannt gemacht werden würde, haben Comparentes den vorhin gedachten Bürgereÿdt cörperlich ausgeschworen, und dies Protocol mit unterschrieben. Actum ut supra.

[Unterschriften:] Märcker, Faerber, G(eorg) Ph(ilipp) Overweg, J(ohann) E(berhard) Westendorff

Philipus Jacobus Trompetter

Friderich Jacob Osthoff

+++ vorstehende 3 Kreutzer hat Mathias Wengmann eigenhändig gezogen, welches attestire – Faerber

Casper Diederich Höffelman

Die Kosten für den Magistrat hat ein jeder Bürger mit 1 Rt 30 St(über)

Westhofen 12.11.1777, T.d. Johann Bernard Springorum u.d. Gertrud Elisabeth Brenschede; ∞ II. Westhofen 22.6.1779 Anna Sybilla Helena Rumpe.

edictmäßig bezahlt. Macht also von 4 Bürgern 6 Rt, davon erhält der Bürgerm(ei)st(e)r von jedem vorab –– 40 St(über).
Der Camerarius –– 20 [Stüber], macht –– 4[15] Rt
Die übrigen 4 Rt sind unter samtliche Magistratsglieder zu gleichen Theilen verteilet worden.

[S. 177]
Westhoven, den 22ten Febr(uarij) 1788

Zur Gewinnung des Bürgerrechts erschienen als
1. Henr(ich) Died(erich) **Osthoff**
2. Friederich Casp(ar) **Jütte**
3. Hermann **Wever**
4. Frid(erich) Casp(ar) **Schulte**
5. Casp(ar) Died(erich) **Netmann**
und
6. Johann Frid(erich) **Neuhauss**
Wie nun von Seiten des Magistrats nichts dabeÿ zu erinnern gefunden, so sind ihnen die in dem unterm 25ten Febr(uarii) 1785, wegen der dazumalen neu gewordenen Bürger abgehaltenen
[S. 178]
Protocol enthaltenen Puncte eröfnet und zur Pflicht gesetzet worden; und haben darauf den in diesem Buch enthaltenen Bürgereÿdt de 12ten Aug(ust) 1724 mit vorhergegangener deutlicher Vorlesung, cörperlich ausgeschworen, und dies Protocol eigenhändig mit unterschrieben. Ut supra.
[Unterschriften:] Faerber, G(eorg) Ph(ilipp) Overweg, J(ohann) E(berhard) Westendorff
Henrich Diederich Osthoff
+++ vorstehende 3 Kreutzer hat der schreibens unerfahrne Fr(iederich) Casp(ar) Jutte eigenhändig gezogen – Faerber
Johan Herman Wever
+++ vorstehende 3 Kreutzer hat des schreibens unerfahrne Casp(ar) Schulte eigenhändig gezogen – Faerber
Casper Diederich Nettman
Johann Friederich Neuhauß

[Randvermerk:] Die Rathhäußliche Gebühren hat ein jeder Bürger mit 1 Rt 30 St(über) bezahlt.

---

15 Wert *4* gestrichen. Wäre aber richtig, wenn auch der Kämmerer von jedem 20 Stüber erhielte: 4 x 40 + 4 x 20 = 4 Rt. Sollte der Kämmerer nur einmalig 20 Stüber erhalten, dann wären es zusammen 3 Rt und der folgenden Restwert ist um 1 Rt zu hoch angegeben.

Westhoven, den 23ten Febr(uarij) **1789**

Praesentes: Cam(erarius) & Secret(arius) Faerber, Rathmann Overweg,
    Rathmann Westendorff
Coram Magistratu erschienen zur Gewinnung des Bürgerrechts folgende Bürgersöhne als
1. Jürgen Henrich **Mering**
2. Died(erich) Henr(ich) **Wever**
3. Casp(ar) Henr(ich) **Neveling**
4. Jurgen Henrich **Lappe**
5. Johann Friderich **Bierhoff**[16]
und
6. der von Schwerte gebürtige Died(erich) Wilh(elm) **Schumacher**
    Da man nun von Seiten des Magistrats hiebeÿ keine obwaltende
    Bedencklichkeiten fand, so ist denselben nicht nur ihre zu leistende Pflicht
    und Schuldigkeit, welche sie in Erfüllung
    zu bringen angelobet, bekannt gemacht, sondern auch der in diesem
    Buche enthaltene Bürgereÿdt de 12ten Aug(ust) 1724, nachdem ihnen
    solcher deutlich vorgelesen, abgenommen; und haben Comparentes
    dies Protocol eigenhändig mit unterschrieben. Ut supra.
[Unterschriften:] Faerber, G(eorg) Ph(ilipp) Overweg, J(ohann) E(berhard)
    Westendorff
Diederrich Henrich Wever
Casper Henrich Nefelling
Jürgen Henrich Lappe
Died(erich) Wilm Schomager

Westhoven, den 5ten Dec(em)br(is) **1789**

Erschien heute der Casp(ar) Died(erich) **Langenbach** aus Schwerte gebürtig,
und gegenwärtig Oelmühler beÿ den H(errn) von Hoevel zur Ruhr, mit der
Anzeige, daß er gewillet seÿ, sich hieselbst zu etabliren und mit der Witwe
Herm(anni) Spaenhoff nächstens durch priesterliche Einsegnung, als wozu
der mit erschienene Vater des ged(achten) Langenbach, Caspar Langenbach,
seine Einwilligung gab, zu verehlichen. Mit Bitte, ihn also vorläufig zur Gewinnung des Bürgerrechts den zu leistenden Bürgereÿdt abzunehmen. Wie man
nun hiebeÿ von Seiten des Magistrats keine obwaltende, hinderliche Umstände

---

16 Seine Unterschrift fehlt unter dem Protokoll!

fand, so sind den mehrged(achten) Casp(ar) Died(erich) Langenbach zu förderst die Pflichten und Schuldigkeiten, welche er beÿ Winnung des Bürgerrechts in Erfüllung zu bringen hat, nicht nur bekannt gemacht, sondern auch der in diesem Buche enthaltenen Bürgereÿdt de 12ten Aug(ust) 1724 deutlich vorgelesen, welchen derselbe so dann ausgeschworen und dies Protocol eigenhändig mit unterschrieben hat. Ut supra.
[Unterschriften:] Faerber
Casper Diederich Langenbach

[S. 182]

Westhoven, den 22ten Febr(uarij) **1790**

Praesentes: Cam(erarius) [et] Secret(arius) Faerber, Rathmann Overweg, Rathmann Westendorff
Beÿ heutiger Rathsversamlung meldeten sich zur Gewinnung des Bürgerrechts folgende Bürgersöhne als
1. Henr(ich) Joh(an) **Weischede**
2. Joh(an) Henr(ich) **Schneider**
3. Died(erich) Herm(an) **Althoff**
4. Casp(ar) Philip **Wever**
5. Died(erich) Frid(erich) **Borgmann**
6. Henrich **Wever**
7. Frid(erich) Wilh(elm) **Rochol**[17]
8. Herm(an) Hen(rich) Wever
9. Jürgen Henr(ich) **Kogelheÿde**[18]
und
10. der von Sÿburg gebürtige Casp(ar) Died(erich) **Hofmann**
und
11. Joh(an) Henr(ich) **Hustert** ebenfals von Sÿburg gebürtig
[S. 183]

Wie man nun von Seiten des Magistrats dabeÿ nichts zu erinnern fand, so ist ihnen zu förderst der in diesem Buche enthaltene Bürgereÿdt deutlich vorgelesen, diesen vorgegangen sind ihnen die sonstige Schuldigkeiten als neue Bürger bekannt gemacht, welche sie überall in Erfüllung zu bringen versprachen und haben darauf den erwehnten Eÿdt ausgeschworen

---

17 Friedrich Wilhelm Rocholl, ~ Westhofen 16.8.1759, Kupferschmied in Westhofen, S.d. Bernhard Rocholl u.d. Anna Elisabeth Braß (s.o. Anm. 8), ∞ Westhofen 2.5.1801 Anna Catharina Helena Braß, * um 1773, † Westhofen 23.2.1843, T.d. Johann Heinrich Braß u.d. Anna Elisabeth Osthoff (vgl. ROCHOLL, Geschichte des Geschlechts Rocholl, S. 80).
18 Jürgen Heinrich Kogelheide, ~ Westhofen 12.9.1762, S.d. Heinrich Jürgen Kogelheide u.d. Elisabeth Margareta Catharina Ziegenboge (s.o. Anm. 10), ∞ Westhofen 22.10.1790 Clara Catharina Oesing.

und dies Protocol eingenhändig mit unterschrieben.
Ut supra.

[Unterschriften:] Faerber, G(eorg) Ph(ilipp) Overweg, J(ohan) E(berhard)
Westendorff
Henderig Joh(an) Weischede
Johann Henrich Schneider, Joh(an) Dieder(ich) Herman Althoff,
Johan Casper Philip Wever, D(iederich) F(riderich) Borgman, Henrich Wever
+++ – vorstehende 3 Kreutzer hat der schreibens unerfahrene Fr(iderich)
Wilh(elm) Rochol
+++ – Herm(an) Henr(ich) Wever
+++ – Jürgen Henr(ich) Kogelheÿde und
+++ – Casper Died(erich) Hofmann eigenhändig gezogen
Johan Henrich Hustert

[S. 184]
Westhoven, den 22ten Febr(ruarij) **1792**[19]

Praesentes: Camer(arius) et Secret(arius) Faerber, H(err) Rathmann Overweg,
H(err) Rathmann Westendorff
Der Verabladung gemäß erschienen beÿ heutiger Rathsversamlung zur Wienung
des Bürgerrecht folgende Bürgersöhne als
1. der Kaufmann H(err) Joh(an) Herman **Hengstenberg** und
2. Jürgen Henrich **zur Nieden**
    Wie nun hiebeÿ von Seiten des Magistrats keine obwaltende Bedenklichkeiten
    vorkamen, so ist ihnen der in diesem Buche enthaltene Bürgereÿdt de
    12ten Aug(ust) 1724 deutlich vorgelesen, wie auch die ihnen sonst als
    Bürger obliegende Pflichten und Schuldigkeiten bekannt gemacht, worauf
    Comparentes den erwehnten Eÿdt cörperlich ausgeschworen und dies
    Protocol eigenhändig mit unterschrieben haben.
    Actum ut supra.
[Unterschriften:] Faerber, G(eorg) Ph(ilipp) Overweg, J(ohan) E(berhard)
Westendorff
J(ohan) Herman Hengstenberg
Jurgen Henrich Zurnieden

[S. 185]
Westhoven, den 22ten Febr(uarij) **1791**[20]

---

19 Aus *1791* verbessert.
20 1792 durchstrichen und 1791 darüber geschrieben.

Praesentes: Cam(erarius) et Secret(arius) Faerber, H(err) Ratmann Overweg,
H(err) Ratmann Westendorff
Da sich zur Wienung des Bürgerrechts
1. der Died(erich) **Borgmann** und
2. Casp(ar) Viedler
meldeten und dabeÿ von Seiten des Magistrats nichts zu erinnern vorkam,
so ist selbigen nicht nur zu förderst ihre als Bürger zu leistende Pflicht
und Schuldigkeit bekannt gemacht, sondern auch der in diesem Buche
enthaltene Bürgereÿdt de Dato Westhoven, d(e) 12ten Aug(ust) 1724,
deutlich vorgelesen und darauf von ihnen cörperlich ausgeschworen.
Womit dies Protocol geschloßen und unterschrieben worden.
[Unterschriften:] Faerber, G(eorg)Ph(ilipp) Overweg, J(ohan) E(berhard) Westendorff
Diederich Herman Borgman
+++ – vorstehende Kreutzer hat der schreibens unerfahrene Casp(ar) Viedler
eigenhändig gezogen, welches attestiret Faerber.

[S. 186]
Westhoven, den 22ten Febr(uarij) **1793**

Praesentes: Cam(erarius) & Secret(arius) Faerber, H(err) Rathman Overweg,
H(err) Rathmann Westendorff
Zur Wienung des Bürgerrechts sistirten sich heute vor den versammleten
Magistrat als die Bürgersöhne
1. Joh(an) Henr(ich) **Hofmann**
2. Pet(er) Philip **Tucht**[21]
3. Frid(erich) **Hofmann**
4. Herm(an) Henr(ich) **Pothoff**
5. Died(erich) Henr(enrich) **Neveling** und
6. Joh(an) Henr(ich) **Weÿberg**
Da nun hiebeÿ von Seiten des Magistrats keine Bedencklichkeiten obwalteten, so ist vorbenannten ihre Pflichten als Bürger, welche sie auch in
Erfüllung zu bringen versprachen, bekannt gemacht, wie auch der in
diesem Buche de 12ten Aug(ust) 1724 enthaltene Bürgereÿdt deutlich
vorgelesen, welchen sie denn auch cörperlich ausgeschworen und
[S. 187]
und dies Protocol eigenhändig mit unterschrieben haben. Ut supra.
[Unterschriften:] Faerber, G(eorg) Ph(ilipp) Overweg, J(ohan) E(berhard)
Westendorff
Johan Henrich Hoffmann

---

21 Peter Philipp Tucht, ~ Westhofen 3.2.1768, S.d. Peter Tucht (s.o. Bürgerrecht 1760), ∞ Westhofen 2.12.1792 Anna Catharina Elisabeth Küper.

Peter Philip Tucht
Friderich Hoffman, weilen der selbe schreibens unerfahren
Herman Henrich Pothof
J(ohann) E(berhard) Westendorf in nahmeß Diederich Friderich Neveling
Johan Hen(rich) Weiberg[22]

[S. 188]
Westhoven, den 6ten Julij **1793**

Unterm heutigen Dato erschien der aus hiesigem Orte gebürtige Friderich **Zum Busch**[23] mit Bitte, ihn zur Winnung des Bürgerrechts zuzulassen. Nach genauer Prüfung dessen Umstände kamen hiebeÿ keine Bedencklichkeiten vor; daher denselben nicht nur die zu leistende Bürgerpflichten mitgetheilet, sondern auch der in diesem Buche enthaltene Bürgereÿdt de 12ten Aug(ust) 1724 deutlich vorgelesen, welchen derselbe überall nachzukommen versprochen und sodann cörperlich ausgeschworen und dies Protocol eigenhändig mit unterschrieben hat. Ut supra.
[Unterschriften:] Faerber, Friderich Zumbusch

[S. 189]
Westhoven, den 22ten Febr(uarij) **1794**

Zur Gewinnung des Bürgerechts erschienen
1. der aus dem Hagenschen freÿ Canton gebürtige Fr(iederich) **Funcke**
2. Joh(an) Herm(an) **Schulte** aus dem Amte Schwerte, von Gahrenfeld gebürtig, welcher seiner Aussage nach seit 5 Jahren beÿ der Cantons Revision nicht mehr erscheinen brauchen, mithin vom Enrollement zu Kriegsdiensten befreÿet.
Wie nun beÿde sich schon seit einiger Zeit hieselbst häuslich niederge-laßen und überhaupt zur Gewährung ihres Gesuchs kein Bedencken vorkam, so sind denselben nicht nur ihre Pflichten /als Bürger/[24] wel-che sie überall in Erfüllung zu bringen versprochen, bekannt gemacht, sondern auch der in diesem Buche enthaltenen Bürger/eÿdt/[25] deutlich vorgelesen, welchen sie den auch cörperlich aus-
[S. 190]
geschworen und dies Protocol eigenhändig mit unterschrieben haben.

---

22 Geschrieben: *meiperg.*
23 Heiratete 1792 Anna Josina Wever, T.d. Tierarztes Johann Hermann Wever gen. Gosmann u.d. Maria Catharina Elisabeth Brass.
24 Vor der Zeile nachgetragen.
25 Verbessert aus *recht.*

Ut supra.
[Unterschriften:] Faerber, G(eorg) Ph(ilipp) Overweg, J)ohan) E(berhard)
        Westendorff
Friederich Funcke
Johan Herman Schulte

Westhoven, den 22ten Febr(uarij) **1795**

Beÿ heutiger Ratsversammlung erschienen zur Winnung des Bürgerrechts
1. Jacob **Roecken** von Elberfeld gebürtig
2. Herm(an) Henr(ich) **Sauerland** und
3. Frid(erich) **Wever**.
        Wie nun hiebeÿ keine Bedencklichkeiten vorkammen, so ist denselben ihre
        Pflichten als neue Bürger nicht nur bekannt gemacht, sondern auch der
        in diesem Buche enthaltene Bürgereidt de 12ten Aug(ust) 1724 deutlich
        vorgelesen, welchen sie auch wircklich ausgeschworen und dies Protocol
[S. 191]
        eigenhändig mit unterschrieben haben. Ut supra.
[Unterschriften:] Faerber, G(eorg) Ph(ilipp) Overweg, J(ohan) E(berhard)
        Westendorff[26]

[S. 192]
        Westhoven, den 21ten Febr(uarij) **1796**

Praesentes: d(er) H(err) Bürgermeister Faerber, d(er) H(err) Cammerarius
        Uffelmann
        Erschien der Sohn des hiesigen Bürgern Caspar Schulte, namentlich
        Friederich **Schulte**, mit Bitte, da er nunmehro als Besitzer des elter-
        lichen Wohnhaußes sich zu etabliren gedächte, ihn die Wienung des
        Bürgerrechts angedeihen zu laßen.
        Da nun derselbe bereits, wie Magistratui bekandt, vom Enrollement zu
        Militairdiensten schon vor einigen Jahren befreiet, und auch sonsten
        keine bedenkliche Hinderniße im Wege stehen, so ist dessen Gesuch
        deferiret, welchem nechst demselben dann der in diesem Buche enthal-
        tene Bürgereid de 12te August 1724 deutlich vorgelesen, welchen er so
        woll als die ihn sonst obliegende und bekandt gemachte
[S. 193]
        Bürgerpflichten überall in Erfüllung zu bringen versprach. Womit also
        dies Protokoll nach vorhergegangener Vorlesung vom Comparenten

---

26 Rest der Seite ist leer, die Unterschriften der drei Neubürger fehlen!

eigenhändig mit unterschrieben worden. Sic act(um) ut supra.
[Unterschriften:] Faerber, Uffelmann
Friderich Schulte

Westhoven, den 22ten Febr(urij) **1797**

Praesentes: d(er) H(err) Bürgermeister Faerber, d(er) H(err) Camerarius Uffelmann
Erschien aus hiesige Stadt gebürtige Bürgersöhne als
1. Johann Theodor **Hengstenberg**
2. Johann Hermann Henrich **Borgmann** und
3. Henrich Diederich **Schulte**
   mit Bitte, ihnen zur Wienung des Bürgerrechts und der damit verknüpften
   Recht-
[S. 194]
   und Gerechtigkeit zuzulaßen. Da nun von Seiten des Magistraths hiebeÿ
   keine Bedenklichkeiten obwalteten, so ist solcher Gesuch gewährt und
   denen selben ihre als neu angehende Bürger den obliegenden Pflichten
   und Schuldigkeiten, welche sie auch überall in Erfüllung zu bringen versprochen, bekandt gemacht, wie auch der in diesem Buche enthaltene
   Bürgereid de 12te August 1724 deutlich vorgelesen, welchen sie den
   <pünktlich> /cörperlich/[27] ausgeschworen und dies Protocoll eigenhändig
   mit unterschrieben haben. U(t) supra.
[Unterschriften:] Faerber, Uffelmann
Johann Theodor Hengstenberg,
+++ – Hermann Henrich Borgmann hat, da er nicht schreiben kann, diese 3
   Kreuze eigenhändig gezogen, wie nicht weniger folgende 3 Kreuze der
   ebenfals im schreiben unerfahrene Hendrich Diedrich Schulte
+++
   Uffelmann

[S. 195]
              Westhoven, den 22ten Febr(uarij) **1798**

Praesentes: Bürgerm(ei)st(e)r Faerber, H(err) Camer(arius) Uffelmann, H(err)
   Rathmann Netmann
Die hiesige Bürgersöhne Joh(an) Henr(ich) **Schnetler** und Henrich Diederich
Rüssmann meldeten sich beÿ heutiger Rathsversamlung zur Winnung des
Bürgerrechts.
   Von Seiten des Magistrats fand man keine Bedenklichkeiten dabeÿ, daher

---

27 Nachtrag über der Streichung.

dessen Gesuch gewillfahret und sind ihnen ihre als neu angehende Bürger obliegende Schuldigkeiten, welche sie in Erfüllung zu bringen versprochen, nicht nur bekant gemacht, sondern auch der in diesem Buche enthaltene Bürgereid de 12te August 1724 deutlich vorgelesen, <und selbigen> /welchen sie/[28] so dann

[S. 196]

körperlich ausgeschworen und dies Protocoll nach vorhergegangener Vorlesung und Genehmigung eigenhändig mit unterschrieben haben. U(t) s(upra).

[Unterschriften:] Faerber, Uffelmann, Nettmann
+++ – Zeichen des Joh(an) Henr(ich) Schnetler – Faerber
Henderich Diederich Rüßman

[S. 197]

Westhoven, den 22ten Febr(uarij) 1799

Praesentes: H(err) Bürgermeister Faerber, H(err) Camerarius Uffelmann, H(err) Rathmann Nettmann.

Der Verabladung gemäß erschienen zur Winnung des Bürgerrechts
1. der Kaufmann H(err) Johann Heinrich **Eberdt**, welcher von außen hierhin gezogen,
2. Wilhelm **Lenzmann**, welcher ebenfalls von außen hierhin gezogen
3. Caspar Henrich **Weÿberg** und
4. Wessel **Hagemann**

denen selben wurde nicht nur ihre als neu angehende Bürger ihre Pflicht und Schuldigkeit, welche sie überall in Erfüllung zu bringen /versprachen/[29], bekandt gemacht,

[S. 198]

sondern auch der in diesem Buche enthaltenen Bürgereid de 12te August 1724 deutlich vorgelesen, welchen sie denn auch nach ihren Kräften möglichst nachzukommen angelobet und solchen so dann körperlich ausgeschworen haben. Womit dies Protocoll nach vorhergegangener Vorlesung und Genehmigung von Comparenten eigenhändig mit unterschrieben worden. Sic a(ctum) u(t) s(upra).

[Unterschriften:] Faerber, Uffelmann, Nettmann
Johan Heinrich Eberdt
Wilhelm Lensmann
Casper Henrich Weÿberg
Wessel Hageman

---

28 Nachtrag über der Streichung.
29 Nachtrag über der Zeile.

Westhoven, den 22ten Febr(uarij) **1800**

Praesentes: H(err) Bürgermeister Faerber, H(err) Camerario Uffelmann, H(err)
Rathmann Nettmann

Beÿ heutiger Rathsversamlung meldeten sich zur Wienung des Bürgerrechts
folgende Bürgersöhne
1. Friederich **Osthoff genant Töns**
2. Joh(an) Henr(ich) **Gue**
3. Joh(an) Jürgen **Hagemann**
4. der von Holtzwieckerde(!) gebürtige Caspar **Rawe** und
5. Henrich Diederich **Schulte**
>   Da nun von Seiten des Magistrats hiebeÿ keine Bedenklichkeiten vorka-
>   men, so ist Comparenten Gesuch gewillfahrt.
>   Denen selben wurde dann zu vörderst

[S. 200]
>   ihre als neu angehende Bürger obliegende Schuldigkeiten, welche sie
>   denn auch überall in Erfüllung zu bringen versprachen, bekant gemacht
>   und demnächst der in diesem Buche enthaltene Bürgereid den 12te
>   August 1724 deutlich und verständlich vorgelesen, welchen sie so dann
>   auch körperlich ausgeschworen und dies Protocoll eigenhändig mit
>   unterschrieben haben.
>   Sic a(ctum) u(t) s(upra).

[Unterschriften:] Faerber, Uffelmann, Nettmann
+++ – Zeichen des Fr(iederich) Osthoff – Faerber
Johan Henrich Gue
Johan Jürgen Hageman
Johan Caspar Rabe(!)
Henrich Dierich(!) Schultz

[S. 201]
Westhoven, den 22te Febr(uarij) **1801**

Praesentes: H(err) Bürgermeister Faerber, H(err) Camerarius Uffelmann, H(err)
        Rathmann Nettmann

Beÿ der heutiger Rathsversamlung meldeten sich zur Gewienung des Bürgerrechts
1. Jürgen Henrich **Kemper**
2. Died(erich) Hermann **Wever**
>   welche beide aus hiesigem Orte gebürtig, wie nicht weniger
3. der hiesige Bürgersohn Friedrich **Leiermann** und
4. der von Gahrenfeld gebürtige Johann Hermann **Brand**

Da <sich> /man/[30] nun der Comparenten Gesuch zu willfahren, keine Bedenken gefunden, so ist denen selben

[S. 202]

die ihnen als neu angehende Bürger obliegenden Pflichten und Schuldigkeiten bekant gemacht, welche sie so woll als denn in diesem Bürgerbuche enthaltenen Bürgereid de 12te Aug(ust) 1724 nach /geschehener/[31] vorherigen deutlichen Vorlesung und so dann von ihnen körperlich ausgeschworen ist, überall in Erfüllung zu bringen, versprachen. Womit dies Protocoll geschloßen und nach vorhergegangener deutlichen Vorlesung von Comparenten eigenhändig mit unterschrieben worden. S(ic) a(ctum) u(t) s(upra)

[Unterschriften:] Faerber, Uffelmann
Jürgen Hendrich Kemper
Diederich Herman Wever
Friederich Leierman
Johan Herman Brand zu Garenfeldt

[S. 203]

Westhoven, den 22. Febr(uarij) **1802**

Praesentes: H(err) Bürgermeister Faerber, H(err) Camerarius Uffelmann, H(err) Rathmann Nettmann
Zur Gewienung des Bürgerrechts meldeten sich heute die Bürgersöhne
1. Jürgen Henrich **Bierhoff** und
2. Wilhelm **Schnetler**

Von Seiten des Magistrats hat man hiebeÿ nichts Bedenkliches /gefunden/[32], daher denn selbigen ihre Pflicht und Schuldigkeit als neu angehenden Bürger, welche sie überall möglichst in Erfüllung zu bringen, versprochen, bekant gemacht und /ist ihnen/[33] so dann der in diesem Buche enthaltenen Bürgereid de 12. Aug(ust) 1724

[S. 204]

deutlich vorgelesen, von ihnen körperlich ausgeschworen und dies Protocoll eigenhändig mit unterschrieben worden ist. A(ctum) u(t) s(upra).

[Unterschriften:] Faerber, Uffelmann, Nettmann
Jürgen Henrich Bierhoff
+++ – Zeichen des Wilh(elm) Schnetzler – Faerber

---

30 Nachtrag über der Streichung.
31 Nachtrag über der Zeile.
32 Nachtrag über der Zeile.
33 Nachtrag über der Zeile.

[S. 205]

Westhoven, den 22. Febr(uarij) **1803**

Praesentes: d(er) H(err) Bürgermeister Faerber, d(er) H(err) Camerarius Uffelmann, d(er) H(err) Rathmann Nettmann.

Beÿ heutiger Rathsversamlung /meldeten sich/[34] zur Wienung des Bürgerrechts als

1. Wilhelm Christian **Flunckert** von Sölde gebürtig[35]
2. Henrich **Dümermühl**, so von Strombach aus dem Schwarzenburgischen gebürtig
3. Friederich **Neveling**
4. Adolph **Saltmann**
5. Christian Friederich **Sprathe**
6. Diederich Henrich **Hövelmann**
   welche vier letzeren aus [diesem]

[S. 206]
   Orte gebürtig.

Von Seiten Magistrats fand man kein Bedenken, das Gesuch der Comparenten zu willfahren, daher dann denselben ihre Pflichten und Schuldigkeiten welche sie als neu angehende Bürger zu beobachten und welche sie auch nach möglichsten Kräften in Erfüllung zu bringen versprachen, bekant gemacht.

Diesem Vorgegangenen ist denen selben der in diesem Buche enthaltenen Bürgereÿd den 12ten August 1724 deutlich vorgelesen und haben so dann zur deren Nachkommung denselben körperlich ausgeschworen. Womit dies Protocoll geschloßen

[S. 207]
   und von vorbenannten Comparenten mit unterschrieben worden. A(ctum) u(t) s(upra).

[Unterschriften:] Faerber, Uffelmann, Nettmann
Wilhelm helm[36] Flunkert
Henderich Dümmermühl
+++ – Zeichen des Fr(iederich) Neveling – Faerber
Adolph Saltmann
+++ – Zeichen des Ch(istian) Frid(erich) Sprathe – Faerber
Diederich Hendrich Höwelman

---

34 Nachtrag über der Zeile.
35 Wilhelm Christian Flunkert, * Sölde 21.1.1772, † Westhofen 27.12.1848, S.d. Friedrich Landskröner gen. Flunkert u.d. Clara Elsabena Flunkert in Sölde, ∞ Westhofen 20.5.1802 Anna Catharina Brass.
36 Wahrscheinlich vertan statt *Christian*.

Westhoven, den 22. Febr(uarij) **1804**

Praesentes: H(err) Bürg(er)m(ei)st(e)r Faerber, H(err) Cam(erarius) Uffelmann,
    H(err) Rathmann Nettmann
Der Verabladung gemäß erschienen beÿ heutiger Rathsversamlung die hiesige
Bürgersöhne, so bürgerliche Nahrung treiben, zur Winnung des Bürgerrechts.
1. Jacobus **Sieberg**
2. Hen(rich) Wilh(elm) **Engels**
    und so dann die Einwohner, so ebenfalls bürgerliche Nahrung treiben,
1. <Johan Fried(erich) Georg> /Georg Friederich/[37] **Osthoff**
2. Caspar **Borggraeve**
3. Died(erich) Henr(ich) **Jütte**
4. Johannes **Haumann**, so aus der Abteÿ Werden gebürtig und
5. Johann Henr(ich) **Woorth**, so von Sÿburg gebürtig
[S. 209]
    Comparenten wurde so dann zu vörderst ihre Pflicht und Schuldigkeit, so
    sie als neu angehende Bürger zu leisten, und welche sie auch möglichst
    im Erfüllung zu bringen versprochen, bekant gemacht.
    Diesen Vorgegangenen ist denenselben der in diesem Buche enthaltene
    Bürgereÿd vom 12. August 1724 deutlich vorgelesen, und welchen sie
    so dann auch körperlich ausgeschworen und dies Protocoll eigenhändig
    mit unterschrieben haben. A(ctum) u(t) s(upra).
[Unterschriften:] Faerber, Uffelmann, Nettmann
Jacob Sieberg
Henrich Wilhelm Engels
Jo(an) Henerich Wort
+++ – Zeichen des Joh(an) Henr(ich) Woorth – Faerber
Johann Haumann
[S. 210]
Kasper Borgrefe
Georg Fried(erich) Osthoff

Pro **1803** keine.[38]

[S. 211]

Westhoven, den 22. Febr(uarij) **1806**

---

37 Nachtrag über der Streichung.
38 Die Jahre 1804 und 1805 sind nicht vermerkt.

Praesentes: H(err) B(ür)g(e)rm(ei)st(e)r Faerber, Cam(erarius) Uffelmann,
    Rathmann Nettmann
Beÿ heutiger Rathsversammlung sistirten sich zur Winnung des Bürgerrechts
1. H(err) Carl Wilhelm **Plaghoff** von Elberfeld gebürtig
2. Carl Henrich **Rüssmann**
3. Johann Friederich **Sieberg**
4. Died(erich) Hermann **Schooff**
5. Hermann Henrich **Westerhoff**
6. Diederich Hermann **Westerhoff**
7. Diederich Hermann **Lohse** und
8. Casp(ar) Died(erich) **Dahlhauss**
9. Friederich **Schnetler**
[S. 212]
> welche acht leztere aus hiesigem Orte gebürtig sind. Da nun von Seiten
> des Magistrats keine Bedenklichkeiten obwalteten, noch etwas zu erin-
> nern vorkam, so ist den Comparenten Gesuch deferiret. Denenselben
> wurde so dann ihre als neu angehende Bürger obliegende Pflichten und
> Schuldig[kei]ten, welche sie auch in Erfüllung zu bringen versprachen,
> nicht nur bekandt gemacht, sondern auch der in diesem Buch enthaltene
> Bürger[eid] de 12. Februar 1727[39] deutlich vorgelesen und welchen sie
> denn auch körperlich ausgeschworen und das Protocoll eigenhändig mit
> unterschrieben haben. A(ctum) u(t) s(upra).

[Unterschriften:] Faerber, Uffelmann, Nettmann
Carl Wilhelm Plaghoff
+++ – Zeichen des Carl Henr(ich) Rüssmann – attestiert Uffelmann
Johann Frideriß(!) Siebeg(!)
[S. 213]
Diederich Herman Schoff
Herman Hendrich Westehof
+++ – Kreuzzeichen des Did(erich) Herm(an) Westerhoff – attestiert Uffelmann
Diderich Herman Loße
Ca(spar) D(iederich) Dahlhauß
+++ – Kreuzzeichen des Fried(erich) Schnetler – attestiert Uffelmann

Westhoven, den 10ten März **1806**

Dem Innhalte vorstehenden Protocolli überall gemaeß, ist der hiesige Bürgersohn Henrich **Nettmann** aus dem Grunde, weillen sein Vater theils zerrütheter
Gesundheitsumstände halber und theils da derselbe die Wollentuch Fabrique
starck und zwar mit 3. Stühlen auf eigene Rechnung betreibet, und mithin seinen

---

39 Sonst immer der 12. August 1724!

Bürgerplichten nicht mehr überall nachkommen kann, zur Winnung des Bürgerrechts zugelassen, und mithin also als neu angehender Bürger hier notiret
worden ist. Auch hat gemelter Henrich Nettmann dies Protocoll eigenhändig
mit unterschrieben. U(t) s(upra).
[Unterschriften:] Faerber, Henr(ich) Nettmann

[S. 214]
Westhoven, den 13. Xbr(is) 1806

Erschien der Frid(erich) **Lueg** hieselbst mit Bitte ihn, da sein alter schwächli-
cher Vater die Wirthschaft nicht mehr vorstehen könne, als Bürger /an- und/[40]
aufzunehmen. Da man nun von Seiten des Magistrats kein Bedencken trug,
das Gesuch des gemelten Lueg zu willfahren, so sind denselben die Pflichten
und Schuldigkeiten welche er unsern allergnädigsten Landesherrn zu leisten
schuldig, sondern auch was er als neu angehender Bürger zu thun schuldig,
bekannt <bekannt> gemacht, welches alles derselbe denn auch <als neu angehender Bürger> mittelß Handschlages an Eidesstatt in Erfüllung zu bringen,
versprach; womit dies Protocoll nach vorheriger Vorlesung und Genehmigung
geschlossen und unterschrieben worden. Ut supra.
[Unterschriften:] Friderich Lueg, Faerber

[S. 215]
Westhoven, den 25. Februar 1807

Praesentes: H(err) B(ür)g(er)m(ei)st(e)r Faerber, H(err) Cam(erarius) Uffelmann,
    H(err) Rathmann Nettmann.
Beÿ heutiger Versammlung des Magistrats meldeten sich zu Gewinnung des
Bürgerrechts als
1. Henr(ich) Died(erich) **Osthoff**
2. Friederich **Westerhoff**
3. Henrich Diederich **Bencking** und
4. <Henr> /Friderich/[41] Wilh(elm) **Neuhauss**
    Wie nun von Seiten des Magistrats hiebeÿ keine Bedenklichkeiten obwal-
    teten, so ist das Gesuch der Comparenten deferirt und sind selbige, nach
    dem ihnen ihre als neu angehende Bürger zu leistende Pflichten und
    Schuldigkeiten bekandt gemacht, in Eid und Pflicht genommen worden.

---

40 Nachtrag über der Zeile.
41 Nachtrag über der Streichung.

[S. 216]

Et post

sistirten sich noch
1. Hermann Henrich **Weÿberg**
2. Wilhelm **Sorgenith**
> und baten ebenfalls ihnen zur Gewinnung des Bürgerrechts zu zulassen,
> welchem Gesuch dann auch denselben gestattet und nach dem Innhalt
> vorstehenden Protocolli ebenfalls verpflichtet worden sind. S(ic) a(ctum)
> u(t) s(upra).

[Unterschriften:] Faerber, Uffelmann, Nettmann
Henr(ich) Died(erich) Osthoff
+++ – Kreuzzeichen des Friederich Westerhoff – attestirt Uffelmann
Bencking
Fridrich Wilhelm Neuhauss
Herman Henrich Weiberg
Wilhelm Sorgenicht

[S. 217]

Westhoven, den 22. Februar **1808**

Erschiennen beÿ heutiger Rathsversammlung zur Winnung des Bürgerrechts
folgende hiesige Bürgersöhne als
1. Jürgen Henrich **Weischede**
2. Johann Friederich **Wever**
3. Fried(erich) Wilh(elm) **Herlinghauss**
> Von Seiten des Magistrats fand man kein Bedenken den Antrag der
> Comparenten zu willfahren, daher dann denselben als neu angehende
> Bürger ihre obliegende Pflichten und Schuldigkeiten nicht nur bekandt
> gemacht, sondern sind auch deshalb

[S. 218]
> eidlich verpflichtet worden. S(ic) a(ctum) u(t) s(upra).

[Unterschriften:] Faerber, Uffelmann, Nettmann
Jürgen Henrich Weischet
Johann Friedrich Wewer
+++ – Kreuzzeichen des Fried(erich) Wilh(elm) Herlinghauss – attestirt Uffelmann

1716
Bürgereid zu Westhofen

("Eydt der Bürger")

Ich gelobe und schwere, daß Ich meinem gnädigsten Landtsfürsten und Herrn, auch Bürgermeister und Rhatt dieser Freyheitt Westhoffen getreu und holdt wolle sein, Ihr Bestes thun und Ihre fürst. gnd. auch deren Freyheitt und derselbigen Bürgern hinder und schaden nach meinem Vermögen kehren und wenden, auch was mir gebotten und befohlen, dasselbe nach rede und billigkeit thun und halten, und was mir verbotten wird, dasselbige lassen, in aller gehorsambkeit mich schicken und halten, zudehm, daß Ich meinen mitt bürgern aus ihrem Gewinn und gewunnenen jahren und gütern nicht will dringen oder Ihnen dieselbige nicht unterwinden, auch daß Ich keine güttere, alß Hauß, Hoff, Kämpfe oder gartten oder ichtwas allhier in der Freyheitt oder dar buten in der Feldmark gelegen, mit gifte, gebe, winkauff oder mit hoher und großer pfacht, da dieselbige anhero gethan, will versteigern, verhohen und größere pfächt, da dieselbe bis anhero gethan, will versteigern, verhöhen noch auftringen, und mich darinnen also gehorsamt gehalten und in alle dinge fürgeschrieben wie ein gehorsamer getreuer untertban hoch gemelten Fürstens und getreuen bürgern dieser Freyheitt woll anstehet, eignet und gebühret, erzeigen, schicken und halten, So gewiß und wahr, alß mich Gott und Sein heyl. Evangelium helfet. r. r. r.

(Schwerter Stadtarchiv V, 1, 17: Prozeß Arnold Althoff contra Ehefrau Weischede [1716]). F.

Auszug aus der „Schwerter Zeitung" Nr. 271/1928.

Der im Bürgerbuch zahlreich erwähnte Bürgereid vom 12. August 1724 ließ sich nicht erruieren. Ersatzweise fand sich obiger Bürgereid von 1716.

Noch mehr Dortmunder in Südafrika und Asien als Soldaten und Matrosen bei der VOC

von Jos Kaldenbach

Ich durfte schon ein paar Mal etwas zur Geschichte der VOC (Vereinigte Ostin-dischen Compagnie der Niederlande, von 1602 bis 1802) beitragen.[1] Nun fand ich noch weitere Personen bei der Suche nach ‚Dortmond' (Hunderte) und 4 aus ‚Dortmund'. Einige Musterbeispiele:

Jan Deunhoff (sprich: Dönhoff) aus ‚Dortmond' fuhr am 10.2.1724 als Soldat auf der ‚Saksenburg' unter Kapitän Jacobys IJpelaar ab. Er hatte f. 18,= als Vorschuss für 2 Monatssolde bekommen, eine Obligation von f. 150,= bei Susanna Biermans gezeichnet, die 1725 durch Marretie Donker getilgt wurde. Davor hatte er eine Schiffskiste für f. 4-5- und versteigerte Güter von Hendrik Bruijnijser unten am Mast gekauft. Sein Sold für die sieben Monate an Bord nach Batavia (heute Jakarta, mit einem Zwischenhalt am Kap vom 6. Juni bis zum 18. Juni 1724) belief sich am 9. September 1724 auf f. 63,=, seine Schuld von f. 105-15- blieb übrig. Er diente 11 Monate und 21 Tage im Garnisonsbataillon, 1727–1729 in Couchim (Cochin) und starb nach 8 Tagen im Hospital am 23. Juni 1729 mit einer Schuld von f. 9-4-. Im Auftrag des Amsterdamer Schöffen Abeleven wurde am 21. Dezember 1730 mit f. 60-9-4 seinem Bevollmächtigten J. Joppen behufs der Erben, der Witwe Catharina Eleman, Vormund ihres unmündigen Kindes Reijnier Deunhoff, ab intestato (mangels Testaments) ausgezahlt. Ihr Bürge war H. Cramer.
Signatur: VOC Soldbuch 5818, Seite 148.

Adam Rutger Grilmeijer fuhr am 25. september 1784 als souslieutenant (dritte Wache) auf der ‚Resolutie' unter Kapitän Justinus Philippus Man ab, blieb am Kap vom 13. Januar bis zum 13. Februar 1785 und kam am 27. Mai in Batavia an. Er hatte f. 52,= erhalten und eine doppelte Schiffskiste für f. 9-5- und 2 Keller Wein für f. 7-4- gekauft. Davor f. 300,= von N.N. geliehen, was 1786–1787 durch L. Wakker mit f. 152,= getilgt wurde. Er starb am 13. März 1786. Am 13. Dezember 1793 wurde über seinen Bevollmächtigten L. Wakker kraft einer Urkunde vom 6. Juli 1793 vor dem Amsterdamer Notar Johan Christoph Wagner – auf Befehl von Hendrik Roose, dem Gläubiger – zu Lasten von Adam Rutger Grillmeijer f. 84-13-11 gezahlt zufolge einer Condemnatie (Verurteilung) durch die Schöffen

---

1 Vgl. u. a. KALDENBACH, Jos: Dortmunder in Holland. De predikant van Kerckheurne in Saen-dam, in: Roland 16 (2007), S. 7–17; DERS.: Dortmunder Zufallsfunde in den Niederlanden, in: Roland 17 (2008), S. 135–137; DERS.: Dortmunder in Amsterdamer Notariatsarchiven, in: Roland 19 (2010), S. 9; DERS.: Dortmunder in niederländischen Archiven, in: Roland 22 (2013), S. 85–92.

vom 9. Dezember 1793. Auszug aus dem Schöffenregister mit anderen Dokumenten als Erledigung seiner Außenstände.
Signatur: VOC 14826-4.

Jan Hendrik Kemper aus Dortmund sollte am 1. März 1789 als Matrose auf der ‚Juffrouw Johanna' abfahren, aber er fehlte bei der Musterung, obwohl er seinen Vorschuss bekommen hatte. Die Liste VOC 13280-138 enthält insgesamt 7 Abwesende dieses Schiffes.

Jan Hendrik Kofferman fuhr am 26. Dezember 1741 als Koch auf der ‚Hofwegen' unter Kapitän Booij Kornelisz mit der Weihnachtsflotte von der Reede von Texel ab. Vom 12. April bis zum 4. Mai 1742 blieben sie am Kap, am 22. Juni kamen sie in Ceylon (heute Sri Lanka) an. Er hatte seiner Frau Anna Mare in Dortmond einen Monatsbrief gewährt, womit sie jährlich 3 seiner Monatssolde abheben (lassen) konnte. Dieser „wurde in die Doose (Schachtel) gelegt". Zuerst hatte er eine Obligation gezeichnet, um f. 300,= von J.L. Feve mitnehmen zu können. Die musste er durch seinen Sold abzahlen, das dauerte also nur gut 7 Monate. Wenn er davor gestorben wäre, hätte die VOC bzw. der Geldhändler Pech gehabt. Er hatte als Handgeld bei der Eintragung zwei Monatssolde (f. 40,=) als Vorschuss bekommen und eine doppelte Schiffskiste für f. 9-5- gekauft. Die Tilgung geschah von 1743 bis 1747 mit Zahlungen von f. 200,= durch Rijnder de Wolff, sein Bürge war J. Vasseur. Er fuhr am 29. Dezember 1745 auf der ‚Voorzichtigheid' zurück. Sie fuhren zum Kap der Guten Hoffnung, wo das Schiff wegen Proviant, Krankheitsfällen und Reparaturen vom 7. bis zum 15. Mai 1746 vor Anker ging. Dann fuhren sie weiter und trafen in Delft am 21. August ein. Am 12. September 1746 wurden ihm seine f. 588-19-5 ausgezahlt, damit könnte man sich ein Häuschen kaufen.
Signatur: VOC 6122-18 (jedes Schiffssoldbuch bekam eine eigene Nummer einer Reise, um Verwirrung zu vermeiden).

Jan Christoffel Kolbee fuhr am 16. November 1718 als Soldat zur See. Er hatte f. 18,= bekommen, eine Schiffskiste für f. 4-5- gekauft und f. 4-10- Buße zahlen müssen, weil er bei der Musterung abwesend gewesen war, das wurde auch ins Condemnatieboek (Urteilsbuch) eingetragen. Sein Sold für die 8½ Monate nach Batavia ultimo Julij 1719 war f. 76-10-. Er diente in Batavia, Java und in Nagapatnam, verdiente f. 190-2-, eingezogen wurden f. 119-18-2. Er starb am 9. März 1722. Am 9. Februar 1725 wurde im Auftrag des Amsterdamer Bürgermeisters Geelvink mittels seiner Bevollmächtigten Maria Judith Schumacherin (unterschreibt als Schumachers) behufs der Erben Maria Catharina Kolbe, Witwe von Johan Christiaan Reisch, seiner Schwester, die halbe Erbschaft f. 119-18-8, und am 7. Februar 1726 mittels Jacob und Anna Scholten, Bevollmächtigte auf der Zeedijk von Egiidius Colbe, leiblicher Bruder und Erbe die andere Hälfte, nochmals f. 119-18-8, ausgezahlt. Bürge war jeweils Jacob Noortkerk.
Signatur: VOC 5718-107.

Godfried Kroonenburg fuhr am 12. Juli 1749 als Kochsmaat auf der ‚Akerendam'
unter Kapitän Klaas Andersen ab. Er hatte f. 28,= bekommen, eine Schiffskiste
für f. 5-5- und einen Keller Wein für f. 3-7- gekauft. Sein Sold für die 11 Monate
und 3 Tage ab dem 9. Mai 1749 (er musste früher antreten und blieb am Kap vom
29. November bis zum 15. Dezember) nach Batavia belief sich 11. März 1753 auf
f. 141-8-. Er hatte f. 300,= von J. Portielje geliehen, was erst am 3. September
1752 durch Fl. Kroll mit f. 193-3- getilgt wurde. Er war nach 24 Tagen im Hospital
am 5. Juni 1750 ohne Testament gestorben, seine Schuld war dann f. 106-17-.
   Signatur: VOC 6244-19.

Jan Melchior Martini fuhr am 21. Dezember 1721 als lanspassaat (Unteroffizier)
auf der ‚Jacoba' unter Kapitän Jan Pietersz Keizer ab, sie blieben am Kap vom 26.
August bis zum 22. September 1721. Seiner Mutter Maria Kreetzen in Dortmond
hatte er einen Monatsbrief gewährt, die wirkliche Auszahlung fand ich nicht im
Soldbuch. Hatte sie vielleicht keinen Verteter in Amsterdam? Er hatte zweimal
f. 24,= bekommen, eine Schiffskiste für f. 5-15- gekauft und f. 150,= von Marijtje
Jansz geliehen, was 1723–1725 durch J. Oosterman getilgt wurde. Er kehrte am
1. November 1728 auf der ‚Wickenburg' zurück, blieb am Kap vom 14. Januar
bis zum 4. Februar 1729 und war am 26. Juni in Fort Rammekens/Zeeland. In
Middelburg bekam er dann am 20. Juli 1729 seine f. 340-15-6 ausgezahlt, was
er mit seiner Unterschrift bestätigte: *Jan Melchior Martini.*
   Signatur: VOC 5781-8.

Philip Hendrix Mentvlaar (verschrieben für Mentelaer) fuhr am 15. Oktober 1683
auf der ‚Emmenes' ab. Er hatte seinem Vater Hendrick Mentvlaar in Dortmund
einen Monatsbrief gewährt. Dieser hatte ihm seine f. 150,= geliehen, was in
der VOC-Buchhaltung verantwortet wurde. Philip hatte f. 20,= bekommen und
eine Schiffskiste für f. 5-7- und einen Bultsack für f. 1-10- gekauft. Er fuhr auf
der ‚Emmenes' wieder zurück und erhielt in Amsterdam seine Verdienste von
der VOC: f. 94-9-10 am 23. August 1689, was er mit seiner Unterschrift *Philips
Hendricksz Mentelaer* bekräftigte. Sein Bürge war C. Barentsz.
   Signatur: VOC 5314-49.

Jurgen Diederik Mildorff fuhr am 21. Januar 1745 als Soldat auf der ‚Weltevreden'
unter Kapitän Willem Vrucht nach Ceylon mit 461 Mann (Druckfehler?) ab. Dort
kamen sie am 15. Oktober 1745 an. Er hatte f. 18,= bekommen, eine Schiffskiste
für f. 4-5-, einen Leinenanzug für f. 2-14- und ein Hemd für f. 2-3- gekauft. Davor
f. 150,= von W. Berkhof geliehen, was 1746–1750 durch J. Ewald getilgt wurde.
Er starb am 12. März 1775 in Asien und war der Dortmunder Rekordhalter mit
gut 30 Jahren Tropenklima.
   Signatur: VOC 6178-257.

Hendrik Nieuwenhuis fuhr am 15. Januar 1726 als Soldat auf der ‚Stad Leiden‘ unter Kapitän Elias Wargaren ab. Sie blieben am Kap vom 23. April bis zum 16. Mai 1726 und kamen in Batavia am 29. Juli 1726. Sein Sold für diese 6 ½ Monate war f. 58-10. Er hatte f. 18,= bekommen, eine Schiffskiste für f. 4-5- gekauft und f. 150,= von Claas Harmens geliehen, was 1727–1730 durch Pieter Meijer getilgt wurde. Er diente im Garnisonsbataillon 1727, in Samarang 1728–1734 und noch 23 Tage auf der ‚Castricum‘. Damit verdiente er f. 489-2-5. Er starb am 7. Januar 1735. Im Auftrag des Amsterdamer Schöffen Abeleben wurde am 2. März 1736 seine f. 487-19- den Erben ausgezahlt: Adolph Nieuwhuijs, Jurgen Schott, Gatte der Catharina Nieuwhuijs, Vormünder von Catrin Geertruijd Nieuwhuijs, sein unmündiges Schwesterkind. Bürge war Gerret Scheffer (unterschrieb als *Gerret Schefer* mit *Adolf Neuernhausen*). Am 31. Mai 1736 wurde noch der Erlös (provenu) seiner beweglichen Güter f. 381-6-5 im Auftrag des Schöffen Dierkens dem Adolf und dem bevollmächtigten Hendrik Outhoff behufs Jurgen Schotten (oo Anna Catharina Nieuwhuijs) ausgezahlt. Diesmal war die Unterschrift *Adolf Neuerhusen*.
Signatur: VOC 5853-241.

Anthonij Scheffer fuhr am 9. August 1735 als Soldat auf der ‚Sint Laurens‘ unter Kapitän Abraham van der Hart ab. er hatte f. 18,= bekommen, eine Schiffskiste für f. 5-5-, einen Bultsack für f. 2-8-, eine Decke für f. 3-12- und eine Hängematte für f. 2-2- gekauft und f. 150,= von J. Verbank geliehen, was am 28. august 1737 durch L. van den Bogaart mit nur f. 16-9- getilgt werden konnte, da Anthonij schon am 28. Januar 1736 am Kap gestorben war. Dort war sein Schiff am 23. Dezember 1735 eingetroffen und fuhr einen Tag nach seinem Tod weiter nach Batavia.
Signatur: VOC 12930-217.

Zacharias Hendrik Schols fuhr am 6. Oktober 1769 als Grobschmied auf der ‚Jonge Hellingman‘ unter Kapitän Jan Balthus Meijer ab. Er hatte f. 28,= bekommen, eine Schiffskiste für f. 5-12-, Leinenstrümpfe für 13 Stüber sowie einen Leinenanzug gekauft und f. 300,= von N.N. geliehen, was 1771–1773 durch Jacob Cos Schagen mit f. 207-10-12 getilgt wurde. Sein Sold für die 7½ Monate nach Batavia (mit einem Zwischenhalt am Kap vom 15. Februar bis zum 5. März) belief sich am 20. Mai 1770 auf f. 105,=. Er diente 1770–1771 im Bataillon, 1772 in Banjermassing, dann auf der ‚Tulpenburg‘ und starb am 24. Januar 1772.
Signatur: VOC 14487-50.

Andries Siegenboge fuhr am 23. Oktober 1789 mit der Herbstflotte als Souslieutenant (dritte Wache) auf der ‚Vasco da Gama‘ unter Kapitän Hans Barendse ab. Er hatte f. 52,= bekommen, eine doppelte Schiffskiste für f. 9-5- sowie 3 Keller Wein zu 6 Flaschen für f. 12,= gekauft und f. 300,= von J. Janse geliehen, was 1791–1793 durch Jan de Vries getilgt wurde. Sein Sold für die 7 Monate und 26 Tage nach Batavia belief sich am 18. Juni 1790 (mit einem Zwischenhalt am

Kap vom 24. Februar bis zum 17. März) auf f. 204-10-10. Ultimo Oktober 1790 [= 31.10.1790] starb er nach 4 Monaten und 12 Tagen im Hospital, wo er noch eine Kodizilprokura gemacht hatte, mit einem Saldo von f. 79-15-.

Signatur: VOC 6796-8. War es sein Bruder Caspar Hendrik Siegenbogen, der 1760–1761 eine kurze Karriere machte?

Diderik Harmen Tomas aus Dortmund fuhr am 2. Juni 1755 als Jungmatrose auf der ‚Bosschenhove' unter Kapitän Klaas Anderson ab. Sie blieben am Kap vom 25. September bis zum 26. Oktober und kamen am 4. Januar 1756 in Batavia an. Seinem Stiefvater D. Tomas in Dortmund hatte er einen Monatsbrief gewährt, der ‚in die Schachtel gelegt wurde'. Er hatte f. 16,= bekommen, seine Schiffskiste für f. 4-5- gekauft und f. 150,= von J. T. Possen geliehen. Er tilgte seine Schuld durch B. Volkers von 1757–1760, sein Bürge war J. Bennevelt. Er fuhr am 29. Januar 1760 auf der ‚Eendracht' mit 14 Passagieren, unter denen ein Verurteilter war, zurück und blieb am Kap vom 19. Januar bis zum 3. März 1761. In Amsterdam bekam er am 29. Juni 1761 seine f. 139-6-12 ausgezahlt, wie auch am 3. November 1761 behufs Baarent Thomas noch f. 48-3-2 in Erledigung von drei Copia-Rechnungen. Er bestätigte das mit seiner Unterschrift *Diedrich Herman Thomas*. Sein Bürge war J. Perné.

Signatur: VOC 6306-348.

Johannes Gerardus Wencker fuhr am 21. Januar 1772 als dritter Meister (Hilfsarzt) auf der ‚Willem de Vijfde' ab. Er hatte f. 28,= erhalten, eine Schiffskiste für f. 6-15- gekauft und f. 300,= von J. van der Veen geliehen, was durch ihn am 15. März 1774 getilgt werden konnten, da Wencker schon am 9. September 1772 gestorben war.

Signatur: VOC 13186-70.

Die übrigen 500.000 Deutschen bei der VOC kann man bei www.gahetna.nl finden.

Außer diesen Personen gab es von 1901 bis 1959 noch eine weitere Verbindung von Dortmund in die Niederlande. In De Rijp (heute eingemeindet nach Alkmaar) stand ein Gasometer (im Bild rechts) der Fa. Klönne aus Dortmund.

Ein Streit um Stolgebühren katholischer Einwohner des evangelischen Kirchspiels Wellinghofen 1771

von Christian Loefke

Im Jahr 1771 entzündete sich an der Beerdigung des Johann Küpers, eines katholischen Eingesessenen zu Wellinghofen, durch den lutherischen Pfarrer Gottfried Adolf Zimmermann[1] ein Streit um die Zuständigkeit und natürlich um die Stolgebühren zwischen dem Konsitorium der – größeren – reformierten Gemeinde Wellinghofen und der – kleineren – lutherischen Gemeinde Wellinghofen, deren Pfarrer in Hacheney wohnte.[2]

Der Pfarrzwang, also die Pflicht, unabhängig von der Konfession kirchliche Handlungen von dem Pfarrer vornehmen zu lassen, in dessen Kirchspiel jemand wohnt, sollte den Pfarrern ihr Einkommen aus den Gebühren sichern. Gerade im Hinblick auf konfessionelle Grenzgebiete, in denen sowohl gemischtkonfessionelle Ehe als auch Einzelpersonen anderer Konfessionen häufiger vorkamen, war diese Regelung sinnvoll. Immer wieder finden sich Streitschriften oder Bemerkungen in Kirchenbüchern dieser Regionen, die zeigen, dass durch die Nähe einer Gemeinde der eigenen Konfession der Pfarrzwang gerne umgangen, zumindest aber – vor allem bei Taufen – die kirchliche Handlung dort wiederholt wurde.

Als Anlage „A" [fol. 24r–24v] findet sich in der oben bereits erwähnten Streitakte ein Verzeichnis der vom lutherischen Pfarrer getauften, getrauten und begrabenen Katholiken aus der Zeit 1704–1761. Dies ist in sofern bemerkenswert, als das älteste lutherische Kirchenbuch von Wellinghofen nur sehr sparsam mit Informationen jeglicher Art bestückt ist, so dass der erst seit 1764 in Wellinghofen amtierende Pfarrer Zimmermann über andere Informationen verfügen musste, um die Kirchenbucheinträge katholischen Personen zuordnen zu können. Gleichzeitig zeigt die Liste, dass auch Personen, die nach Hücker[3] unverdächtigt für evangelisch gehalten werden konnten, tatsächlich

---

1 Vgl. zu ihm BAUKS, Friedrich Wilhelm: Die evangelischen Pfarrer in Westfalen von der Reformationszeit bis 1945 (= Beiträge zur Westfälischen Kirchengeschichte, 4). Bielefeld 1980, S. 577, Nr. 7169.

2 Der Streit ist Teil einer Akte über die „Verwaltung des Kirchenguts sowie Kirchen- und Schulbetrieb" in Wellinghofen. Die digitalisierte Akte findet sich unter: LAV W, D 002, Kleve-Märkische Regierung, Landessachen, Nr. 1552: https://www.archive.nrw.de/archivsuche?link=VERZEICHUNGSEINHEIT-Vz_1876798c-437b-4858-919c-02dcc62a7aa7; die unten aufgeführte Anlage A: LAV_W_D002_01552_0026.

3 HÜCKER, Wilhelm: Die Entwicklung der ländlichen Siedlung zwischen Hellweg und Ardey (= Veröffentlichungen der Historischen Kommission für Westfalen, XXII: Geschichtliche Arbeiten zur westfälischen Landesforschung, 2). Münster 1939 [Reprint Dortmund 1987].

aber katholisch waren wie Jürgen Sehrbrauck, der Schulte zu Lemberg wurde und wahrscheinlich aus Herne stammte.

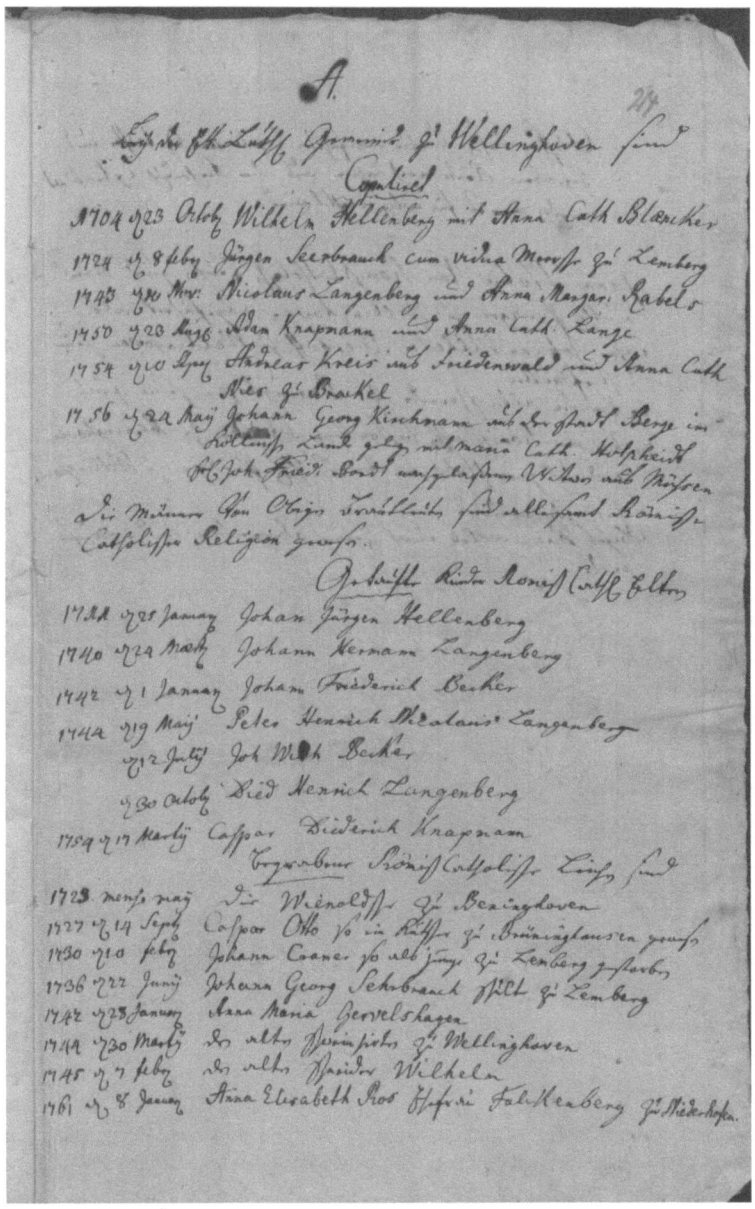

Akte „Verwaltung des Kirchenguts sowie Kirchen- und Schulbetrieb" in Wellinghofen: LAV W, D 002, Kleve-Märkische Regierung, Landessachen, Nr. 1552: https://www.archive.nrw.de/archivsuch e?link=VERZEICHUNGSEINHEIT-Vz_1876798c-437b-4858-919c-02dcc62a7aa7; Digitalisat 0026

A

Bey der Ev. Luth. Gemeide zu Wellinghoven sind

copuliret

1704 den 23. Octob(ris)	Wilhelm Hellenberg mit Anna Cath. Baenker.
1724 den 8. Febr(uarij)	Jürgen Seerbrauch cum vidua Meersche zu Lemberg.
1743 den 10. Nov(embris)	Nicolaus Langenberg und Anna Marg. Rabels.[4]
1750 den 23. Aug(usti)	Adam Knapmann und Anna Cath. Lange.
1754 den 10. Apr(ilis)	Andreas Kreis aus Friedenwald und Anna Cath. Nies zu Brackel.
1756 den 24. May	Johann Georg Kirchmann aus der Stadt Berge[5] im Köllnischen Lande gelegen mit Maria Cath. Holscheidt, sel. Joh. Fried. Boedt nachgelaßenen Witwen aus Müssen.

Die Männer von obigen Brautleuten sind allesamt Römisch-Catholischer Religion gewesen.

Getaufte Kinder Römisch-Cath(olischer) Eltern

1711 den 25. Januarij	Johan Jürgen Hellenberg.
1740 den 24. Martij	Johann Hermann Langenberg.
1742 den 1. Januarij	Johann Friederich Becker.
1744 den 19. Maij	Peter Henrich Nicolaus Langenberg.
den 12. Julij	Joh. Wilh. Becker.
den 30. Octob(ris)	Died. Henrich Langenberg.
1754 den 17. Martij	Caspar Diederich Knapmann.

Begrabene Römisch-Catholische Leichen sind

1723 Mense Maij	die Wienoldsche zu Beninghoven.[6]
1727 den 14. Sept(embris)	Caspar Otto, so ein Kutscher zu Brüninghausen gewesen.

---

4   Im luth. KB Wellinghofen wird hier ausdrücklich auf die katholische Konfession des Mannes hingewiesen, allerdings wohl deshalb, weil er weder in Hörde proklamiert worden war, noch ein Dimissional vorzeigen konnte.

5   Marsberg.

6   Wohl nicht die bei HÜCKER, Entwicklung, S. 343, genannte Elske Wienold, sondern Anna Wienold, die am 13. Mai 1701 Johannes Rabel geheiratet hatte. Dieser heiratet als „der alte Jan Winolt" am 8. Februar 1725 Anna Margareta Albers.

1730 den 10. Febr(uarij)	Johann Cramer, so als Junge[7] zu Lemberg gestorben.
1736 den 22. Junij	Johann Georg Sehrbrauch, Schulte zu Lemberg.
1742 den 28. Januarij	Anna Maria Gervelshagen.
1744 den 30. Martij	der alte Schweinhirte zu Wellinghoven.
1745 den 7. Febr(uarij)	der alte Schneider Wilhelm.[8]
1761 den 8. Januar(ij)	Anna Elisabeth Ros, Ehefrau Falckenberg zu Niederhofen.[9]

[24v]
Ausser diesen vorhin angeführten Copulirten, Getauften und Begrabenem könten noch mehrer aus dem Kirchenbuch extrahiret werden, wenn es für nötig erachtet wird.

Jura Stolae von Römisch-Catholischen Leichen sind beym Luth. Prediger zu Wellinghoven abgeführet als
1) von Johann Wilhelm Bierhoff zu Wellinghoven seiner Stiefmutter,
2) von dem alten Schneider zu Beninghofen seine Frau,[10]
3) von dem Römisch-Cath. verstorbenen Schneider zu Beninghoven sind auch Jura Stolae an den Luth. Prediger zu Wellinghoven versprochen worden.

Obiges kann alles durch Zeugen dargethan und erwiesen werden.

---

7   Soll nicht heißen, dass er vorher ein Mädchen war, sondern er war ein minderjährige Knecht auf dem Schultenhof, auf dem zu der Zeit der Schulte (Johan Georg Sehrbruch) ebenfalls katholisch war.
8   Es dürfte sich um Wilhelm Hellenberg handeln.
9   Nach dem luth. KB Wellinghofen hatten Johann Bernhard Falckenberg und Elisabeth Ros am 30. Juli 1709 geheiratet. Aufgrund der Formulierung des Eintrags ist die Stammfolge bei HÜCKER, Entwicklung, S. 67, nicht zutreffend.
10   Wohl die oben 1704 geheiratete Anna Catharina Baenker.

Johann Joseph Hungerige (1790–1812) aus Istrup: Mit Napoleons Armee nach Russland

von Heiko Hungerige

1790 war das Jahr, in dem Kants *Kritik der Urteilskraft* erschien, Mozarts Oper *Così fan tutte* uraufgeführt und das *Abendlied* von Matthias Claudius vertont wurde. Friedrich Wilhelm II. war seit vier Jahren König von Preußen und Kurfürst des Heiligen Römischen Reiches. Dessen Kaiser Joseph II. starb überraschend im Februar 1790, neuer Kaiser wurde der Erzherzog von Österreich, Leopold II. Einen Monat später, am 8. März 1790, wurde Joannes Joseph **Hungerige**[1] in Istrup (seit 1970 zu Brakel) als letztes Kind seiner Eltern <u>Henricus</u> Wilhelmus **Hungerige, gen. Timpen** (1742–1814), und Clara Elisabetha **Brinckman** (1748–1813) geboren.[2]

Abb. 1: In Haus Nr. 47 in Istrup wurde Johann Joseph Hungerige am 8. März 1790 geboren. (Foto: H. Hungerige, 08.08.2018)

Durch die Heirat mit der sechs Jahre jüngeren Clara Elisabetha war Ricus (wie er in den zeitgenössischen Dokumenten oft genannt wird) zu relativem Wohlstand gekommen: Kurz nach der Heirat am 20. Juli 1773 in der Istruper Pfarrkirche St. Bartholomäus hatte er Haus Nr. 47 (Abb. 1) einschließlich eines kleinen Backhauses vom Vorbesitzer Anton **Piel** übernommen, eingeäschert und das Wohnhaus neu errichtet.[3] In den kommenden Jahren baute Ricus seinen Wohlstand aus: Im Jahr der französischen Revolution (1789) bestand sein Besitz aus einem Wohnhaus, einem Backhaus und einem Stall. 1795 baute er das Wohnhaus aus, 1798 wurden weitere Verbesserungen durchgeführt. 1802, zwölf Jahre vor seinem Tod, errichtete er einen Stallanbau. Wie auch in moderner Zeit erhielten die Anbauten eine fortlaufende Nummerierung: das Backhaus

---

1 Varianten des Familiennamens sind in diesem Zusammenhang: Hungeringe, Hungrige, Hungenige.
2 Vgl. auch HUNGERIGE, 2016.
3 Alle Angaben zu Haus Nr. 47 in Istrup stammen aus der *Einfachen Schatzungs-Liste* von 1785 sowie aus den von der ehemaligen Ortschronistin Brigitte Osterloh sorgfältig transkribierten *Brandtabellen der asseburgischen Dorfschaften* von 1769, 1771, 1781, 1789, 1795, 1798, 1799 und 1802. Die Einführung einer Brandversicherung für alle Schatzpflichtigen erfolgte am 21. März 1769 durch eine Landesverordnung.

die Nr. 47 A, der Stall die Nr. 47 B und der Stallanbau die Nr. 47 C. Das größte Gebäude war natürlich mit 34 x 36 Fuß bzw. etwas über 117 m² das Wohnhaus, gefolgt vom ca. 25 m² großen Backhaus (22 x 12 Fuß).[4] Stall (12 x 18 Fuß) und Stallanbau (13 x 13 Fuß) umfassten zusammen noch einmal fast 37 m². Insgesamt betrug die bebaute Fläche ungefähr 179 m². Bei dieser Bautätigkeit kann davon ausgegangen werden, dass Ricus relativ vermögend gewesen war. Dementsprechend hoch waren die Abgaben, die er dem Grafen **von Asseburg**, dem neben sechs weiteren Dörfern auch Istrup zugeordnet war, zu entrichten hatte: Kosteten ihn die kleineren Gebäude nur zwischen 20 und 25 Reichstaler, so musste er allein für das Wohnhaus 265 Reichstaler als jährliche Abgabe zahlen.

Abb. 2: Großherzoglich Bergische Lanciers 1812 (Wikipedia, by Milgesch - Richard Knötel, Uniformenkunde, Lose Blätter zur Geschichte der Entwicklung der militärischen Tracht, Berlin, 1890. Band II, Tafel 44, Public Domain, https://commons.wikimedia.org/w/index.php?curid=6336270)

Zum Vergleich: Ein Bauernpferd kostete 1780 etwa 25 Reichstaler, und Vorbesitzer Anton **Piel** zahlte für Wohn- und Backhaus zusammen nur 175 Reichstaler.

Parallel zur Verbesserung der Wohnsituation der Eltern wuchs auch deren Kinderzahl: Zwischen 1776 und 1792 wurden zehn Kinder geboren. Nicht alle erreichten das Erwachsenenalter, mindestens drei starben bereits früh. Von den fünf Söhnen war Joseph der jüngste und kam damit als Hauserbe nicht in Frage. Sein älterer Bruder Hermann Heinrich (1785–1820) zog nach seiner Heirat in das nahegelegene Haus Nr. 50, und nach dem Tod des Vaters 1814 ging Haus Nr. 47 an den erstgeborenen Sohn, Joannes Henricus Antonius **Hungerige** (1779–1846). Die für Letztgeborene in der damaligen Zeit nicht unübliche Entscheidung, entweder Pfarrer oder Soldat

---

4   Ein Fuß (12 Zoll) entsprach 30,9725 cm.

zu werden, wurde Joseph aus der Hand genommen: Er wurde als Soldat in die französische Armee eingezogen.

Im August 1807, Joseph war 17 Jahre alt, wurde Napoleons Bruder Jérôme Bonaparte (1784–1860) Regent eines völlig neuen Staates, des Königreichs Westphalen mit der Hauptstadt Kassel, zu dem auch Istrup gehörte.[5] Am 7. Dezember 1807 wurde das Königreich Westphalen nach französischem Vorbild verwaltungstechnisch neu strukturiert, die *Commune Istrup* gehörte zum Canton Brackel (mit „ck"), Distrikt Höxter im Département der Fulda. Eine Woche später, am 15. Dezember, versprach Jérôme in einer Proklamation, „die Bewohner des Königreichs Westfalen glücklich zu machen".[6] Nicht wenige Menschen in Westfalen verbanden (zunächst) große Erwartungen mit diesem Versprechen und begrüßten „in den katholischen Franzosen Glaubensbrüder und Befreier von der preußisch-protestantischen Herrschaft".[7] Über Josephs Lebensumstände in dieser Zeit ist nichts bekannt; aus den Erinnerungen eines Zeitzeugen im März 1848 geht jedoch hervor, dass Joseph zusammen mit acht weiteren jungen Männern aus Istrup am Russlandfeldzug Napoleons teilnahm.[8]

Abb. 3: Brückenbau an der Beresina von Lawrence Alma-Tadema.
(Wikipedia, Collectie online, Amsterdam Museum, Gemeinfrei,
https://commons.wikimedia.org/w/index.php?curid=10827230)

---

5 Eine umfangreiche Quellensammlung aus dieser französischen Zeit bieten GRABE / MOORS, 2006.

6 BECKER, 2017, S. 173.

7 Ebd.

8 Die Literatur zum Russlandfeldzug Napoleons ist sehr umfangreich; eine sehr frühe, umfassende Darstellung bietet BLESSON, 1824. Eine eindrückliche Schilderung aus Sicht eines Augenzeugen über den Rückzug der französischen Armee ist bei C. W. von FABER DU FAUR, 1831/1987, zu finden. Eine aktuellere Darstellung bietet ZAMOYSKI, 2014.

Bereits 1811 bereitete sich Napoleon auf einen Krieg mit Russland vor; am 24. Juni 1812 überquerte er mit seiner ca. 450.000 Mann starken Grande Armée die Memel. Joseph gehörte dem zweiten Regiment der Chevaulegers des Großherzogtums Berg (Chevaulégers du Grandduché de Berg; vgl. Abb. 2) an, das im März 1812 aufgestellt worden war.[9] Am 14. September 1812 hatte Napoleon Moskau erreicht. Da Zar Alexander I. (1777–1825) nicht auf sein Friedensangebot einging, zog sich Napoleon am 19. Oktober wieder aus Moskau zurück. Kämpfe mit russischen Truppen, der einbrechende Winter, Krankheiten und die desolate Versorgungslage hatten die Grande Armée inzwischen auf weniger als 100.000 Mann dezimiert. Am 13. November verließen die französischen Truppen Smolensk, jetzt galt es, schnell die Beresina (Bjaresina) zu erreichen, bevor die russischen Armeen von General Wittgenstein (1769–1843) und Admiral Tschitschagow (1767–1849) den Übergang über den bereits Hochwasser führenden Fluss blockierten. Am selben Tag griff die Division Partouneaux, zu der auch Joseph **Hungerige** gehörte, die Vorhut Wittgensteins bei Smoliani an. Zwar wurde das Dorf von den Franzosen gestürmt, blieb aber nach schweren Gefechten in russischer Hand. Inzwischen bestand Napoleons Hauptarmee nur noch aus ungefähr 20.000 kampffähigen Soldaten. Am 19. November erreichte Napoleon die Stadt Orscha am Dnepr, dem drittlängsten Fluss Europas, wo er aus dem Depot 36 neue Kanonen erhielt. Um seine Artillerie mobil zu halten, befahl er, 60 Fuhrwerke mit Pontons und Zubehör zu verbrennen, wodurch er 300 zusätzliche Zugpferde gewann. Auch die zwei Brücken über den Dnepr ließ er niederbrennen. Trotzdem konnte er nicht verhindern, dass seine Armee nach weiteren Kämpfen am 21. November von russischen Truppen eingeschlossen wurde.

Am 26. November blieb Joseph mit weiteren 5.000 Soldaten der Division Partouneaux und der Kavalleriebrigade Delaitre als Nachhut des 9. Korps unter Marschall Victor (1764–1841) in Borissow an der Beresina zurück; der Rest der französischen Truppen marschierte nach Studjanka, drei Meilen nördlich von Borissow, wo die Franzosen verzweifelt versuchten, aus dem Material eingerissener Häuser zwei Brücken über die Beresina zu errichten (Abb. 3) – die Pontons waren ja vorher verbrannt worden. Die Furt bei Studjanka war jedoch kaum zu überqueren, Tauwasser hatte den Wasserstand erhöht und die Ufer in schlammigen Morast verwandelt. Der Fluss war so kalt, dass die Pontoniere nur 15 Minuten im Wasser stehen konnten, viele rutschten im Schlamm aus und wurden fortgerissen. Mehrfach brachen die Brücken ein.

Am 26. November notierte der preußische Militärtheoretiker Carl von Clausewitz (1780–1831): „Man sah Berge toter Leiber von Männern, Frauen und sogar Kindern, von Soldaten aller Nationen, erfroren, zerquetscht oder von russischen Kartätschen zerfetzt."[10]

---

9 Vgl. dazu DEMPSEY / WAGNER, 1991.
10 Zit. nach B. SEEWALD, *An der Beresina bewies Napoleon sein Genie*, WELT, veröffentlicht am 26.11.2017 (https://www.welt.de/geschichte/article170869318/An-der-Beresina-bewies-

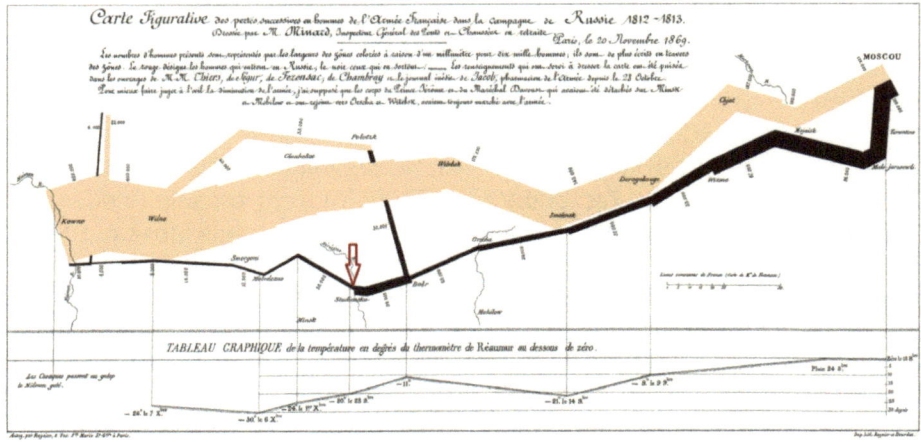

Abb. 4: Charles Joseph Minards Grafik von 1869 über Napoleons Russlandfeldzug vom litau-ischen Kaunas (Kowno) an der Memel (Niémen) bis nach Moskau (Moscou) und zurück. Die Grafik veranschaulicht u. a. die abnehmende Truppenstärke von Napoleons Armee auf dem Hin- (hell) und Rückweg (dunkel). Der Übergang über die Beresina ist mit einem Pfeil markiert. Die Kurve im unteren Teil der Abbildung zeigt den Temperatursturz während des Rückzugs (Temperaturangaben in Réaumur). (Wikipedia; von Charles Minard (1781–1870) – see upload log, Gemeinfrei, https:// commons.wikimedia.org/w/ index.php?curid=297925)

Am 27. November, um die Mittagszeit, überquerte Napoleon mit seiner Garde die Beresina. Die zurückgebliebenen Soldaten reagierten panisch und fühlten sich im Stich gelassen: Viele versuchten ebenfalls die Brücken zu überqueren, stießen andere rücksichtslos zur Seite, wurden von Fuhrwerken zerquetscht oder stürzten selbst in den Fluss. Um 16 Uhr brach die Brücke erneut ein.

Diese Katastrophe hatte wohl der ehemalige Heeresleutnant Hans **Riemann** im Sinn, als er im März 1848 dem Lehrer und Istruper Ortschronisten Ferdinand **Ernst** vom Schicksal Joseph **Hungeriges** erzählte. In der Ortschronik heißt es: „Joseph **Hungrige** ist von einem gegenwärtig im März 1848 noch lebenden ehrsamen Bürger zum Dringenberge namens Hans **Riemann**, damals Leutnant im Heere, vor dem Übergange der Beresina noch gesehen worden. Nach dem Übergange hat er, **Riemann**, von Joseph **Hungrige**, welcher Schwager des **Riemann** war [vgl. Abb. 5[11]], weder gehört noch gesehen. Wenn die übrigen vielleicht bis zur Beresina nicht gekommen sind, ihr Leben unter anderen Vor-

---

Napoleon-sein-Genie.html; Zugriff am 9.10.2021). Clausewitz hatte sich 1812 aus moralischen Gründen geweigert, Napoleon in seinem Krieg gegen Russland zu unterstützen; er verließ daher die preußische Armee und trat vorübergehend in russische Dienste. Erst 1814 wurde im erlaubt, als Oberst nach Preußen zurückzukehren. Zu seinem Bericht über die Schlacht an der Beresina vgl. LEHMANN, 1889.

11 Johannes (Hans) **Riemann** heiratete am 15. Juli 1810 in Gehrden (seit 1975 ein Ortsteil von Brakel, Kr. Höxter) Johannes Josephs drei Jahre ältere Schwester Catharina **Hungerige** (1787–1820). Vgl. dazu Abb. 5.

kommnissen in den Weiten Rußlands ausgeatmet haben, dann ist **Hungrige** gewiß unter den Tausenden geblieben, welche in der Beresina ertranken."[12]

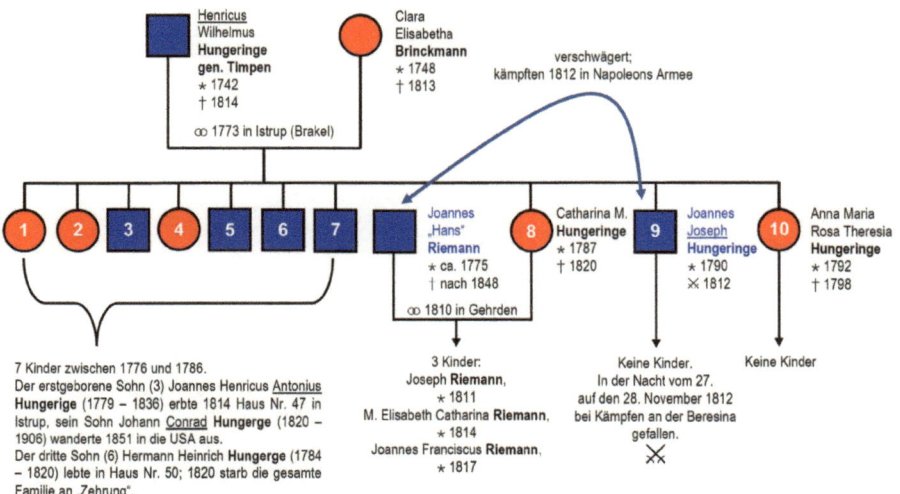

Abb. 5: Die Familie von Henricus („Ricus") Wilhelmus Hungeringe gen. Timpen (1742–1814). Seine Tochter Catharina heiratete 1810 in Gehrden Joannes „Hans" Riemann, der 1848 dem Istruper Ortschronisten Ferdinand Ernst vom Verbleib seines Schwagers Joannes Joseph Hungeringe berichtete. (Grafik: H. Hungerige)

Doch Joseph war zum Zeitpunkt der Tragödie (einer von vielen in diesem Krieg) gar nicht in Studjanka, sondern noch in Borissow, also gut drei Kilometer entfernt. Währenddessen rückte Wittgenstein mit seiner ganzen Armee auf Borissow zu: „In dieser Lage beeilte sich Partouneaux, die Stadt zu verlassen und dem Feinde entgegen zu rücken, um sich wo möglich durchzuschlagen".[13] Gegen vier Uhr nachmittags am 27. November verließ die Division Partouneaux mit nur noch 3.500 Mann Borissow und marschierte in Richtung Studjanka. Doch Louis Partouneaux wurde umringt und gefangen genommen. Zwei Brigaden und der Kavallerie gelang es, sich bis in die Nähe von Borissow zurückzuziehen, „wo sie den übrigen Theil der Nacht, auf allen Seiten von Feinden umgeben, zubrachten. Den 28ten Morgens streckten sie das Gewehr. (...) Außer der Division Partouneaux fielen 5 bis 6000 Nachzügler und eine Menge Gepäck Wittgenstein in die Hände."[14] Nur 120 Mann erreichten Studjanka, Joseph

---

12 Chronik der Gemeinde Istrup; online unter http://www.istrup.de/cms/upload/bilder/geschichte/Istrup_Entstehung.pdf (Zugriff am 3.10.2018).
13 BLESSON, 1824, S. 159.
14 Ebd., S. 159-160.

Abb. 6: Der Übergang über die Beresina von Peter von Hess, 1844. (Wikipedia, Hermitage Amsterdam, Gemeinfrei, https://commons.wikimedia.org/w/index.php?curid=52184897)

Hungerige war nicht darunter. Es ist zu vermuten, dass er bei den Kämpfen in der Nacht vom 27. auf den 28. November gefallen ist.

Im über 1.500 km entfernten Istrup ahnte niemand etwas von diesen Ereignissen. Neun junge Männer aus Istrup waren in den Krieg gegen Russland gezogen, wie der Ortschronist gewissenhaft notiert: „Es sind in dem Krieg 1812 mit dem großen Heere des Napoleon in Rußland gezogen folgende junge Leute aus Istrup: 1. Heinrich **Buschmann**, Infanterist 2. Hermann **Göllner**, Husar 3. Christian **Fromme**, Infanterist 4. Hermann **Lohre**, Gardegrenadier 5. Hermann **Reineke**, Infanterist 6. Johann **Reineken**, desgl. 7. Johann **Lohre** (Benkeln-wilmes) Cürassier 8. Anton **Müller**, Infanterist 9. Josef **Hungrige**, cheveaux legere.“[15] Und zumindest von einigen weiß er auch mehr zu berichten: „Johann **Lohre** desertierte nach seiner Einberufung und Einkleidung in Cassel 1812 und [wurde] wieder eingefangen. Nach seinem Eingeständnisse, dass er die Kriegsregeln wohl verstanden hätte und obschon ihm der Erfolg seiner aufrichtigen Erklärung wohl bekannt ist, wird er erschossen. Heinrich **Buschmann** war auch desertiert. Nachdem auch er wieder eingefangen, wurde er begnadigt, weil er leugnete die Kriegsregeln verstanden zu haben. Er kam wieder zum Heere, welches nach Russland zog. Auch Anton **Müller** war desertiert und ist

---

15 Chronik der Gemeinde Istrup; online unter http://www.istrup.de/cms/upload/bilder/geschichte/Istrup_Entstehung.pdf (Zugriff am 3.10.2018).

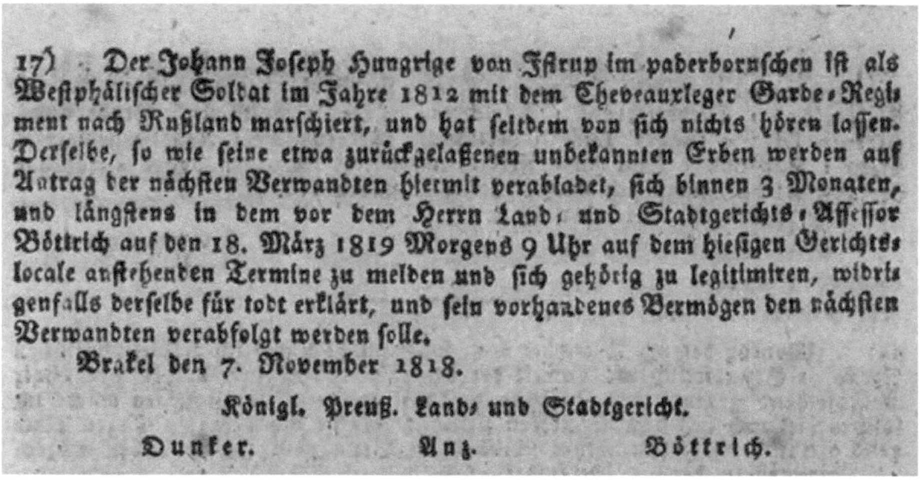

17) Der Johann Joseph Hungrige von Jsrup im paderbornschen ist als Westphälischer Soldat im Jahre 1812 mit dem Chevauxleger Garde-Regiment nach Rußland marschiert, und hat seitdem von sich nichts hören lassen. Derselbe, so wie seine etwa zurückgelassenen unbekannten Erben werden auf Antrag der nächsten Verwandten hiermit verabladet, sich binnen 3 Monaten, und längstens in dem vor dem Herrn Land- und Stadtgerichts-Assessor Böttrich auf den 18. März 1819 Morgens 9 Uhr auf dem hiesigen Gerichts-locale anstehenden Termine zu melden und sich gehörig zu legitimiren, widrigenfalls derselbe für todt erklärt, und sein vorhandenes Vermögen den nächsten Verwandten verabfolgt werden solle.

  Brakel den 7. November 1818.

    Königl. Preuß. Land- und Stadtgericht.

  Dunker.   Anz.   Böttrich.

Abb. 7: Aufruf im Paderbornschen Intelligenzblatt Nr. 102 vom 23. Dezember 1818. (Digitale Sammlungen der WWU Münster; https://sammlungen.ulb.uni-muenster.de/hd/periodical/pageview/155585)

bei Aussetzung eines Generalpardon wieder zur Fahne gegangen."[16] Lakonisch beendete der Ortschronist die Aufzählung mit den Worten: „Von obigen allen ist keiner wieder aus Rußland heimgekommen."[17]

Mehr als 30.000 Westfalen waren mit Napoleon nach Russland marschiert, nur wenige kehrten zurück. Ab wann genau die Eltern von Joseph **Hungerige** davon ausgingen, dass auch ihr Sohn nicht mehr zurückkehren würde, bleibt ungewiss. Josephs Mutter Clara Elisabeth starb am 5. Juli 1813, Vater Ricus ein Jahr später am 14. September 1814. Erst vier Jahre später, am 23. Dezember 1818, erschien in der Beilage zum *Paderbornschen Intelligenzblatt* ein Aufruf (Abb. 7) des Königlich-Preußischen Land- und Stadtgerichts vom 7. November 1818, Johann Joseph **Hungerige** und seine möglicherweise hinterbliebenen Erben mögen sich binnen der nächsten drei Monate melden, „widrigenfalls derselbe für todt erklärt, und sein vorhandenes Vermögen den nächsten Verwandten verabfolgt werden solle".[18] In rascher Folge wurde der Aufruf am 13. Januar und 3. Februar 1819 fast textidentisch erneut gedruckt.[19] Ob sich einer von Josephs drei älteren Brüdern, Johann Heinrich Anton († 1836), Johann

---

16 Ebd.

17 Ebd.

18 Paderbornsches Intelligenzblatt für den Oberlandes-Gerichts-Bezirk Nr. 102 vom Mittwoch, den 23. Dezember 1818. Die Paderbornschen Intelligenzblätter von 1774 bis 1849 liegen online in den Digitalen Sammlungen der WWU Münster vor (https://sammlungen.ulb.uni-muenster. de, Zugriff am 9.10.2021).

19 Paderbornsches Intelligenzblatt für den Oberlandes-Gerichts-Bezirk Nr. 4 vom Mittwoch, den 13. Januar 1819 sowie Nr. 10 vom Mittwoch, den 3. Februar 1819.

Heinrich († 1820) oder Hermann Heinrich († 1820), auf diesen Aufruf meldeten, ist nicht bekannt.

Als am 12. Dezember 1817 die königlich preußische Regierung zu Minden das Führen von Dorfchroniken durch jede Gemeinde zur Pflicht machte, fasste der Istruper Ortschronist Ferdinand **Ernst** die Ereignisse der Jahre 1811 bis 1817 in knapper Form zusammen. Zum Jahr 1812 und den Ereignissen in Russland schrieb er lediglich: „War das Jahr in welchem das Heer des großen Napoleon durch Hunger und Kälte umkam. Die Kälte soll hier später eingetroffen sein."[20]

Literatur

BECKER, Waldemar (2017): Driburg – Geschichte einer Kleinstadt 1802 bis 1850. In: H. GROSSEVOLLMER (Hrsg.), Bad Driburg – Epochen der Stadtgeschichte (S. 163–216), Münster: Aschendorff.

BLESSON, Johann Ludwig Urban (1824): Napoleon's Feldzug in Russland 1812: Aus dem Französischen der Histoire de l'Expédition de Russie. Bd 2. Berlin: Duncker und Humblot. (Online in der Digitalen Bibliothek der Bayerischen Staatsbibliothek verfügbar; https://reader. digitale-sammlungen.de)

DEMPSEY jr., Guy C. / WAGNER, Edmund (1991): Das Chevauleger-Regiment von Berg 1807–1808. In: Depesche – Uniformen und Heere vergangener Zeiten, 7. Jg., Nr. 24, S. 1–12.

FABER DU FAUR, Christian Wilhelm von (1831/1987): Mit Napoleon in Rußland 1812. Blätter aus meinem Portefeuille von C. W. von Faber du Faur. Erläuternde Andeutungen zu diesem Werk von Friedrich von Kausler. Mit einer Einführung von Otto Borst. Stuttgart: J. F. Steinkopf.

GRABE, Wilhelm / MOORS, Markus (Hrsg.) (2006): Neue Herren – neue Zeiten? Quellen zur Übergangszeit 1802 bis 1816 im Paderborner und Corveyer Land. Paderborn: Bonifatius.

HUNGERIGE, Heiko (2016): Joannes Joseph Hungerige. In: Westfälische Biographien, hrsg. von Altertumsverein Paderborn und Verein für Geschichte Paderborn. Online-Ausgabe unter http://www.westfälische-biographien.de/biographien/person/1943 (Version vom 25.08.2016, abgerufen am 09.10.2021)

LEHMANN, Max (1889): Clausewitz über die Schlacht an der Beresina. In: Historische Zeitschrift, Jg. 61, 1889, S. 110–112.

ZAMOYSKI, Adam (2014): 1812 – Napoleons Feldzug in Russland. München: dtv.

---

20 Chronik der Gemeinde Istrup; online unter https://istrup.de/wp-content/uploads/2020/11/Istrup_1811-1819.pdf (Zugriff am 9.10.2021).

Generationen nummerieren – aber wie?

von Heiko Hungerige

Von Zeit zu Zeit wird in genealogischen Foren, Mailinglisten oder Workshops die Frage diskutiert, ob der Proband (also die Ausgangsperson einer Ahnen- oder Nachfahrentafel) als „Generation 0" oder als „Generation 1" angezeigt werden soll. Dass es sich dabei um kein neues Problem handelt, sondern in der Genealogie bereits seit über 100 Jahren immer wieder diskutiert wird, wurde von Arndt Richter sehr schön herausgearbeitet.[1]

„Generation 1" oder „Generation 0"?

Die einen argumentieren, dass selbstverständlich auch der Proband einer Generation angehöre, nämlich der ersten. Die Eltern seien dementsprechend als „Generation 2" zu führen, die Großeltern als „Generation 3" usw. Eine „Generation 0" für den Probanden zu erfinden sei sinnfrei. Unterstützung für diese Sichtweise findet sich bereits in der älteren genealogischen Literatur: Schon der als Begründer der „wissenschaftlichen Genealogie" geltende Histo- riker Johann Christoph Gatterer (1727–1799) zählt in seinem 1788 in Göttingen erschienenen „Abriß der Genealogie" den Probanden zur „I. Generation".[2] Und auch der hessische Gymnasialprofessor und Genealoge Otfried Praetorius (1878–1964) nummeriert in seiner vor dem Aufkommen genealogischer Software sehr beliebten „Taschenbuch-Ahnentafel"[3] aus dem Jahr 1934 die Generation des Probanden mit I, die weiteren Ahnengenerationen dementsprechend mit II, III, IV, V, … usw. Diese Zählung der Generationen hat sich bis heute in einigen sehr bekannten und leistungsstarken Genealogieprogrammen (wie „Heredis 22"[4] und „Family Tree Maker" (2019 US bzw. 2017 DE)[5] erhalten.

Die anderen halten dagegen, dass die Zählung erst mit der Elterngeneration (bzw. der Generation der Kinder) beginnen solle. Bereits 1911 geht der Staats- archivar und Genealoge Ernst Devrient (1873–1948) in seinem Buch „Familien- forschung" implizit von einer „Generation 0" für den Probanden aus, wenn er schreibt: „Die Zahl der Ahnen ist stets eine Potenz von 2 mit der Nummer der

---

1 Vgl. dazu RÖSCH / RICHTER, 2008.
2 Vgl. dazu das Beispiel einer „Anentafel in der Gestalt einer Quertabelle" (GATTERER, 1788, S. 22) oder die Ahnenliste von Karl Friedrich Reinhold von Baumbach (ebd., S. 111–121).
3 PRAETORIUS, 1934. Eine überarbeitete Version dieser „Taschenbuch-Ahnentafel" mit geän- derter Generationsnummerierung steht kostenlos auf der TNG-Homepage des *Roland zu Dortmund e.V.* als Download zur Verfügung (HUNGERIGE, 2019).
4 Heredis SCOPAL „Heredis 22", Version 22.0.
5 The Software MacKiev Company, „Family Tree Maker 2019", Version 24.0.1.1252; „Family Tree Maker 2017 DE (BETA)", Version 23.3.0.1759.

jeweils betrachteten Generation als Zähler.["6] Ebenso impliziert formuliert dies der Historiker und Philologe Eduard Heydenreich (1852–1915) im ersten Band seines „Handbuchs der praktischen Genealogie" aus dem Jahr 1913: „Z. B. jedermann hat acht Urgroßeltern, nach unserer Regel (die Urgroßeltern bilden die 3. Generation) $2^3 = 8$."[7] Und der österreichische Historiker, Literaturkritiker und Übersetzer Otto Forst-Battaglia (1889–1965) schreibt in seinem im selben Jahr erschienenen Buch „Genealogie" lapidar: „Die Zählung der Generation beginnt gewöhnlich mit den Eltern der Probanten."[8] Genealogieprogramme wie z.B. „Familienbande"[9] verwenden diese Zählung; „Ahnenblatt"[10] vermeidet dagegen den Generationsbegriff ganz, führt aber analog zu dieser Zählung die Eltern des Probanden in der Ahnenliste korrekt als „1. Ahnenreihe" auf. Bei „GFAhnen"[11] kann zwischen den beiden Varianten gewählt werden.

Die mathematische Struktur der Ahnentafel

Wie sollten die Generationen in Ahnentafeln oder -listen nun nummeriert werden? Zunächst: Die Zählung der Generationen ist eine Konvention, „richtig" oder „falsch" sind in diesem Zusammenhang keine angemessenen Kategorien. Konventionen können jedoch mehr oder weniger sinnvoll sein.[12] Und unter dieser Perspektive liegt es eigentlich auf der Hand, dass mehr Gründe dafür sprechen, den Probanden tatsächlich als „Generation 0" zu bezeichnen, wie im Folgenden gezeigt werden soll.

Was ist mit „Generation" gemeint? In der Genealogie ist mit dem Begriff „Generation" in der Regel eine *Ahnen-* oder *Nachfahren*generation gemeint. Da der Proband aber weder sein eigener Vorfahre noch sein eigener Nachfahre sein kann, macht es wenig Sinn, ihn in einer Ahnen- oder Nachfahrenliste als „Generation 1" aufzuführen.

Exponentielle Zusammenhänge auf der Ahnentafel. Entscheidender ist aber, dass einer Ahnentafel eine *mathematische Struktur* zu Grunde liegt, da sich bekannterweise mit jeder Ahnengeneration die Anzahl der Vorfahren verdoppelt[13] (das Phänomen „Ahnenimplex" sei an dieser Stelle ausgeklammert): Die Anzahl der Personen in einer Ahnenreihe (at_k) berechnet sich also über 2^k

---

6   DEVRIENT, 1911, S. 71. Mit „Zähler" meint Devrient den Exponenten.
7   HEYDENREICH, 1913, S. 44.
8   FORST-BATTAGLIA, 1913, S. 12. (Forst-Battaglia schreibt in seinen Schriften konsequent „Probant" statt „Proband".)
9   „Familienbande" von Stefan Mettenbrink, Version vom 9. Juni 2014.
10   „Ahnenblatt" von Dirk Böttcher, Version 2.97a.
11   „GFAhnen", Genealogieprogramm der Gesellschaft für Familienforschung in Franken (GFF), Version 20.1 vom März 2021.
12   Zur Geschichte der Generationszählweise vgl. RÖSCH / RICHTER, 2008.
13   Für Nachfahrengenerationen gilt dieses mathematische Gesetz natürlich nicht, da jede Person unterschiedlich viele Nachfahren haben kann.

(wobei k für die Generation steht), die Anzahl der gesamten Personen in einer Ahnentafel (A_k) über $(2^{k+1})-1$. Folgende Tabelle verdeutlicht diesen exponentiellen Zusammenhang:

Generation k	Anzahl der Personen in einer Ahnenreihe $at_k = 2^k$	Anzahl der Personen in einer Ahnentafel gesamt $A_k = (2^{k+1})-1$
0	2^0 = 1 (Proband)	$(2^{0+1})-1$ = 1
1	2^1 = 2 (Eltern)	$(2^{1+1})-1$ = 3
2	2^2 = 4 (Großeltern)	$(2^{2+1})-1$ = 7
3	2^3 = 8 (Urgroßeltern)	$(2^{3+1})-1$ = 15
4	2^4 = 16 (Ururgroßeltern)	$(2^{4+1})-1$ = 31
5	2^5 = 32 (Ururgroßeltern)	$(2^{5+1})-1$ = 63

Anhand der Tabelle ist leicht zu sehen, dass dieser schöne mathematische Zusammenhang nur dann entsteht, wenn die Generation des Probanden mit „0" bezeichnet wird, da eine Potenz mit dem Exponenten 0 für jede Basis (außer Null) die Zahl 1 ergibt (also auch für die Basis 2). Würde man dagegen den Probanden als „Generation 1" bezeichnen, so löst sich dieser Zusammenhang auf – eine Berechnung der Personenanzahl in einer Ahnentafel wäre dann nur erschwert möglich. (Eine weitere Voraussetzung für diese mathematische Gesetzmäßigkeit ist natürlich, die Ahnen nach dem 1898 von Stephan Kekule von Stradonitz (1863–1933) popularisierten System zu nummerieren.[14])

Interpretation von Ahnentafeln. Auch für die Interpretation von Ahnentafeln ist diese Generationszählung (sozusagen als „Orientierungshilfe") nützlich: Der Term 2^k gibt stets auch die Ahnennummer (AN) der *ersten* Person der Ahnenreihe (Generation) k an (also der Ahne „ganz links" in der Reihe und damit auch die AN der Vaterlinie), $(2^{k+1})-1$ die *letzte* Person in dieser Ahnenreihe (also die Ahnin „ganz rechts" und damit auch die AN der Mutterlinie). In Abbildung 1 kann man diesen Zusammenhang bis zur neunten Generation überprüfen.

Rückschluss von der Ahnennummer auf die Generation. Ein weiterer mathematischer Zusammenhang ergibt sich auch, wenn aus einer Ahnennummer nach Kekule auf die Generation geschlossen werden soll, in der sich dieser Ahn befindet. Solange man sich noch in den unteren Ahnengenerationen bewegt, ist dies vielleicht nicht weiter schwierig. Je größer die AN jedoch werden, um so problematischer wird es, intuitiv die zugehörige Ahnengeneration zu erkennen.

---

14 Kekule von Stradonitz, 1898; 1898/1904. Vgl. dazu auch z. B. Rösch, 1953; Rösch / Richter, 2008; Reuter, 2019.

				Generation k					
0.	I.	II.	III.	IV.	V.	VI.	VII.	VIII.	IX.

Anzahl der Personen in Ahnenreihe 2^k
(Ahnennummern der Vaterlinie)

(1)	2	4	8	16	32	64	128	256	512

Anzahl der Personen in AT gesamt $(2^{k+1}) - 1$
(Ahnennummern der Mutterlinie)

1	3	7	15	31	63	127	255	511	1023

Abb. 1: Generationen-Übersicht mit Ahnennummern nach Kekule
(Grafik aus: HUNGERIGE, 2019; modifiziert nach einer Vorlage von PRAETORIUS, 1934)

Zum Glück hilft auch hier die Mathematik: Einige werden sich vielleicht noch aus ihrer Schulzeit erinnern, dass das *Logarithmieren* die Umkehrfunktion des *Potenzierens* ist. Im Ausdruck 2^k ist 2 die sog. *Basis* und k der *Exponent*. Als Logarithmus einer Zahl (zum Beispiel einer gegebenen Ahnennummer) bezeichnet man den Exponenten (in unserem Fall die gesuchte Generation k), mit dem eine vorher festgelegte Zahl, die *Basis* (üblicherweise 10 oder 2, in unserem Fall 2), potenziert werden muss, um die gegebene Zahl, den sog. *Numerus* (also die Ahnennummer), zu erhalten. Ein Logarithmus zur Basis 2 wird *binärer Logarithmus* oder *Logarithmus dualis* genannt, abgekürzt mit $\log_2$ oder ld. Wenn also die Generation k = 0 den Probanden (Kekule Nr. 1) repräsentiert, gilt für den Ahn mit der Kekule-Nummer AN:

$$\text{Generation (AN)} = \log_2 AN \text{ bzw. ld } AN$$

Zu beachten ist, dass das Ergebnis stets auf die nächste ganzzahlige Zahl abgerundet werden muss.[15] Einige Beispiele sollen dies verdeutlichen:

Für Ahn Nr. 128 gilt $\log_2 128 = 7{,}000$ = 7. Generation, da $2^7 = 128$
Für Ahn Nr. 255 gilt $\log_2 255 = 7{,}994$ = 7 abgerundet: 7. Generation
Für Ahn Nr. 256 gilt $\log_2 256 = 8{,}000$ = 8. Generation, da $2^8 = 256$
Für Ahn Nr. 257 gilt $\log_2 257 = 8{,}006$ = 8 abgerundet: 8. Generation
Für Ahn Nr. 511 gilt $\log_2 511 = 8{,}997$ = 8 abgerundet: 8. Generation

Leider besitzen nur wenige Taschenrechner oder Apps die Funktion für den dualen Logarithmus (Basis 2), im Internet sind aber verschiedene Online-Rechner zu finden, mit denen diese Berechnungen einfach möglich sind.[16] Wer dennoch einen Taschenrechner benutzen will, kann die Berechnung der Generation auch mit Hilfe des gängigeren dekadischen Logarithmus' (Basis 10) durchführen, da nach den Logarithmengesetzen gilt:

$$\text{Generation (AN)} = \log_2 AN = \frac{\log_{10} AN}{\log_{10} 2}$$

Für den Probanden mit der AN = 1 lässt sich damit berechnen:

$$\text{Generation (1)} = \log_2 1 = \frac{\log_{10} 1}{\log_{10} 2} = 0$$

Dies ist wohl das stärkste Argument dafür, dem Probanden mit der Ahnennummer 1 die Generation k = 0 zuzuweisen.

Rückschluss auf den Ahnensektor. Weert Meyer wies noch auf den schönen Zusammenhang hin, dass aus den beim Logarithmieren der Ahnennummer (s.o.) auftretenden Nachkommastellen abgeleitet werden kann, in welchem *Ahnensektor* sich eine Person mit der Ahnennummer AN befindet. Die nachfolgende Tabelle soll dies verdeutlichen (vgl. dazu auch Abb. 1):

---

15 Mathematisch lässt sich dies durch die sog. *Gaußklammer* ausdrücken: $\lfloor \log_2 255 \rfloor = 7$.
16 Zum Beispiel: https://rechneronline.de/logarithmus/.

Nachkommastellen von k	Ahnensektor	über Ahn
< 0,3219280949	vs. – vs.	④ Großvater väterlicherseits
< 0,5849625007	vs. – ms.	⑤ Großmutter väterlicherseits
< 0,8073549221	ms. – vs.	⑥ Großvater mütterlicherseits
> 0,8073549221	ms. – ms.	⑦ Großmutter mütterlicherseits

Ein Beispiel: Für den Ahn mit der AN = 882 gilt:

$$\text{Generation } (882) = \log_2 882 = 9{,}785$$
$$[\text{abgerundet: 9. Generation}]$$

Der „Rest" von 0,785 ist größer als (>) 0,584, jedoch kleiner als (<) 0,807. Die Person befindet sich also im „Ahnensektor ms. – vs.", ist also ein Vorfahre des Großvaters mütterlicherseits.

Zusammenführung zweier Ahnentafeln. Die mathematischen Gesetzmäßigkeiten der Ahnentafeln erlauben auch, Formeln zur Umrechnung der Kekule-Nummern bei der Zusammenführung zweier Eltern-Ahnentafeln bzw. zweier beliebiger Ahnentafeln mit gemeinsamer Schnittmenge zu finden, darauf soll an dieser Stelle jedoch nicht weiter eingegangen werden.[17]

Zwischenfazit. Diese Beispiele zeigen: Nur dann, wenn dem Probanden die „Generation 0" zugeordnet wird, zeigt sich die schöne und einfache mathematische Gesetzmäßigkeit einer Ahnentafel. Die Verletzung dieser genealogischen Gesetzmäßigkeit hat in der Vergangenheit immer wieder die Gemüter erregt, am heftigsten wohl das des westfälischen Studienrats Paul Schneider, der darin schon 1944 ein „Grundübel unserer Ahnenbezifferung"[18] sah. Er führt weiter dazu aus:

---

17 Vgl. dazu ROESLER, 1939; KOCH, 1940; GEPPERT, 1943 und SCHNEIDER, 1944. Zur Einführung vgl. RICHTER, 2017 sowie HUNGERIGE, 2019.
18 SCHNEIDER, 1944, Sp. 147.

„Warum hört man nicht endlich mit der unnatürlichen und ‚mathematisch' höchst unzweckmäßigen Numerierung der Ahnenreihen auf? Die ersten ‚Ahnen' sind die Eltern, die zweiten die Großeltern usw. So ist es natürlich. Den Probanden als erste ‚Ahnen'reihe zu bezeichnen, ist unnatürlich. Zählt man dagegen die Ahnenreihen (Generationen) erst von der Reihe der Eltern ab, ergeben sich vielfach sehr schöne mathematische Zusammenhänge. Dem Mathematiker tut es in der Seele weh, sehen zu müssen, wie dem gerade ästhetischen Zusammenhange, der sich aus der Kekuléschen Ahnenbezifferung ergibt, durch die unnatürliche Zählung der Generationen Gewalt angetan wird."[19]

Der Lösungsvorschlag von Rösch (1948)

Der erste, der aufgrund dieser mathematischen Überlegungen konsequent den Schluss zog, den Probanden mit der Generation „0" zu bezeichnen, war der deutsche Genealoge, Mineraloge und Farbwissenschaftler Siegfried Rösch (1899–1984) in seinem kleinen Artikel „Zur Generationsbenummerung" aus dem Jahr 1948. In seinem einige Jahre später erschienenen Buch „Grundzüge einer quantitativen Genealogie"[20] greift er diese Gedanken wieder auf und schreibt:

„Hinsichtlich der Numerierung der Ahnengen. k wollen wir die Festsetzung treffen, daß die der Eltern die erste sein soll, die des Probanden erhält also die Nummer k = 0."[21]

Und wie bereits in seinem Artikel von 1948 greift er noch eine weitere Neuerung auf:

„Und da diese Gen.-nummern in zeitlicher Hinsicht nach rückwärts fortschreiten, wollen wie sie mit negativen Vorzeichen versehen, so daß z. B. die Reihe der Urgroßeltern mit k = - 3 richtig bezeichnet ist (gern wird die Gen.-nummer in römischen Ziffern geschrieben). Leider ist diese besonders einfache Zählweise nicht immer eingehalten worden, indem man oft der Gen. des Probanden die Nummer 1 erteilt."[22]

Als Ursache für dieses „Grundübel unserer Ahnenbezifferung" (wie Paul Schneider es 11 Jahre zuvor genannt hatte) vermutet Rösch schlichte Gedankenlosigkeit:

---

19 Ebd., Sp. 147. Vgl. dazu auch RICHTER, 2017.
20 RÖSCH, 1955.
21 Ebd., S. 23.
22 Ebd., S. 23.

„Die Benennung des Probanden mit der Gen.-nummer I dürfte meist in gedankenloser Anlehnung an dessen Bezeichnung mit der Ahnennummer (1) erfolgen. Wir ,denken' hier aber ,in Zweierpotenzen', womit der vorgeschlagene Modus in logischem Zusammenhang steht, da der Absolutwert der Gen.-nummer als Exponent von 2 betrachtet stets die Gesamtzahl der in dieser Gen. vorkommenden Ahnen nennt."[23]

Die zeitgenössische Kritik an Rösch

Sowohl die Einführung einer „Generation 0" für den Probanden, als auch die Zählung der Ahnengenerationen mit negativem Vorzeichen blieb von Röschs Zeitgenossen nicht unwidersprochen. 1950 wurden in der Zeitschrift „Der hessische Familienforscher" unter dem Titel „Zur Frage der Generationsbenummerung" fünf Diskussionsbeiträge zu Röschs Artikel von 1948 publiziert; die Autoren waren Ulrich Lampert, Josef Nix, Otto Merckens, Karl Wallenfels und Georg C. Leber.

Georg C. Leber argumentiert, statt des von Rösch vorgeschlagenen Vorzeichens die Generation des Probanden als „Grundgeneration" zu bezeichnen, die Vorfahrengenerationen dagegen „obere" (abgekürzt z.B. mit II°) und die Nachfahrengenerationen „untere Generationen" (abgekürzt z.B. II_u) zu nennen (Sp. 72), während der 1906 geborene Chemiker Ulrich Lampert vorschlägt, „den Vorfahrengenerationen das Präfix A (= Aszendenz, Ahnen) und den Nachfahrengenerationen das Präfix D (= Deszendenz)" zu geben (Sp. 70). Auch die Einführung der „Generation 0" für den Probanden wird von Lampert kritisiert:

> „Wenn nun bei einer Verbindung von Vor- und Nachfahrenzusammenstellungen wegen des Ausdrucks mathematischer Formulierungen eine ganze Generation mit ± 0 bezeichnet wird, so scheint mir die Anwendung der Mathematik hierbei etwas überspitzt zu werden. 0 bedeutet Nichts, und warum soll ein Wesen, das mit Erfolg gelebt hat und Nachkommen hinterließ, mit 0 bezeichnet werden? Mir widerstrebt dies (...)." (Sp. 70)

Dem widerspricht jedoch der Rezensent Karl Wallenfels:

> „Der Vorschlag, dem Probanden die Generation 0 zu geben, wird lebhafte Diskussion hervorrufen. Die Ablehnenden hängen zu sehr an dem Gedanken, daß Null = Nichts bedeutet. Dabei handelt es sich hier ja nur um eine Systematik, nicht um eine Bewertung. Beim Thermometer ist der Nullpunkt auch eine Realität von gleichem Wert wie +1 usw.: (...). Nun ist die Generationsbezeichnung eine Zahlenreihe und dabei

---

23 Ebd., S. 23, Fußnote 15.

die 0 ebenso eine Ziffer wie die anderen auch. Die Generation 0 wäre also keine Herabsetzung zum Nichts, sondern eine Anfangs- oder Ursprungsgeneration." (Sp. 71)

Zustimmung findet Rösch ebenfalls bei dem Juristen Otto Merckens (1878–1962). Auch im „Schlußwort der Schriftleitung"[24] werden versöhnliche Worte gefunden:

„Die Ursache zu den in den verschiedenen Meinungen zum Ausdruck gekommenen, abweichenden Auffassungen liegt wohl darin, daß der Begriff Generation verschieden angesehen wird: während er z. B. einerseits als zählende Einheit gewertet wird, erscheint er andererseits als biologische Realität." (Sp. 72)

In einer Tabelle (Abb. 2) werden abschließend die Vorschläge zur Generationenzählung (Rösch, Leber, Lampert sowie das alte römische Zählsystem[25]) zusammengefasst:

		bisher üblich	Rösch	Leber	Römer	Lampert
Ahnentafel	Großeltern	III	− II	II⁰	II	A III
	Eltern	II	− I	I⁰	I	A II
	Proband	I	} ± 0	} (Proband) }	} ego }	} I
Stammtafel	Stammvater	I				
	Kinder	II	+ I	I u	I	D II
	Enkel	III	+ II	II u	II	D III

Abb. 2: Vorschläge zur Generationenzählung (aus: „Zur Frage der Generationsbenummerung" mit Diskussionsbeiträgen von Ulrich Lampert, Josef Nix, Otto Merckens, Karl Wallenfels und Georg C. Leber; in: Der hessische Familienforscher (1950), 1. Jg., H. 5, Sp. 70-73)

Abschließend sei noch auf Folgendes hingewiesen: Da nach Röschs Vorschlag für Ahnengenerationen ein negatives k verwendet werden soll, lauten seine Formeln (anders als oben im Text beschrieben) konsequenterweise auch:

$$at_k = 2^{-k} \text{ und } A_k = (2^{-k+1})\text{-}1$$

Das muss Rösch auch so fordern, denn: Setzt man nun für k eine negative Generationszahl ein, erhält man wieder das richtige Ergebnis, für k = −3 beispielsweise $2^{-(-3)} = 2^{+3} = 8$.

---

24 Wohl *in persona* Heinz F. Friederichs (1905–1992), der damals die Gesamtschriftleitung hatte.
25 Vgl. dazu auch DEVRIENT, 1911, S. 5.

Fazit

Wie immer man zur Kennzeichnung der Zeitdimension der Generationen stehen mag, ob mit Vorzeichen (Rösch), hoch- bzw. tiefgestelltem Index (Leber) oder durch die Angabe der Präfixe A und D (Lampert): Unstrittig ist, dass die Zuordnung des Probanden zu einer „Generation 0" entscheidende Vorteile mit sich bringt. Schließt man sich dieser Ansicht nicht an, stürzt die elegante mathematische Gesetzmäßigkeit einer Ahnentafel in sich zusammen. Bleibt nur zu hoffen, dass sich auch so leistungsstarke und marktführende Genealogieprogramme wie „Family Tree Maker" oder „Heredis" bald dieser sinnvollen Konvention anschließen werden. Die negative Generationen-Nummerierung – so wie Rösch sie vorschlägt – dürfte sich eher nicht durchsetzen, wäre sachlogisch aber die beste Wahl.

Danksagung

Mein Dank gilt Weert Meyer (Leer/Ostfr.) für zahlreiche Rückmeldungen, Hinweise und Ergänzungen.

Literatur

Nahezu die gesamte hier angegebene Literatur ist auch im Internet als Digitalisat zu finden (auf der TNG-Homepage[26] des „Roland zu Dortmund e.V.", der Gene-Talogie-Homepage[27] von Arndt Richter, im GenWiki[28] und bei Google Books[29]).

DEVRIENT, Ernst (1911): Familienforschung. Leipzig: B. G. Teubner. [Online]
FORST-BATTAGLIA, Otto (1913): Genealogie. (Grundriss der Geschichtswissenschaft, Reihe 1, Abt. 4a). Leipzig, Berlin: B. G. Teubner. [Online]
GATTERER, Johann Christoph (1788). Abriß der Genealogie. Göttingen: Vandenhoeck und Ruprecht. [Online]
Geppert, M. P. (1943): Ahnenübernahme und Ahnennumerierung. In: Familie, Sippe, Volk, Jg. 9, H. 8, S. 66–67.
HEYDENREICH, Eduard (1913): Handbuch der praktischen Genealogie. (Bd. I u. II; zweite, sehr vermehrte und umgearbeitete Auflage der Familiengeschichtlichen Quellenkunde). Leipzig: H. A. Ludwig Degener. [Online]
HUNGERIGE, Heiko (2019): „Ahnentafel-Taschenheft" mit einer Haupttafel für die Ahnennummern 1-15 und 16 Anschlusstafeln für 7 Ahnengenerationen mit 128 Ahnen sowie 2 Ergänzungstafeln für die Ahnen 256 (paternale Linie) und 511 (maternale Linie) bis in die 11. Ahnengeneration. (Nach einer

---

26 https://tng.rolandgen.de/browsemedia.php?mediatypeID=documents.
27 http://www.genetalogie.de/.
28 http://wiki-de.genealogy.net/Hauptseite.
29 https://books.google.de/.

Vorlage von Otfried Praetorius aus dem Jahr 1934 erstellt, überarbeitet und ergänzt von Heiko Hungerige). [Typoskript, 63 S., online][30]

KEKULE VON STRADONITZ, Stephan (1898): Über eine zweckmäßige Bezifferung der Ahnen. In: Vierteljahrsschrift für Wappen-, Siegel- und Familienkunde, Berlin 26/1898, S. 64-72. (2 Tafeln).

KEKULE VON STRADONITZ, Stephan (1898/1904). Ahnentafel-Atlas. Ahnentafeln zu 32 Ahnen der Regenten Europas und ihrer Gemahlinnen. Hrsg. J. A. Stargardt. Berlin.

KOCH, Werner (1940): „... Ihr (mein) Ahn 736 (814) ...". In: Archiv für Sippenforschung und alle verwandten Gebiete, H. 9 (Sept. 1940), S. 196. [Online]

PRAETORIUS, Otfried (1934): Taschenbuch-Ahnentafel. Eine Haupttafel zum Herausklappen mit 16 Anschlußtafeln zu 128 Ahnen. Limburg an der Lahn: A. Starke.

REUTER, Doris (2019): Welche Ziffer für den Urgroßvater? In: Familienforschung, Ausgabe 2019/2020, S. 106–109.

RICHTER, Arndt (2017): „ ... Ihr (mein) Ahn 736 (814) ..." – Ein Rückblick – mit Aktualität? Literaturgeschichte der Umrechnung – einfache stufenweise Umrechnung mit Taschenrechner – zwei Computer-Umrechnungsprogramme. [Typoskript, 35 S., online]

RÖSCH, Siegfried (1948): Zur Generationsbenummerung. In: Hessische Familienkunde, 1. Jg., H. 1, Sp. 27–28. Vgl. dazu auch „Zur Frage der Generationsbenummerung" mit Diskussionsbeiträgen von Ulrich LAMPERT, Josef NIX, Otto MERCKENS, Karl WALLENFELS und Georg C. LEBER; in: Der hessische Familienforscher (1950), 1. Jg., H. 5, Sp. 70–73. [Online]

RÖSCH, Siegfried (1953): Die Bezifferung von Ahnentafeln. In: Familie und Volk – Zeitschrift für Genealogie und Bevölkerungskunde, H. 2, S. 273–280. [Online]

RÖSCH, Siegfried (1955): Grundzüge einer quantitativen Genealogie. (Teil A des Buches über Goethes Verwandtschaft) (= Praktikum für Familienforscher, Sammlung gemeinverständlicher Abhandlungen über Art und Ziel und Zweck der Familienkunde, H. 31) Neustadt an der Aisch: Degener & Co. (Sonderdruck aus „Goethes Verwandtschaft"). [Online]

RÖSCH, Siegfried / RICHTER, Arndt (2008): Das „Gesicht der Genealogie" – Über listenmäßige Darstellung von Nachkommenschaften: Struktur und Bezifferung. [Typoskript, 72 S., online]

ROESLER, Gottfried (1939): Etwas Rechnen auf der Ahnentafel. In: Familiengeschichtliche Blätter, Jg. 37 (1939), H. 10/11, S. 243-244. [Online]

SCHNEIDER, Paul (1944): Mathematische Zusammenhänge der Ahnennummern. In: Familiengeschichtliche Blätter, 42. Jg., H. 9/12, Sp. 147–152. [Online]

---

30 Das Heft liegt in einer pdf- und einer Word-Version (docx) vor. Die pdf-Version kann mit der Hand ausgefüllt werden, die Word-Version auch am Computer. Für eine korrekte Darstellung der Zeichen am Computer bitte die „Erläuterungen und Ausfüllhinweise" beachten. Falls der Drucker über die Funktion „Broschürendruck" verfügt, können die Dateien als DIN-A-5-Hefte ausgedruckt und geheftet werden.

Kinderlandverschickung und Flucht
von Bochum nach Schlawe und Ratzeburg
(1943–1945)

Ein Erlebnisbericht von Hansi Hungerige

1936 im Schatten des Förderturms der Zeche Präsident Schacht II auf der Hofsteder Straße 14 in Bochum geboren, wurde ich am 1. April 1943 eingeschult. Meine Schulzeit begann in der Fahrendeller-Schule, die bereits am 24. April durch Bombentreffer beschädigt wurde und die Verlegung der Schulklassen zur Zeppelinschule in Hamme, Feldsieper Straße 94, zur Folge hatte.

Englische und amerikanische Bomberverbände flogen zwischen März und Juli 1943 in der ersten sogenannten „Battle of the Ruhr" fast täglich Luftangriffe auf das Ruhrgebiet und zwangen die Stadt Bochum, alle Schulen am 18. Mai 1943 zu schließen und die Schulkinder mit ihren Müttern im Zuge der Erweiterten Kinderlandverschickung (KLV) „umzuquartieren".

Die Idee zu einer Kinderlandverschickung entstand bereits in den Kriegsjahren 1914 bis 1918. Damals galt es, die größten Hungerprobleme gerade für Kinder zu lindern. Im II. Weltkrieg kam durch die Bedrohung der Fliegerangriffe ein noch größeres Problem für die gesamte zivile

Abb. 1: Agnes Hungerige (1903–1982), geb. Galuske, im Jahr 1942 (Foto: H. Hungerige)

Bevölkerung hinzu. Waren es zuerst kirchliche Organisationen, die ab Oktober 1940 diese Form der Hilfe aufbauten, so folgten ihnen später die Kommunen und danach massiv der Staat. Bis Kriegsende wurden wahrscheinlich über 2.000.000 Kinder von der „Reichsdienststelle KLV" evakuiert.

Abb. 2: Das zerstörte Bochum: Klosterkirche, Kloster und Waisenhaus am Platz der SA, heute Imbuschplatz, im Jahr 1945 (Foto: H. Hungerige)

Meine Erinnerungen an diese Zeit sind geprägt von Bildern zerstörter Häuser, rauchender Trümmer und unzähligen Luftschutzbunkeraufenthalten. Ihren grausamen Höhepunkt finden diese Bilder in der Erinnerung an einen Fliegerangriff am 26. Juni 1943, als ich mit meiner Mutter Agnes **Hungerige** (geb. **Galuske**, 1903–1982) nach der Entwarnung in einer Menschenmenge vor der brennenden Kirche Maria Hilf und dem Kloster der Redemptoristen am damaligen „Platz der SA" (heute: Imbuschplatz) stand und miterlebte, wie aus dem daneben liegenden katholischen Waisenhaus St. Vinzenz, das von einer Luftmine getroffen worden war, über 70 Tote, darunter 65 Waisenkinder, geborgen wurden.

Abb. 3: Schlawe in Pommern, Markt mit dem Rathaus (Foto: H. Hungerige)

Diese traumatische Zeit endete für mich am 4. Juli 1943, als ich um 12:30 Uhr vom Bahnhof Nord mit meinen Klassenkameraden, dem Rektor Gustav **Arens** und unseren Müttern mit dem 14. Transport der Erweiterten Kinderlandverschickung (Mütter mit Kindern) auf die Reise nach Schlawe (Sławno) in Pommern geschickt wurde.[1] Dem Bombenterror in Bochum entkommen, fühlte man sich wie im Paradies. Unterkunft fanden wir zuerst in der Kniephofstr. 21 bei dem Telegraphen-Mechaniker Erich **Rusch** und seiner Ehefrau Käte, dann im Kavelweg 3 (Familie **Pieper**) und kurz vor der Flucht in der Hindenburgstraße 48.

---

1 Vgl. Braumann, 2009, 2011.

Eine schöne, wenn auch schwache Erinnerung an diese Zeit ist eine Reise mit meiner Mutter vom 28. April bis zum 20. Mai 1944 zu meinem Vater, der schwerverwundet in einem Lazarett in Alt-Harzdorf (Starý Harcov) im Sudetengau (heute: Tschechische Republik) lag, östlich von Reichenberg (Liberec) in einem Tal zwischen den Ausläufern des Isergebirges und dem Proschwitzer Kamm (Prosečský hřeben). Wir wohnten bei einer Familie **Volkmann** in unmittelbarer Nähe des Lazaretts.

Tiefere Eindrücke bei mir hinterließ dann das Jahr 1945, als zum Ende des II. Weltkrieges durch die Bedrohung des Vormarsches der russischen Armee unsere Flucht immer näher rückte. Am 6. März war es dann soweit: Mit dem Dröhnen der russischen Panzerkanonen in den Ohren, verließen wir mit dem letzten Eisenbahnzug Schlawe in Richtung Stolp (Słupsk). Jahrelang blieb es mir ein Rätsel, warum wir nach Osten flüchteten und nicht in Richtung Westen. Erst ein Lagebericht des damaligen Gauleiters vom 1. März 1943, der mir erst als Erwachsender bekannt wurde, klärte dieses Phänomen: „Feindliche Panzer vor Köslin: Am 1. März unterbrachen Einheiten dieses Korps (sc. 3. Gde.

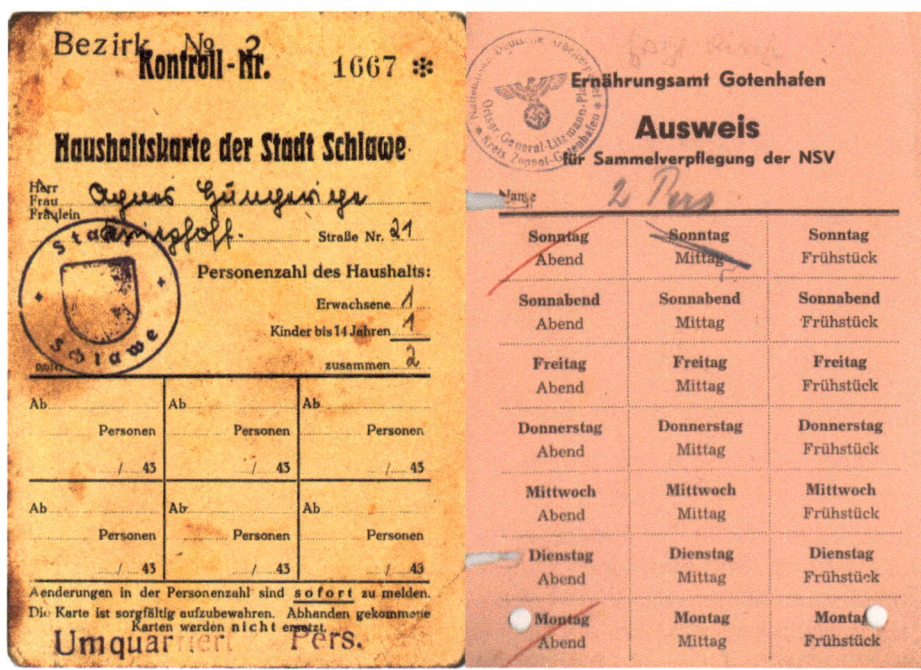

Abb. 4: „Haushaltskarte der Stadt Schlawe", ausgestellt für Agnes Hungerige
(Foto: H. Hungerige)

Abb. 5: „Ausweis für Sammelverpflegung der NSV" (Nationalsozialistische Volkswohlfahrt) des Ernährungsamts Gotenhafen, ausgestellt für Agnes und Hansi Hungerige („2 Pers.")
(Foto: H. Hungerige)

Pz. Korps) hart ostwärts Köslin die letzte Erdverbindung zur 2. Armee und entschieden damit das Schicksal Hinterpommerns (...)."

Durch diese Militäroperation der russischen Armee wurde die Stadt Schlawe, entgegen allen Erwartungen, plötzlich von Westen her bedroht.[2] Dazu kam, dass in dem Maße, wie sich der Feinddruck von Süden auf Stolp erhöhte, den Bewohnern der Stadt Schlawe auch die Möglichkeit der Flucht in Richtung Osten genommen wurde. Es blieb nur die schnelle Flucht zur Küste oder in Richtung Danzig/Gotenhafen. Im Morgengrauen des 7. März wurde die Stadt Schlawe von russischen Truppen eingenommen.

Zu diesem Zeitpunkt war ich mit meiner Mutter schon Stunden unterwegs, um nach einigen Tagen, umgeben von Verwundeten und Toten durch Tieffliegerbeschuss, über die Stationen Stolp und Lauenburg die Stadt Gotenhafen (Gdynia) zu erreichen. Wir wurden in einer Kirche untergebracht, und meine Mutter notierte unter dem 14. März 1945 in ihr Tagebuch: „heute schießt der Russe mit Stalinorgeln, es ist zum Gotterbarmen". STEPKO-PAPE (2011) führt dazu aus:

„In den letzten Wochen im März 1945 herrschte in Gotenhafen ein heilloses Durcheinander, da insbesondere der Hafen und die Versorgungseinrichtungen unter Beschuss standen. Die Gruben, die provisorische Massengräber für Soldaten, Flüchtlinge und Opfer der Beschießungen sein sollten, füllten sich immer mehr. Die noch verbliebenen Flüchtlinge und Bewohner suchten Schutz in den Kellern. Aus Angst dachten viele auch an Selbstmord, einige begingen ihn. Die Resignation führte dazu, dass in diesen letzten Tagen, etwa zwischen 23. und 27.3.1945, niemand mehr die schützenden Bunker verlassen wollte, um für die eigene Rettung zu kämpfen. Die Soldaten durchsuchten die Häuser und Straßen nach Verbliebenen und brachten sie zum Hafen, von wo aus sie nach Möglichkeit evakuiert wurden. Die letzten rettenden Fahrten führten von Oxhöft über Hela in den Westen. Diese Fahrten müssen den letzten Passagieren als Inferno in Erinnerung geblieben sein – erlebten sie doch verminte Hafenbecken, ständigen Beschuss und um sie herum ins Wasser fallende Feuerbälle" (ebd., S. 342).

Wenige Tage später gelang es uns, von deutschen Wehrmachtsangehörigen unterstützt, an Bord eines Schiffes zu gelangen. Es handelte sich um die fast 100 m lange „Schwimmende Flakbatterie ARIADNE" (ex „Hertog Hendrick"), die am 4. August 1944 in den Raum Danzig-Gotenhafen verlegt worden war.[3] Dieses Schiff verließ in einem Konvoi von 70 Einheiten Gotenhafen, um über die Ostsee in den Westen zu gelangen.[4]

---

2   Vgl. dazu BMVt, 1993, S. 43ff. Online: https://grosstuchen.de/FluchtDanzig.html.

3   Vgl. RAHN / SCHREIBER / MAIERHÖFER, 1995.

4   Die Festungs-Division Gotenhafen kapitulierte am 28. März 1945 gegenüber der Roten Armee.

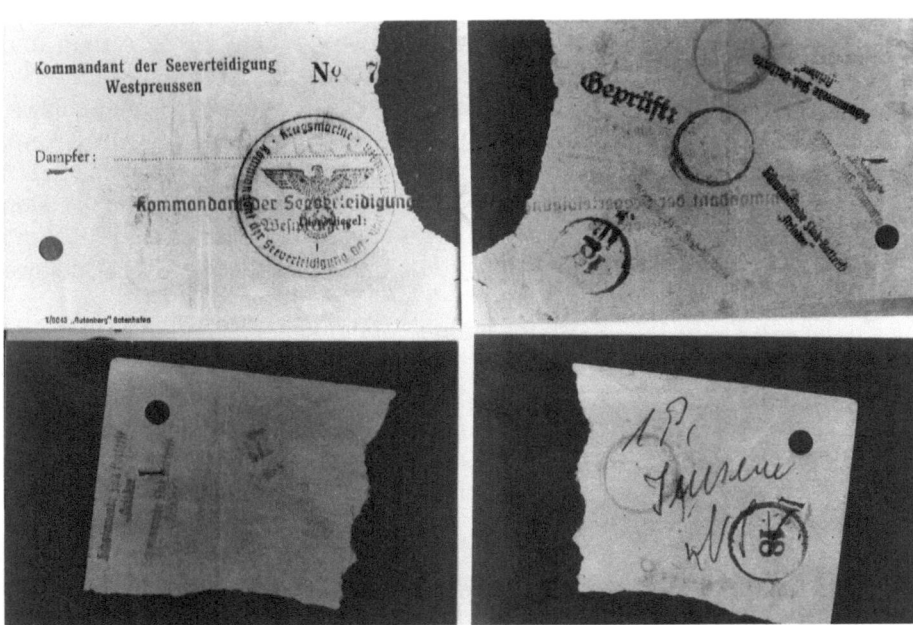

*Abb. 6: Erinnerungen an die Schwimmende Flakbatterie ARIADNE
(Fotos: H. Hungerige)*

*Abb. 7: Paul Franz Galuske (1917–
1980) als Soldat im II. Weltkrieg
(Foto: H. Hungerige)*

Nach Umrundung der Halbinsel Hela (Putziger Nehrung) waren bereits die Hälfte dieser Schiffe auf Minen gelaufen und gesunken. Die ARIADNE erwischte es vor Swinemünde (Świnoujście): Russische Torpedoflieger hatten das Schiff entdeckt und zwei ihrer Torpedos fanden ihr Ziel. Nach dem Befehl des Kapitäns „Alle Mann von Bord", fischten junge Marinehelfer in Sturmbooten die Überlebenden aus der eiskalten Ostsee und brachten sie nach Ueckermünde am Stettiner Haff. Nach einigen Tagen wurde dann durch die zuständigen Organe ein Transport zusammengestellt, der per Eisenbahn über Schwerin und Lübeck uns Flüchtlinge nach Dänemark bringen sollte. Bei einem Zwangsstopp in Lübeck (Fliegeralarm) entschloss sich meine Mutter, nach dem Aufenthalt im Luftschutzbunker nicht mehr zum Zug nach Dänemark zurückzukehren, sondern mit mir zu Fuß zu ihrem Bruder Paul **Galuske** (1917–1980), der im 25 Kilometer entfernten Ratzeburg wohnte, zu gehen. Dort endete am 24. März 1945 unsere Flucht. Am 2. Mai besetzten englische und amerikanische Truppen Ratzeburg. Am 8. Mai endete dann mit der bedingungslosen Kapitulation der deutschen Wehrmacht der II. Weltkrieg.

Am 22. Juni 1945 wurde mein Vater in Eutin/Segeberg aus dem Heer entlassen und in ein Lazarett nach Ratzeburg/Lbg. verlegt; unsere Familie war wieder vereint. Bereits im September 1945 fuhr mein Vater nach Bochum, um vor Ort unseren ersten Antrag auf Rückevakuierung zu stellen, dem Jahr für Jahr weitere folgten, denn die Stadt Bochum lehnte Anträge immer wieder mit der Begründung ab, dass wir in Bochum unter der Rubrik „Evakuierte" und nicht unter der Rubrik „Flüchtlinge" geführt würden, und Flüchtlinge hätten bei der Wohnungsvergabe Vorrang.

So wurde Ratzeburg i. Lauenburg, Brauerstr. 4, nach Kriegsende für acht Jahre unsere neue Heimat. Erst im Jahre 1953 wurde unserem Antrag entsprochen und uns eine Wohnung in Bochum, Springerplatz 36, zugewiesen.

Literatur

BRAUMANN, Georg (2009): Bochum - kinderlandverschickt und umquartiert 1933 – 1946. Eine Quellensammlung. Bochum: Selbstverlag.

BRAUMANN, Georg (2011): „Evakuiert. Familienbriefe 1943 – 1947". Dokumente und Berichte zur erweiterten Kinderlandverschickung 1940 – 1945. Bochum: Selbstverlag.

BUNDESMINISTERIUM FÜR VERTRIEBENE, FLÜCHTLINGE UND KRIEGSGESCHÄDIGTE (BMVt) (1993): Die Flucht der deutschen Bevölkerung aus Danzig-Westpreußen und Ostpommern. Aus: „Die Vertreibung der deutschen Bevölkerung aus den Gebieten östlich der Oder-Neiße", Bd. I/1, S. 43ff. Augsburg: Weltbild Verlag GmbH. [Online]

RAHN, Werner / SCHREIBER, Gerhard / MAIERHÖFER, Hansjoseph (Hrsg.) (1995): Kriegstagebuch der Seekriegsleitung 1939 – 1945. Teil A, Bd. 60/I, 1. bis 15. August 1944. (Hrsg. im Auftrag des Militärgeschichtlichen Forschungsamtes in Verbindung mit dem Bundesarchiv-Militärarchiv und der Marine-Offizier-Vereinigung). Berlin / Bonn / Hamburg: Verlag E. S. Mittler & Sohn. [Online]

STEPKO-PAPE, Malgorzata (2011): Die „wartende Stadt" Gdynia – Gotenhafen (1926 – 1945). Dissertation zur Erlangung des akademischen Grades Doktor der Philosophie in der Philosophischen Fakultät der Eberhard-Karls-Universität zu Tübingen. [Online]

4. Familientreffen Midasch am 21.09.2020 in Gädheim/Unterfranken

von Werner Jungwirth

Nach den großen Erfolgen der Familientreffen Midasch 1988, 1999 und 2004 in Hohnhausen, Burgpreppach/Unterfranken fand am 21.09.2020 das vierte Treffen statt. Eingeladen und organisiert hat das Treffen Elisabeth Schuler, jüngste Tochter von Hedwig Arnold geb. Midasch (* 17.04.1924 Scheiben/ Heger, † 27.12.2009).

Das Familientreffen fand auf dem großen Bauernhof der Familie statt. Etwa 40 Personen aus Bayern und Nordrhein-Westfalen haben an dem Treffen teilgenommen. Wegen der Corona-Verordnung wurden auf dem Platz vor dem Haus Bänke und Tische aufgestellt und wir konnten bei sehr guten und warmen Spätsommerwetter draußen sitzen. Bei dem Treffen habe ich erfahren, dass zwei jüngere Vettern meines Vaters Franz Jungwirth bereits verstorben sind: 2017 Bruno Midasch, 65 Jahre, Sohn von Leopold Midasch (* 17.10.1921, † ?) und am 02.06.2018 Oswald Midasch (* 25.06.1939), Sohn von Franz Midasch (* 30.12.1907, † 28.01.1991).

Am nächsten Tag besuchten meine Frau, meine Kusine Waltraud Schaupp (Schwester von Elisabeth Schuler) und ich eine weitere Kusine, Hermine Specht, Tochter von Josef Midasch (* 11.03.1912 Scheiben, † 05.05.1945 Villa del Nevoso, heute Ilirska Bistrica) und Katharina geb. Hauser (* 06.11.1912 Piesenreith, † 09.03.2009 Kaltenbrunn/Oberpfalz). Wir berichteten von dem Treffen.

Meine Kusine Hermine hatte noch Unterlagen ihres verstorbenen Vaters, Aufzeichnungen (Tagebuch) über seine Familie und Urkunden über Familie ihrer Mutter geb. Hauser. Der Vater hat die Familie Hauser aus Piesenreith bis 1825 erforscht. Der Ort Scheiben ist zwischen 1720 und 1743 entstanden, 1860 gab es 13 Häuser mit 89 Einwohnern, 1930 bewohnten die 13 Häuser 63 Deutsche. Die letzten deutschen Hausbesitzer waren 1945: Nr. 1 Midasch (Heger) – Nr. 2 Freibichler (Feinzein) – Nr. 3 Wawra (Jousefn) – Nr. 4 Kastl (Kastl) – Nr. 5 Spatz (Hadi) – Nr. 6/7 Lang (Martin) – Nr. 9 Böhm (Lipein) – Nr. 10 Kletzenbauer (Überschneider) – Nr. 11 Depil (Irgl) – Nr. 12 Wagner (Weber) – Nr. 13 Barth (Scheimbauer).

Quellenangaben: Roland Hefte 10/1988, 01/2001 und 13/2004, Volksbund Deutsche Kriegsgräberfürsorge, Kirchenbuchauszüge der Kath. Kirchengemeinden Rosenthal, Gojau und Kaplitz von 1939 (Fam. Hauser) und Berichte meines verstorbenen Großonkels Franz Midasch und meines verstorbenen Onkels Prof. Josef Jungwirth (* 25.03.1933 Hodenitz, † 19.12.1995).

Bericht von der Jahreshauptversammlung am 8. März 2020

von Christian Loefke

Die Vorsitzende Angela Sigges begrüßte um 19:08 Uhr die anwesenden 19 Mitglieder und einen Gast zur form- und fristgerecht einberufenen Jahreshauptversammlung im Hotel Drees und stellte die Beschlussfähigkeit fest. Da keine Anträge zur Tagesordnung eingegangen waren, wurde sie in der an die Mitglieder versandten Form angenommen.

Im abgelaufenen Geschäftsjahr fanden 9 Arbeitssitzungen statt, davon eine Jahreshauptversammlung, sechs Vortragsabende mit lokal- und familiengeschichtlichen Inhalten und 2 gesellige Zusammenkünfte (das Sommerfest mit Bücherbörse und eine Weihnachtsfeier), dazu kamen 4 Exkursionen (ins Westfälische Wirtschaftsarchiv, in die Bibliothek der Universität Dortmund sowie eine Führung über den Ostfriedhof und eine gemeinsame Fahrt mit Mitgliedern der Kirche der Heiligen der letzten Tage zum Tempel in Friedrichsdorf bei Frankfurt, sowie zu der dortigen Hugenottenkirche und dem Philipp-Reis-Museum).

Die gut besuchte „Roland-Werkstatt" im Forschungszentrum für Familiengeschichte öffnete zehn Mal (jeweils am 4. Freitag eines Monats) ihre Pforten.

Der ROLAND präsentierte sich mit zwei Workshops (im Mai und August) in der Altenakademie im Westfalenpark, sowie jeweils mit einem Stand beim jährlichen Deutschlandtag der Niederländischen Genealogen in Bunnik (im Februar) und dem 8. westfälischen Genealogentag in Altenberge (im März). Auf Einladung des Stadtarchivs war der ROLAND in diesem Jahr mit einem eigenen Stand beim Tag der Archive vertreten, wo unsere Bibliothek mittels eines kleinen Videos vorgestellt wurde.

Als Mitglied war der ROLAND auf den Jahreshauptversammlungen der DAGV beim Genealogentag in Gotha sowie des Westfälischen Heimatbundes und den Mitgliederversammlungen des Dortmunder Heimat- und Geschichtsvereins vertreten. Über Nancy Myers, die inzwischen dort auch im Vorstand ist, hält der ROLAND engen Kontakt zum International German Genealogy Partnership = IGGP.

Die Nutzung unserer Bibliothek in der Küpferstraße erfolgt weiterhin in Absprache mit Elke Mehlmann. Durch Übernahme und Aufarbeitung von Nachlässen familienkundlicher Forschungsarbeiten wurde der Bestand erweitert.

Anfragen und Informationen kamen über das Internet durch die „offene" Rolandliste, moderiert von Eva Holtkamp, und über unsere Roland-Homepage und die Facebookseite, verwaltet von Georg Palmüller. Vor allem die Homepage ist ein wichtiges Werkzeug unsere Belange zu präsentieren. Hier finden die Leser alle Ankündigungen, Berichte und Bilder zu den Vorträgen und den Roland-Veröffentlichungen wie unsere Roland-Zeitschrift, die – wahrscheinlich noch in diesem Halbjahr (2020) – zusätzlich auch wieder als E-Book angeboten wird. Unsere Veranstaltungen wurden auch regelmäßig in der Presse angekündigt.

An Projekten, die maßgeblich durch die Arbeit einiger Roland-Mitglieder gefördert werden, sind folgende zu nennen: Durch die Übernahme von Nachlässen konnten Forschungsergebnisse gesammelt, eingescannt und in unser TNG-Programm eingegeben werden. Zur Zeit wird an der Inventarisierung von Landkarten gearbeitet, d. h. diese wurden gesichtet und werden nun in die LIDOS-Software (Bibliothekssoftware) eingegeben. Zudem wurde die Arbeit an der Indexierung der Verlustlisten des 1. Weltkrieges und der Standesamtsunterlagen im Stadtarchiv fortgesetzt.

Die gesammelten Sterbeanzeigen von Dieter God wurden ausgeschnitten, geordnet, in Tabellen eingegeben, eingescannt und dann bei Compgen hochgeladen. Dieses Projekt Familienanzeigen wird fleißig fortgeführt, teilweise findet das Arbeitstreffen alle 2 Wochen in der Roland-Bibliothek statt. Mittlerweile wurden schon Tausende Anzeigen indexiert und sind als Scan abrufbar!

Die Struktur des Vereins sieht wie folgt aus: Der ROLAND zu Dortmund hatte bei 13 Zugängen und 4 Abgängen am 31.12.2019 insg. 136 Mitglieder (30% weiblich, 70% männlich), davon 6% bis 50 Jahre, 21% bis 60 Jahre, 24% bis 70 Jahre, 27% bis 80 Jahre und 21% über 80 Jahre alt. Das Durchschnittsalter betrug 68 Jahre.

Der Schatzmeister, Hans-Joachim Tenschert, legte eine Übersicht der Einnahmen und Ausgaben für den Zeitraum vom 01.01.2019 bis 31.12.2019 vor. Im Vergleich zum Vorjahr (2018) hat sich das Vereinsvermögen um 1.022,41 Euro vergrößert, bedingt u. a. dadurch, dass nicht zwei Jahrbücher, sondern ein Doppelband erschienen ist, der noch dazu in zunehmendem Maß als E-Book ausgeliefert wurde.

Für die Roland-Werkstatt ist mit Archion vereinbart worden, dass der ROLAND jeweils für diese Veranstaltung einen zeitlich begrenzten, kostenlosen Zugang zu den bei Archion gelisteten Kirchenbüchern erhalten soll. Bisher hatte der ROLAND ein Jahresabo bei Archion für ca. 150 Euro.

Die Kassenprüfung erfolgte am 08.02.2020. Dabei wurde die Übereinstimmung der vorgenommenen Buchungen mit den vorliegenden Belegen festgestellt, so dass es keinerlei Anlass zu Beanstandungen gab.

Die Kassenprüfer schlugen die Entlastung der Schatzmeisterei vor. Daraufhin wurde beantragt, den gesamten Vorstand zu entlasten. Der Vorstand wurde entlastet mit **13 - 6 - 0** [Ja - Enthaltung - Nein]

Der Schriftleiter, Christian Loefke, kündigte für das laufende Jahr (2020) einen weiteren Doppelband an, so dass die Jahrgangszählung sich weiter der aktuellen Jahreszahl nähert. Zwei größere Beiträge von Heiko Hungerige, einige kleinere Beiträge des Schriftleiters sowie Beiträge von Nichtmitgliedern lagen bereits vor. Der Schriftleiter bat – wie jedes Jahr –, dass doch weitere Beiträge aus den Reihen der Mitglieder erscheinen sollten. Er verwies auf die vielfältigen Möglichkeiten der Darstellung von Forschungsergebnissen im Roland.

Die Kassenprüfer Helma Geltenpoth und Michel Bolam-Schwering stellten sich für weitere zwei Jahre zur Verfügung. Beide wurden jeweils einstimmig wiedergewählt: **19 - 0 - 0**

Zum Schluss hielt Richard Goldmann einen kurzen Nachruf auf unser ehemaliges, langjähriges Mitglied Gudrun Sobbe, die am 4. März 2020 in Verden gestorben ist.

Die Versammung endete um 21:00 Uhr.

Die Arbeitssitzungen des letzten Jahres hatten folgende Themen:

14.01.2019	629.	Besuch im Westfälischen Wirtschaftsarchiv (WWA) in Dortmund
12.02.2019	630.	**Christian Loefke**: Geistliche Stiftungen und Familienforschung (wurde auch live bei YouTube gesendet)
12.03.2019	631.	Jahreshauptversammlung
09.04.2019	632.	**Werner Villwock:** Mit Microsoft Excel Ahnentafeln erstellen (wurde auch live bei YouTube gesendet)
14.05.2019	633.	**Heiko Hungerige**: „Im gewaltsam aufkochendem Blute erstickt!" Geschichten aus der Genealogie der Familie Hungerige aus Ostwestfalen
12.06.2019	634.	**Hans-Joachim Lünenschloß**: Ariernachweise – Ursache und Auswirkung
09.07.2019	635.	Sommerfest
24.09.2019	636.	Ausflug nach Friedrichsdorf
08.10.2019	637.	Führung durch die Universitätsbibliothek Dortmund
12.11.2019	638.	**Hans-Joachim Tenschert**: Ermunterung zur (fast) ewigen Datensicherung ...
10.12.2019	639.	Weihnachtsfeier

Bericht von der Jahreshauptversammlung am 7. September 2021

vom Christian Loefke

Die anwesenden 24 Mitglieder wurden um 19:00 Uhr zur form- und fristgerecht einberufenen Jahreshauptversammlung im Centrum für Familiengeschichte, Carl-von-Ossietzky-Str. 5, begrüßt und die Beschlussfähigkeit festgestellt. Die Vorsitzende Angela Sigges dankt unserem Ehrenmitglied Walter Nabrotzky für die Möglichkeit, im Centrum für Familiengeschichte zu tagen, und überreicht ihm Blumen und ein Geschenk anlässlich seines heutigen Geburtstages.

Da keine schriftlichen Anträge vorlagen, wurde die Tagesordnung einstimmig angenommen. **24 - 0 - 0** [Ja - Enthaltung - Nein]

Anschließend wurde den seit der letzten Jahreshauptversammlung verstorbenen Mitgliedern, Herrn Udo Westermann († 23. April 2020), Frau Hildegard Söffge († 4. Februar 2021), Herrn Dr. Ruprecht Ziemssen († 21. Juli 2021) und Herr Dieter Mättig († 19. August 2021), gedacht.

Es folgte die Ehrung der Mitglieder die bereist 40 (Herr Wolfgang Kallauch), 30 (Frau Eva Holtkamp, Herr Diether Hofmacher) und 25 Jahre (Herr Angela Beisken) dem ROLAND die Treu halten.

Da die diesjährige JHV Corona bedingt im September stattfand, wurden auch die Jubilar-Mitglieder des Jahres 2021 geehrt. Es sind dies Dieter God und Heiner Grimm mit 40 Vereinsjahren, Siegfried Hartleif, Joachim Kuhl und Annemarie Schilling mit 25 Vereinsjahren.

Das Jahr 2020 [und auch 2021] stand unter dem Einfluss des Corona-Virus. Konnten die ersten drei Arbeitssitzungen noch als Präsenzveranstaltungen stattfinden, so mussten für den Rest des Jahres neue Methoden für Vorträge und Diskussionen erlernt und angewandt werden.Es fanden neun Arbeitssitzungen, davon eine Jahreshauptversammlung und sieben Vortragsveranstaltungen sowie eine (Ein-)Führung durch die Roland-Bibliothek, statt.

Auch die Außenvertretung des Roland litt unter dem Virus. Der Duitsland-Tag der Niederländischen Genealogen konnte Anfang Februar noch durchgeführt werden, ebenso wie im November die JHV des Westfälischen Heimatbundes. Auf beiden Veranstaltung war der Roland vertreten. Gleiches gilt für den „Tag der Archive", der am 7. März 2020 im Institut für Zeitungsforschung abgehalten wurde. Dagegen fiel der Deutsche Genealogentag 2020 aus. Im August und September konnten bei der günstigen Epidemie-Entwicklung Veranstaltungen im Freien stattfinden, die der Roland für zwei Spaziergänge durch den Romberg-Park nutzte. Neben den Online-Vorträgen wurden auch die Vorstandssitzungen und die Roland-Werkstatt über ZOOM abgehalten, das Georg Palmüller zur Verfügung stellte. Sowohl die Vorträge als auch die Werkstatt erreichten über das Internet eine bedeutend höhere Beteiligung als die Präsenzveranstaltungen.

Der Roland ist Mitglied in der International German Genealogy Partnership = IGGP (90 genealog. Organisationen aus den USA und Deutschland), der Kontakt wird durch Nancy Myers, die auch im Vorstand des IGGP ist, gehalten.

Wichtige Organe des Vereins sind inzwischen die Homepage, auf der die Aktivitäten des Vereins nachgelesen werden können, sowie der Genealogische Kalender. Beides wird durch Georg Palmüller betreut.

Die Nutzung der ehrenamtlich betreuten Bibliothek, die in einem Nebengebäude des Stadtarchivs untergebracht ist, erfolgte nach Absprache. Durch die Übernahme von Nachlässen und Neuanschaffung familienkundlicher Literatur sowie die Einstellung der Zeitschriftenzugänge aus den Tauschpartnerschaften wurde der Literaturbestand weiter aktualisiert.

Die Arbeiten an der Indexierung der Standesamtlichen Unterlagen im Dortmunder Stadtarchiv durch die Roland-Mitglieder Jungwirth und Jäckel haben unter den Corona-Maßnahmen gelitten, konnten aber inzwischen wieder aufgenommen werden. Auch die Indexierung der Verlustlisten des 1. und 2. Weltkrieges durch Walter Nabrotzky und Fred Murawski wurde fortgeführt. Dafür gebührt diesen Mitgliedern ein besonderer Dank. Die gesammelten Todesanzeigen von Herrn Dieter God (8 Kartons) wurden weiter gesichtet – 1 ½ Kartons sind inzwischen bearbeitet – und das Projekt Familienanzeigen fortgeführt.

Neben dem Internetportal des ROLAND erfreut sich auch die Facebookseite des Vereins wachsender Beliebtheit. Das Postfach in Dortmund dient weiter dem zuverlässigen Empfang der Zeitschriften in der Tauschpartnerschaft und dem mehr amtlichen Schriftverkehr. Öffentliche Präsenz wurde durch die regelmäßig in der Presse angekündigten Veranstaltungen erreicht. Auf der Homepage des Vereins (www.roland-zu-dortmund.de) sind die Ankündigungen und illustrierten Veranstaltungsberichten nachzulesen.

Der Schatzmeister, Hans-Joachim Tenschert, legt eine Übersicht der Einnahmen und Ausgaben für den Zeitraum vom 01.01.2020 bis 31.12.2020 vor. Im Vergleich zum Vorjahr (2019) hat sich das Vereinsvermögen um 1.211,18 Euro vergößert, bedingt u.a. durch Corona bedingt nicht durchgeführte Veranstaltungen, aber auch durch eine verringerte Anzahl an Druckexemplaren des Roland-Jahrbuchs, da viele Mitglieder es inzwischen lieber als E-Book haben wollen.

Die Mitgliederzahl stieg im Berichtszeitraum von 136 (01.01.2020) auf 139 (31.12.2020). Neun Eintritten standen 1 Verstorbener und 5 Austritte gegenüber.

Die Kassenprüfung erfolgte am 13. März 2020 durch Frau Helma Geltenpoth und Herrn Michel Bolam-Schwering. Dabei wurde die Übereinstimmung der vorgenommenen Buchungen mit den vorliegenden Belegen festgestellt, so dass es keinerlei Anlass zu Beanstandungen gab. Die Kassenprüfer schlugen die Entlastung der Schatzmeisterei vor.

Herr Richard Goldmann beantragte daraufhin die Entlastung des Vorstandes. Es wurde Entlastung erteilt: **19 - 5 - 0**

Der Schriftleiter, Christian Loefke, konnte einen weiteren Doppelband des Roland-Jahrbuchs vorlegen. Von den darin enthaltenen Beiträgen sind 3 (Galen, Kaldenbach, Smieszchala) von Nicht-Mitgliedern, während die übrigen 8 Beiträge von Heiko Hungerige (2), Werner Jungwirth (2) und Christian Loefke (4) stammen. Auch für das Jahr 2021 ist wieder ein Doppelband geplant, so dass die Band-/Jahrgangszählung im kommenden Jahr 2022 wieder synkron mit dem aktuellen Jahr ist. Für diesen Band lagen bereits Beiträge von Heiko Hungerige, Werner Jungwirth, Jos Kaldenbach und Christian Loefke vor. Das Bürgerbuch von Westhofen wird zum Gedenken an Hildegard Söffge, die die erste Abschrift besorgte, ebenfalls in dem Band erscheinen. Der Schriftleiter wies auf die vielfältigen Ausdrucksweisen von Forschungsergebnissen im Roland-Jahrbuch hin und bat die Mitglieder um weitere Artikel.

Den Mitgliedern war mit der Einladung ein Wahlvorschlag des amtierenden Vorstands zugegangen. Es gab keine weiteren Vorschläge. Manfred Sigges wurde zum Wahlleiter bestimmt. Es erfolgte eine offene Einzelwahl:

WAHLVORSCHLAG	Ja	Enthaltung	Nein	Ungültig
Angela Sigges (Vorsitz)	24	0	0	0
Heiko Hungerige (Stellvertreter)	24	0	0	0
Hans-Joachim Tenschert (Schatzmeister)	24	0	0	0
Gertrud Frohberger (Stellverteterin)	24	0	0	0
Nancy Myers (Schriftführerin)	22	2	0	0
Renate Heß (Stellvertreterin)	22	2	0	0

Die Gewählten nahmen die Wahl an. Damit sind alle Vorstandsämter ordnungsgemäß besetzt.

Da am 31.12.2021 die für Vereine relevanten Paragraphen der Coronavirus-Schutzverordnung (CoronaSchV) außer Kraft treten, müssen einzelne Teile der Satzung insbesondere bezüglich der Abhaltung von Online-Versammlungen ergänzt und neu geregelt werden. Den Mitgliedern war eine Gegenüberstellung der alten und der neuzubeschließenden Paragraphen zugegangen. Die vorgeschlagenen Änderungen werden angenommen. **22 - 1 - 1**

Der ROLAND ist angefragt worden, nach der Wiedereröffnung der Forschungsstelle im Centrum für Familiengeschichte eine oder mehrer Abende für die Betreuung und Beratung zur Verfügung zu stehen. Es wurde vorgeschlagen, einen Nachmittag/Abend pro Woche mit wenigstens 2 Betreuern anzubieten. Es fanden sich spontan 8 Personen bereit, so dass vier 2er-Teams gebildet werden können.

Die Arbeitssitzungen des letzten Jahres hatten folgende Themen:

14.01.2020	640.	Bibliotheksabend
11.02.2020	641.	**Regina Kleine**: Familienforschung: Immer alt – immer neu
08.03.2020	642.	Jahreshauptversammlung
09.06.2020	643.	**Heiko Hungerige**: Genealogische Karten online selbst erstellen mit Stepmap (1. Roland-Online-Vortragsabend)
14.07.2020	644.	**Anja Kirsten Klein**: Einführung in die DNA-Genealogie (2. Roland-Online-Vortragsabend)
11.08.2020	645.	Roland-Spaziergang durch den Romberg-Park
08.09.2020	646.	**Heiko Hungerige**: Wie erstelle ich eine Genealogische Visitenkarte im Genwiki? (3. Roland-Online-Vortragsabend)
13.10.2020	647.	**Dirk Vollmer**: Die Arbeitsgemeinschaft ostdeutscher Familienforscher - AGOFF (4. Roland-Online-Vortragsabend)
10.11.2020	648.	**Margret Rohloff / Nancy Myers**: Erfahrungen von Roland-Mitgliedern mit der DNA-Genealogie (5. Roland-Online-Vortragsabend)
01.12.2020	649.	**Annegret Gräfe**: Die Genealogie-Software HEREDIS (6. Roland-Online-Vortragsabend)

Ortsregister

Aachen 45
Abteibaur 104, 116
Afferde 69
Ahlen 9, 25–35, 47
Aldendorf(f) 69, 91
Alkmaar 151
Alsdorf 45
Altenberge 12, 183
Alt-Harzdorf 178
Altlünen 16
Amerika 40, 41
Amsterdam 148–151
Aplerbeck(e) 69, 71, 76, 79, 80, 88, 91
Ardey 69
Asbeck 20
Asien 149
Asseln (Aßelen) 69, 71, 74, 76, 79

Bad Sassendorf 45
Banjermassing 150
Batavia 147–151
Batenhorst 37, 54, 55
Bausenhagen 69
Bayern 182
Beckum 31–33
Belmarck 69
Beningho(f/v)en 154, 155
Berckhoffen 72
Berge 154
Bergho(f/v)en 69, 84–86, 88
Berlin 6
Billerbeck 12, 34
Billmerich 69
Bochum 176, 177, 181
Bockum 77
Bodelschwing 74
Böhmisch Röhren 52, 53
B(o/ö)isfeldt 115
Borghorst 25
Borissow 159, 161
Bork 10–12, 14

Brackel 5, 74, 76, 77, 154
Brakel 156, 158, 160
Bramsche 54
Brandenburg-Preußen 68, 121
Bre(i)d(t)e(i)ck 113, 115, 116
Brockbaur 104, 106, 116
Bruchhausen 59
Brühl 10
Brüninghausen 154
Bunnik 183
Büren 43
Burgpreppach 182
Burlo 23

Cappenberg 10, 11, 16, 74
Castrop 45, 76
Ceylon 148, 149
Churl 74, 76
Clarenberg 75
Clarholz 41, 42
Cochin 147
Couchim 147

Dänemark 180
Danzig 179
Davensberg 15
DDR 52
Delft 148
Delwig 69
De Rijp 151
Deutschland 187
Deventer 77
Dortmond 147–149
Dortmund 5–7, 41, 45, 74, 76, 78, 85, 86, 89, 90, 92, 147–149, 151, 183, 185, 187
Dortmund-Barop 44, 45
Dortmund-Hombruch 45
Dortmund-Hörde 41
Dortmund-Schönau 44
Drensteinfurt 32
Dringenberg 160

Werl 90
Werne 11, 12, 17, 90
Werve 74, 91
Westbevern 19, 23, 24
Westenfeldt 76
Westerholt 29
Westfalen 158
Westho(f/v)en 6, 121, 122, 124,
    125, 127–134, 137–145, 188
Westick 69
Westphalen, Kgr. 158
Wickede 11, 69, 78, 80, 91

Wiedenbrück 9, 10, 25–30, 35–43,
    53–55, 59–67, 115, 120
Wiek 7
Wilhelmshaven 8
Wippenförde 99, 118
Wittingau 52, 53
Wolbeck 9, 10, 32

Zeedijk 148
Zeeland 149

Namenregister

Abele(b/v)en 147, 150
Abraham 102
Abt 15, 45, 46
Achterman 107
Adams 34
Adieck 26
Adrian 86
Albers 154
Albert thom Beckhauß 108
Aldenbork 14
Aldendorff 18
Alexander I., russ. Zar 159
Altena 12
Althoff(s) 12; 14, 16, 17, 127, 132,
    133
Andersen 149
Anderson 151
Andraschko 52
Andrée 37, 38, 40
Anxel 39
Arens 177
Arnd(t/es) gen. Schulte Selm 12
Arnin(ck/g) 29
Arnold 182
Arnßberg 75
Arnsthoff 107
Ascheberg(h), von 14, 17, 81
Asch(h)off 38, 57, 65, 101

Asseburg, von 157
Au(s/ß)el(l) 66, 103, 107

Bachman 35
Backhau(s/ß) 72, 90
Baenker 154, 155
Balcer(s) 19
Balke 40
Balsters 22
Baltzer 18
Balzer 18, 19
Barckey 101
Barenbro(i)c(h/k) 72, 89
Barenbuchs 91
Barendse 150
Barentsz 149
Bartelmej 60
Barth 182
Barthols 65
Bastert 80
Baumbach, von 165
Baumeister 71, 74
Baumhöver gen. Große Aschoff 58
Beck, de 21
Becke, in der 110
Becker(s) 36, 37, 71, 72, 78, 79, 81,
    95, 100, 154
Beckhoff 72, 86

Becking 84
Beckman 107
Beck, von der 27, 47
Beisken 186
Bencking 144, 145
Benkelnwilmes 162
Benner 19, 24
Bennevelt 151
Ber(c)keme(i/y)(e)r(s) 28, 63, 101
Berg, (zum) 75, 78
Bergering 16
Berg(h)man(n) 71, 83
Berheide 104, 118
Berkhof 149
Berlemeyer 38
Berndts 72
Bertolmey 60
Besseling 34
Besting 67
Betelhus 63
Bettentrüp 113
Beumker 76
Beuseman 71
Beveren 18
Beverförde, von 24
Bexteren 105
Biekotter 66
Bierhoff 125, 131, 140, 155
Biermans 62, 147
Bierwirth 126
Billmann 35
Birve 105
Bischoff(s) 110, 114
Bispin(ck/g) 20, 48
Blawfuß 71
Bleidick 121
Bocholtz 46
Bockers 82
Bockhoff 64, 66, 67
Böckman 19
Boeckman 101
Boedt 154
Böeman 71
Böemken 98–100, 116, 118, 120

Böhle 111
Böhm 182
Böhmer 43
Böimcker 102
Böing 126
Boeselager, von 33
Böisfeldt 104
Böker 102
Börnemann 34
Böttcher 166
Boddeker 18
Bogaart, van den 150
Bohman 74
Boicker 106
Boimbeck 105
Bolam-Schwering 185, 187
Bolle(n) 59, 61–63
Bolte 71, 79
Bonse 12
Boos 127
Borchman(s) 114, 122
Borger 18
Borges 78
Borggraeve 142
Borgman(n) 125, 132–134, 137
Borgrefe 142
Brabeck, von 18, 23
Bracht 22
Bra(c)kel 33
Brackellman 72
Braes 125, 126
Brand 139, 140
Brandes 102
Brandt 104
Bra(ss/ß)(e) 71, 77, 123, 124, 132 ,
    135, 141
Breimeke 75
Breische 111
Brenschede 129
Brewers 28
Brinckman 90, 156
Brinkhoff 43
Brockmeier 53
Broderman 66

Bröickellman 111
Bromse 53
Bronten 90
Bruchhausen 14
Brüg(g)(h)(e)man(n) 42, 56, 57, 64, 66
Bruggenhenrich 102
Bruijnijser 147
Brummer 34, 35
Brüns 18
Büchelbauer 52
Bücker 82
Büddeman 71, 74, 75
Büscher 67
Bucking(h) 71, 84
Bunckfueß 105
Buschmann 78, 162
Busch, (tom/zum) 20, 23, 25, 32, 33
Buseman 74
Bushaw 40
Busmeyer 101

Caessem 20
Cale 65
Carstens 45
Casem 115
Chur 113
Circkell 107
Claës thor Heerde 114
Claholt 103
Clammer 98
Claudius 156
Clausewitz, von 159, 160
Clembt 72, 86
Closterman 71
Clot, von 80
Clusener 113
Clusterman 74
Clute 81
Cörber 65
Coermann 25
Colbe 148
Contzen 45
Cord 78

Cordts 102, 103
Cordt ufm Traën 107
Coverden, von 21
Crainhardt 113
Cr(a/ä)mer 101, 147, 155
Cranefeldt 83
Craß 27
Craß Moller 110
Cratz 105
Creutzkamp 36
Crins 24
Crümpelman 28

Daëlkotter 112
Dahlhau(ss/ß) 123, 143
Dalkotter 53
Damb Henrich 104
Dämcker 102
Dappers 19
Dattens 66
David Jaspers 111
Decker 41
Degener 128
Deg(g)in(g/ck) 74, 78
Deheerd 62
Deitert 55
Delaitre 159
Deml 52
Denners 80
Depenbrock 60
Depil 182
Deppenkemper 37
Desse 59, 60
Dethmari 27
Dethmarus 28
Deunhoff 147
Devrient 165, 166
Dickehüth 124
Dickman(n) 72, 74, 77, 91, 122
Dieckmann gen. Pälcke 80
Dieffenbach 7
Diell 127
Diemel 43
Diepenbrock 15

Gril(l)meijer 147
Grimm 186
Groite Buxell 105
Groite Dirich Schmalt 108
Groithus 109
Gr(o/ö)ne 39, 61, 65
Gro(s/ß)e(n) Aschof(f) 57, 58
Große Aschoff gen. auf dem Pohl 57
Grote 72, 86
Grothans 102
Gr(u/ü)gel(l)siepe(n) 72, 80
Gruter 91
Gue 126, 139

Haarman 71
Haber 79
Hacheney 91
Hadi 182
Hageman(n) 60, 138, 139
Hagen 63
Haken 43, 66
Hakenkamp 53
Hamickolt 14
Hamm, von 93
Hanknecht 63
Hanknegt 63
Hanloe gen. Schulte Selm 12
Hanlo(h) 23, 24
Hans Mersman 113
Harde 72, 83
Hardenberg 16
Harman 74
Harmens 150
Harsewinckel(l/s) 27, 65
Hartleif 186
Hart, van der 150
Hasenhaus 56
Hassenhues 55
Hassenkamp 55
Haumann 142
Hauser 182
Haver 26, 28
Haver gt. Althoff 18
Haverstang 62

Havestaet 24
Havickhorst 24
Hecker 62, 110
Heckman 71, 77
Heerd(e), (de) 17, 21, 62, 63
Heffter 7
Heger 182
Heiden, zur 19
Heide, uff der 110
Heidfeldt 90
Heidhörster 63
Heinecke 43
Heinemann 9
Heis(s)ing 27, 37, 60, 62
Hellenberg 154, 155
Hellkuhl 46
Hellweg 28, 61, 63–66
Hellweg gen. Pelckmann 39
Helmecke 71
Helmer 92
Helweg 59, 61, 63, 65
Hemmelß 12
Hengstenberg 89, 124, 133, 137
Henkel 102
Henrich Cordts 103
Henrich Moller 108
Henrich thor Wonnen 108
Henseler 99, 118
Hensing 39
Herdickerhoff 35, 72, 80, 83
Herlinghau(s/ss/ß) 124, 128, 145
Herman Berndtß 108
Hermans(s/ß) 26, 29
Herm tor Linden 108
Heß 188
Hesse 38, 40
Heßeler 72
He(ss/ß)elingh 15, 17, 19
Heßler 92
Heukensfeldt 17
Hilger 42, 44
Hilker 110
Hillert 34
Himmelreich 86

Junck 33
Jungwirth 52, 53, 182, 187, 188
Jutte 130

Kahlefeld 28
Kahlmuhl 16
Kaißer 106
Kaldenbach 188
Kallauch 186
Kalmule 14
Kalthof(f) 21, 90
Kalverkamp(s) 37
Käman 71
Kamen 27
Kamp Johan 112
Kampman 124
Kamps 63
Kannamüller 53
Kant 35, 156
Kanz 35
Kappel 56
Karfeld 63
Karl der Große, Kaiser 121
Karlme(i/y)er 59
Kastl 182
Kauf(f)mann 124, 126
Kauneman 75
Kehemann 76
Keizer 149
Kekule von Stradonitz 167
Kellerkamp 71, 77
Kemener 29
Kemner 26, 29, 31
Kemper 43, 63, 66, 127, 139, 140, 148
Kempff gen. Krebs 19
Kempken 30
Kenter 26, 27
Kersting(h) 26–29, 39, 65
Kerstink 31
Kessel 22, 35
Kesselman 24
Ketteler, von 20
Ketzeler 26

Keuneman 74, 75
Kieberg 62
Kieberich 63
Kind(t) 66, 67
Kintrup 111
Kipp 72, 85
Kirchmann 154
Kiße 106
Klein(e) 80, 189
Kleine Henrich 111
Klemm 74, 76
Kletzenbauer 182
Kleÿgreive 106
Klinckman 61
Klönne 151
Klosterman(n) 34, 35, 75
Klute 72, 81
Knapmann 154
Knedisen 65
Kniepman 110
Knippenberg(h) 71, 78
Knoll(e) 72, 89
Knüver 55, 56
Köbbinghoff 34
Koch 123
Koch gen. Schotte 82
Kock 12, 71
Kockel(c)ke 71, 74, 75
Kocker 106
Kocks 26, 30
K(ö/o)dinghau(s/ß) 30, 31, 36
Kodinghues 30
Kofferman 148
Kogelhe(i/ÿ)de 125, 132, 133
Kohle 125
Köhling 35
Köne 71
Köpperman 122
Köster 38, 39, 76
Kohlleppel 40
Kohman 76
Kolbe 148
Kolbee 148
Kollman 71

Lueg 88, 144
Lünenschloß 185
Lüning 22, 23
Lütke Mohler 104
Lütticke Aschof 57
Lüt(t)ighaus 34
Luningmeÿer 105
Lutke Buxell 105
Lutke Dirichs 106

M(ae/ä)rcker 128, 129
Maess 29
Mättig 8, 186
Magh 21
Malta 17
Man 147
Marceller 9
Marckman 107, 114
Marcks 16
Marck, thor 109
Marck, von der 74
Markes 14
Martin 182
Martini 149
Medevort, von 10
Mehlmann 183
Meijer 150
Meiners 113
Meintrup 58
Meintrup gen. Große Aschoff 58
Meiperg 135
Melaw 30
Melchers 21, 34, 35
Mencke 60
Menße 57
Mentelaer 149
Mentvlaar 149
Merckens 172, 173
Mering 127, 131
Mersman 104, 112, 113
Mertens 61, 63
Meurer 22
Meybach 31
Meyer 19, 21, 38, 88, 174

Meyer Lümern 55
Meyers 46
Meyer Sudthoff 101
Meyer tho Bernhorn 111
Meyer tho Bröick 109
Meyer tho Heerde 111
Meyer tho Herlage 100
Meyer tho Wickhorn 113
Michels 76, 79, 90
Midasch 182
Middeldorps 91
Middeln, zur 15
Middendorff 72
Mihle 102
Mildorff 149
Mittrop 78
Möllen, von der 29
M(ö/o)ller(s) 65, 72, 76, 90, 105
Möninghausen 19
Moffe 64, 66
Mogge 66
Morrien 15
Mortman 80
Mowe 66
Mowe gen. von Vlotho 67
Mozart 156
Müller 42, 81, 90, 162
Münster, von 93
Mues(s/h) 21, 22, 23
Mueß 23
Müssen 154
Muise 53
Mumperow 66
Mumpro 65
Munster 91
Murawski 187
Mush 21
Myers 183, 187–189

Naadhuss 18
Naber 30
Nabrotzky 186, 187
Nagel(l)(s) 12, 71, 78, 102
Nagelschmidt 21

Pehlcke 81
Peitz 55
Pellinghoff 72, 83
Pennekamp 42
Perdeick 36, 37
Perné 151
Peter Kocker 109
Peterman 111
Peter(s) 38, 52
Peter Schoninck 112
Peter uff der Heide 110
Pfannkuch 74
Piel 156, 157
Pieper 177
Pinnoge 62
Pionteck 41
Plaghoff 143
Plasmeyer 56
Plasmeyer gen. Hitlenkemper 56
Plesser 29
Plettenberg, von 19, 21
Pöhling 41, 42, 44
Poëlman 108
Pötter(s) 63, 64, 67
Polckinck 31, 35
Pomberg 110
Portielje 149
Possen 151
Post 123
Pott 19
Pottböhmer 40
Potter 65
Pot(t)hof(f) 72, 81, 134, 135
Praetorius 165
Pravest 16
Preckel(s) 17, 18, 23–25, 46, 62
Predeick 36
Prophet gen. Bergmann 83

Rabe 139
Rabel(s) 154
Rade 9, 10
Ralenkötter 58
Rammers 36

Rasing 19
Raulf(f) 5, 6
Rawe 139
Reck 18
Recke, de 16
Reckerman(n) 71, 74, 76
Reck(e), von der 15, 18, 19, 23–25,
    27, 29, 31, 32
Reckhenrich 108
Reckherman 113
Reckman 64–66
Reddeker 108
Redman 64
Ree(s/ß)man(n) 12, 17, 18
Rehorst 62
Reine 32, 34
Reineke(n) 162
Reining 34
Reinking 34
Reisch 148
Reisters 46
Reithagen 58
Reitman(s) 64, 65
Rengelin(g/ck)(s) 11, 14, 15, 18, 29,
    30, 50
Rensewitz 41
Rentrup 57
Renvert 22, 23, 26
Rethman(n) 64, 65
Reuter 17, 18
Rheine 32
Ribbert(s) 71, 77
Richter 14, 165, 174
Rickerman 76
Riemann 55, 160
Rieves 17
Ringenberg 22, 23
Ritz 55
Rochholz 124
Rochol(l) 124, 132, 133
Rocholsberg 124
Rodde, thom 112
Röde 35
Römers 20

Tucht 126, 134, 135
Tuitman(n) 72, 91, 92
Tursius 35
Tusnig 22

Ubbeman(n)(s) 71, 76
Überschneider 182
Uffelman 124
Uffelman(n) 124, 136–145
Uhrmeister(s) 26, 35, 63
Unkraut 31
Uphues(s) 10, 17

Val(c)kenreck 112, 113
Vasseur 148
Vechtel 114
Vechtel(l) Johan 114, 115
Veen, van der 151
Velker 114
Vellawer 71
Velthauß 123
Veltman 101
Venhaus 39
Vennhanewinckell 107
Verbank 150
Verhoff 59
Vicareyen 82
Vicarie 72
Victor 159
Viedler 134
Viefhauß 72
Vielmeyer(s) 112–114
Vielstetth 105
Vierfu(e)s 21, 25, 46
Vieseler 79, 88, 89
Vieseler gen. Droste 80
Vieth 20, 21
Viffhauß 81
Villwock 185
Vittinghoff 31
Völker 33
Voesman 21
Vogedes 27, 103
Vogedinck 102

Vogellrose 110
Vogelsan(g/k) 15, 37, 42, 44
Voget, (von) 17, 64
Vogt 36
Volkers 19, 151
Volkmann 178
Vollmer 62, 71, 189
Volmari 27
Volmer(s) 60, 65
Vortman 105
Voß gen. Bergmann 83
Voß, (von) 79–84
Vreide 104
Vries, de 150
Vrucht 149
Vuchten 114
Vuchtenhan(s/ß) 112, 113
Vuchtenkamp 112
Vyseler 79, 89

Wächter 35
Wagner 147, 182
Wakker 147
Walboem 30, 47
Walburg 110
Waldman(n) 22
Wal(l)baum 29, 72, 85
Wallenfels 172
Walter 35
Waltman 22
Wargaren 150
Waseman 109, 114
Watermann 127
Wawra 182
Weber 41, 42, 182
Weckinck 104
Wedepohll 30
Weiberg 135, 145
Weidekemper 37
Weidner 124
Weinbrun 11, 14, 16
Weischede 126, 128, 132, 133, 145
Weischet 145
Weisman 105